Burnout vermeiden – Berufsfreude gewinnen

Désirée Linde

Burnout vermeiden – Berufsfreude gewinnen

Praxisleitfaden zum Restart für Lehrer und pädagogische Fachkräfte

 Springer

Désirée Linde
Wedel
Deutschland

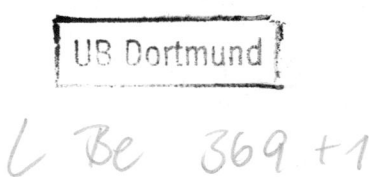

ISBN 978-3-662-47005-3   ISBN 978-3-662-47006-0 (eBook)
DOI 10.1007/978-3-662-47006-0

Die Deutsche Nationalbibliothek verzeichnet diese Publikation in der Deutschen
Nationalbibliografie; detaillierte bibliografische Daten sind im Internet über
► http://dnb.d-nb.de abrufbar.

Planung: Marion Krämer
Zeichnungen: Stephan Meyer (Abb. 2.1, 2.2, 7.1)   ZB 111483
Satz: Crest Premedia Solutions (P) Ltd., Pune, India

Gedruckt auf säurefreiem und chlorfrei gebleichtem Papier

Springer-Verlag ist Teil der Fachverlagsgruppe Springer Science+Business Media
(www.springer.com)

Vorwort

Viele Pädagoginnen und Pädagogen haben mit Begeisterung den Lehrer- oder Erzieherberuf ergriffen, sind eigentlich sehr engagiert, und doch lässt ganz allmählich, zunächst unbemerkt, die Freude am Beruf nach. Das Erleben von Stress nimmt immer weiter zu. Viele Pädagogen, manche Statistiken sagen sogar 50 %, klagen über psychosomatische Beschwerden bis hin zum Burnout. Der Krankenstand ist deutlich höher als in anderen Berufsgruppen und hat in den letzten Jahren zugenommen. Vor der Einführung der Versorgungsabschläge 2001 erreichten nur 6 % der Lehrer die Regelaltersgrenze. Wo es möglich ist, werden Altersteilzeitregelungen beantragt, und viele Kolleginnen und Kollegen unterrichten mit reduzierter Stundenzahl (und reduziertem Einkommen), um das Arbeitspensum zu schaffen.

In allen Bundesländern gibt es dauernde Änderungen und Reformen, die für den Einzelnen mit Mehrbelastung verbunden sind. Dazu kommt der Druck durch PISA, der bis in die KITAs hineinreicht. »Belohnt« wird diese ganze Mühe mit einem schlechten Image in der Bevölkerung. Lehrer sind »faule Säcke«, haben vormittags Recht und nachmittags frei. Das klingt zynisch angesichts dessen, dass viele Schulen bereits Ganztagsschulen sind, und der weiteren Arbeitsbelastung, die zu Hause erledigt werden muss. Als Lehrer können wir uns zwar um Änderungen in unseren Vertretungen bemühen, aber grundsätzlich ist die Situation, wie sie ist.

Wollen wir eine Änderung in Richtung mehr Berufsfreude erleben, also als Lehrer wieder glücklich werden, so können wir das nur in unserer Person erreichen. Wenn wir nicht Opfer der Verhältnisse sein wollen, sondern Antworten auf diese finden, also Ver*antwort*ung für uns und unsere Situation übernehmen, so müssen wir lernen, uns besser um uns selbst zu kümmern. Dieses Buch wendet sich an alle Lehrer, die nicht angesichts der Situation resignieren, sondern alle Möglichkeiten ausschöpfen wollen, um sich von der objektiven Belastung subjektiv weniger belastet zu fühlen.

Im ersten Teil dieses Buches beschäftigen wir uns mit unserem persönlichen Stresserleben als Lehrer, um unsere Ausgangsbasis zu analysieren, d. h. um uns danach neue Ziele setzen und uns neu programmieren zu können. Wir lernen uns besser kennen und erfahren, wie wir aufgrund unserer Biographie auf die Situation reagieren und wo wir uns selbst im Weg stehen. Es geht hier um Änderung von schädlichen Programmierungen aus der Kindheit, der Familie, der Gesellschaft, der Ausbildung und der Sozialisation als junger Lehrer. Durch Selbstreflexion können wir Einstellungen und Gewohnheiten dauerhaft verändern und neue Programmierungen erarbeiten.

Im zweiten Teil folgen die Veränderungen, mit denen wir unsere Beziehung zu uns selbst radikal verbessern können. Auf dieser Grundlage entwickeln wir mentale Möglichkeiten u. a. Entspannung und Achtsamkeit. Wir überdenken unsere kommunikativen Gewohnheiten, damit sie unseren Wünschen entsprechen. Insbesondere untersuchen wir unser Zeitmanagement, nicht um mehr arbeiten zu können, sondern damit wir nicht in Arbeit ersticken. Es ist unsere Lebensfreude, die uns zu besseren Lehrern macht.

Im dritten Buchteil werden die neuen Programmierungen auf den Schulalltag angewandt. Wir betrachten zunächst alle Bereiche der Arbeit ohne Schüler, vor allem auch unseren Arbeitsplatz zu Hause. In der Unterrichtsarbeit befassen wir uns mit Motivation, Disziplin und Umgang mit Verhaltensproblemen. Vieles davon wenden Sie längst an, für manches werden Sie vielleicht wieder neu motiviert. Zur Illustration der praktischen Umsetzung finden Sie in allen Kapiteln viele Beispiele. Sie sind alle authentisch.

Um die Anregungen des Buches umzusetzen, damit sie Ihnen helfen, als Lehrer wieder glücklich zu werden, dient der letzte Teil der persönlichen Erarbeitung von individuellen Zielen. Da gute Vorsätze oft im Sande verlaufen, müssen wir anders vorgehen, um zu erreichen, was wir wirklich wollen und nicht nur vage wünschen.

Das Buch muss natürlich nicht von vorne bis hinten gelesen werden. Jeder Leser wählt die Kapitel aus, die für ihn wichtig sind. Ich, selbst Lehrerin, möchte einen Beitrag leisten, damit es überanstrengten und erschöpften Lehrern wieder besser geht, damit sie in ihrem Beruf wieder glücklich werden.

Aus Gründen der flüssigeren Lesbarkeit wird in diesem Buch weitgehend nur der Begriff »Lehrer« gebraucht und auf die weibliche Form verzichtet. Ebenso schließt der Begriff hier Erzieherinnen und Erzieher in den meisten Abschnitten des Buches ein, da es in beiden Berufen nicht nur um Wissensvermittlung, sondern auch um emotionale und soziale Erziehung geht. Ich wünsche allen meinen Kolleginnen und Kollegen alles Gute!

Désirée Linde
Wedel Februar 2015

Inhaltsverzeichnis

III   Anwendung in meinem Beruf

IV Der Weg vom Wissen zur Anwendung

Die alten Programmierungen: Warum kann ich nicht mehr?

Stresserleben

D. Linde, *Burnout vermeiden - Berufsfreude gewinnen*,
DOI 10.1007/978-3-662-47006-0_1, © Springer-Verlag Berlin Heidelberg 2015

1.1   Was ist Stress und woher kommt er?

Zunächst bedeutet Stress lediglich Anspannung – eine Anspannung, die von physischen und psychischen Reaktionen begleitet ist. Sie hat dereinst das Überleben unserer Vorfahren gesichert, ist also eigentlich ein Schutzmechanismus. Alles, was das Leben gefährden könnte, z. B. Hunger oder Kälte, führt zur Ausschüttung von Stresshormonen. Durch diese Stressreaktion erhöhen sich Atemfrequenz, Herzschlag und Blutdruck. Es fließt mehr Blut in die Extremitäten, was dem Lebewesen Kampf oder Flucht erleichtert. Findet eine dieser beiden Reaktionen statt, werden dadurch die Stresshormone wieder abgebaut. Die Stressreaktion dient der Lebenserhaltung und hat eine leistungssteigernde Funktion.

Zu den biologischen Stressfaktoren gehören Hunger, Durst, Kälte bzw. große Hitze und Schmerzen. Darauf haben wir wenig Einfluss. Dagegen können wir die psychologischen Stressfaktoren eher steuern, da sie vielfach das Ergebnis von Lernprozessen sind. Alles, was wir gelernt haben, können wir auch wieder verlernen.

Im Alltag wird das Wort Stress meistens in seiner negativen Bedeutung, nämlich im Sinn von Überlastung und Überforderung gebraucht. Damit ist der schädliche Disstress (nach Selye) gemeint. Nach der Bewältigung einer Stresssituation braucht der Mensch eine Phase der Ruhe bzw. der körperlichen Abreaktion. Doch Lehrer können eine solche Unterbrechung meist nicht einlegen.

> *Jörn hatte in der Pause ein unerfreuliches Gespräch mit seinem Schulleiter. Direkt danach muss er in eine schwierige, pubertierende Klasse. Er hat keine Möglichkeit, sich noch vorher zu entspannen oder wenigstens schnell über den Schulhof zu laufen. Die Stresshormone kreisen weiter in seinem Körper, und es kostet ihn viel Kraft, seine übliche Ruhe und Geduld zu zeigen. Kommen solche Situationen zu oft vor, kann das psychosomatische Folgen für ihn haben.*

Viele kleine Stressreaktionen können massiven Disstress auslösen, wenn es keine Erholungs- und Entspannungsphasen gibt, in denen die Stresshormone wieder abgebaut werden können.

Anspannung kann jedoch auch positiv erlebt werden und zu Leistungssteigerungen führen. Dann sprechen wir von Eustress (Selye 1986). Das ist die Form des Stresses, die uns Lebensfreude bringt und uns vor Langeweile bewahrt. Die gewagten Fahrgeschäfte auf der Kirmes, Lesen, Hören und Sehen von spannenden Geschichten, anstrengende Hobbys oder auch die Arbeit, die man liebt, können dazu gehören. Jedenfalls hat der Mensch ein Bedürfnis nach Stimulation. Wenn diese ausbleibt, entsteht wiederum Disstress.

Was bei der Arbeit als Disstress oder Eustress erlebt wird, hängt von vielen Umständen ab. Zunächst ist entscheidend, ob der Mensch erwartet, die Situation erfolgreich bewältigen zu können, oder wie bedrohlich er sie findet. Sobald ein Misserfolg tatsächlich oder vermeintlich droht, wird die Disstressreaktion ausgelöst. Dabei spielen auch die Tagesform oder bestimmte Begleitumstände eine Rolle.

> *Laura ist Medienbeauftragte ihrer Schule. Sie liebt die Arbeit am PC. Oft bleibt sie bis in die späten Abendstunden in der Schule, um die Homepage ihres Gymnasiums zu gestalten. Dafür bekommt sie von Kollegen und Schulleitung viel Anerkennung. Sie fühlt sich nicht »gestresst«. Ihre Kollegin Marie schüttelt den Kopf. »Ich hielte das nicht aus!«*

Birkenbihl (1989) bietet hier eine sehr klare Definition an: Disstress heißt Nichtbefriedigung vitaler Bedürfnisse und Auftreten von Gefahr bzw. Stimulation der Unlustareale im limbischen System. Eustress heißt Befriedigung vitaler Bedürfnisse bzw. Stimulierung der Lustareale im limbischen System.

Bei der Entwicklung des Stressempfindens spielen Lernprozesse eine große Rolle, z. B. wittern Menschen mit Phobien ein hohes Gefahrenpotential in Situationen, die andere entspannt und gleichmütig hinnehmen. Das Stressempfinden ist also ein individuelles Geschehen. Es äußert sich gedanklich, emotional und physisch.

Stress wird ausgelöst, wenn ein Mensch befürchtet, nicht genügend Ressourcen zu haben, um Anforderungen bewältigen zu können (unabhängig von seinen realen Möglichkeiten). Dazu kommt die Einschätzung der eigenen Kontrollmöglichkeiten. Je größer die vermutete Selbstwirksamkeit, desto geringer der Stress. Auch die Anforderungen eines Menschen an sich selbst fallen hier ins Gewicht. Ungünstige Gedanken lösen dabei ungünstige Gefühle aus, und diese wiederum verstärken die physische Stressreaktion.

> *Anja ist eine junge, noch wenig erfahrene Klassenlehrerin einer 4. Grundschulklasse. Sie und vor allem die Eltern wissen, dass am Ende dieses Schuljahres die Empfehlung für die weiterführende Schule steht. Den Druck, den die Eltern Anja machen, empfindet sie als unerträglich, und ihre Angst vor den Elterngesprächen wächst. Eine ältere Kollegin bemerkt das und stärkt ihr den Rücken:»Du weißt, dass du großen Einsatz leistest und jedes Kind so gut förderst, wie du kannst. Du bist gerecht und möchtest, dass es allen deinen Schülern in Klasse 5 gut geht. Du hast das Recht, den Eltern gegenüber sicher aufzutreten. Du kannst ihnen die Empfehlungskriterien sachlich vermitteln. Zeige ihnen euer gemeinsames Ziel, nämlich, dass für ihr Kind die Schule vorgeschlagen wird, in der es angemessen gefördert wird und nicht durch Überforderung womöglich Schulängste entwickelt. Vergiss nie, dass du die Fachfrau bist!« Diese bestärkenden Gedanken lösten genug Zuversicht in Anja aus, um den nächsten Elterngesprächen ruhiger entgegenzusehen.*

Die psychosomatische Stressforschung unterscheidet verschiedene Stresstypen. Sie ordnet individuelle Stressreaktionen entsprechenden Krankheitsbildern zu. Darauf genauer einzugehen würde den Rahmen dieses Buches sprengen. Wir können uns aber bewusst machen, wo und wie unsere Gedanken auf körperlicher Ebene auf uns wirken. Das zeigen uns ganz geläufige Redensarten. Einige Beispiele:

> *Ich hatte etwas auf dem Herzen.*
> *Mir blieb die Luft weg.*
> *Der Bissen blieb mir im Hals stecken.*
> *Das Problem lag mir schwer im Magen.*
> *Vor Ärger lief mir die Galle über.*
> *Ich machte mir vor Angst fast in die Hose.*
> *Die Angst saß mir im Nacken.*
> *Das Problem machte mir Kopfschmerzen.*
> *Ich konnte vor Aufregung nicht schlafen.*

Daher ist es gerade für uns Lehrer sinnvoll, über das eigene Risikoverhalten nachzudenken. Wir haben bereits sehr früh im Leben gelernt, auf stresserzeugende Situationen in bestimmter Weise zu reagieren. Da das unbewusst abläuft, könnte jeder von uns untersuchen, wie sein eigenes Stressverhalten aussieht (▶ Abschn. 1.3). Ganz grob unterscheidet man Typ A, den Kampftyp, der schnell aufbrausend wird und infolgedessen zu Bluthochdruck und erhöhten Cholesterinwerten neigt, von Typ B, dem Fluchttyp, der mit Rückzug, Minderwertigkeitsgefühlen und depressiven Verstimmungen reagiert.

Der reale Mensch lässt sich so einfach nicht zuordnen. Die Typunterscheidung hilft nur zu erkennen, welchem Typ man eher zuneigt. Die Art der eigenen Reaktion kann auch auf verschiedene Stressoren sehr unterschiedlich sein.

Die Reaktionsmuster auf Stress hängen auch von individuellen Bewertungsmustern ab. Neigen wir eher zu einer realistisch-optimistischen Einstellung, beurteilen wir die Sachlage, tun was uns möglich ist, und erleben uns als selbstwirksam. Misserfolge werden sachlich untersucht, um für einen eventuellen Wiederholungsfall Konsequenzen zu ziehen. Fühlen wir uns jedoch pessimistisch und der Situation hilflos ausgeliefert, so freuen wir uns nicht an unseren Erfolgen (sie sind ja nur durch »Glück« zustande gekommen und können schnell vergehen), fühlen uns aber an jedem Misserfolg allein schuldig und denken in unserer Enttäuschung auch nicht an mögliche Vorkehrungen für den Wiederholungsfall. In Teil II wird erläutert, wie wir an positiveren Bewertungen und einer besseren Bewältigung von Stress arbeiten können.

1.2   Was ist das Besondere am Lehrerstress?

Einige Charakteristika des Lehrerberufs sind besonders belastend. Dazu gehören z. B. der besonders hohe Lärmpegel, die geforderte ununterbrochene Aufmerksamkeit, sich anhäufende Konflikte und Entscheidungen, der Zeitdruck, die mangelnde Mitarbeit von Schülern, die mangelnde Anerkennung der geleisteten Arbeit und last, not least der eigene Perfektionsanspruch. Oft folgen die stresserzeugenden Ereignisse so schnell hintereinander, dass die Erholungsphasen für viele Lehrer zu kurz oder gar nicht vorhanden sind und der Stress nicht abgebaut werden kann. Wir können nicht mehr richtig abschalten, und die Erschöpfung nimmt immer weiter zu.

1.2.1   Arbeit an zwei verschiedenen Arbeitsplätzen

Als Lehrer haben wir in der Regel zwei Arbeitsplätze, den in der Schule und den zu Hause. In der Öffentlichkeit wird dabei oft nur der schulische Arbeitsplatz als solcher wahrgenommen. (»Der Lehrer hat vormittags Recht und nachmittags frei.«) Dieser ist verglichen mit dem häuslichen zeitlich gut strukturiert: Unterricht, Aufsichten, Konferenzen und Arbeitsgruppen sowie daneben noch Telefonate, Kopierarbeiten etc. sowie Elternsprechstunden und Elternabende.

Anders dagegen der häusliche Arbeitsplatz. Dieser muss von uns gänzlich selbst organisiert werden. Je effektiver uns das gelingt, desto weniger sind wir davon belastet. Zunächst gehört dazu ein ergonomisch gestalteter Schreibtischbereich, in dem alles ständig Gebrauchte fast blind in Griffweite zu erreichen ist. Je seltener etwas benötigt wird, desto länger darf der Weg sein, um es zu holen.

Dies hilft, uns auf das wirklich Wesentliche zu konzentrieren. Das weniger Wichtige sollten wir mit einem Minimum an Zeitaufwand erledigen (s. Teil III).

Die meiste Zeit am Schreibtisch wird für die Vor- und Nachbereitung sowie für die Korrekturen gebraucht. Daneben gibt es Organisations- und Verwaltungsaufgaben. Teil der Elternarbeit gehört auch zum häuslichen Arbeitsplatz. Dieser besteht aber nicht nur aus der Arbeit am Schreibtisch. Außer Haus zu erledigen sind u. a. Lehrerfortbildungen, die Beschaffung von Materialien bei verschiedenen Stellen oder die Hausbesuche bei den Eltern.

Die zur Verfügung stehende Zeit reicht niemals aus für das, was wir außerdem tun könnten, sodass das Gefühl entsteht, niemals fertig zu sein.

1.2.2　Erwartungen von den verschiedensten Seiten

Die Erwartungen, die an den Lehrer gestellt werden, sind Anforderungen, die jede Seite möglichst perfekt erfüllt sehen möchte. Wenn das nicht immer möglich ist, gibt es die bekannte Lehrerschelte. Andererseits werden von uns erfüllte Erwartungen oft als selbstverständlich hingenommen und bringen uns nicht die verdiente Anerkennung ein. Ein qualifiziertes Feedback erfolgt kaum.

Die Menschen, für die wir als Lehrer hauptsächlich unseren Einsatz zeigen, sind die Schüler. Sie erwarten, dass jeder Lehrer freundlich und wertschätzend zu ihnen ist. Natürlich soll er auch immer gerecht sein und sich für jedes ihrer Probleme einsetzen. Den Unterricht soll er interessant und abwechslungsreich gestalten und dabei niemand über- oder unterfordern. Wir wissen, dass wir damit eigentlich schon ziemlich ausgelastet sind, denn Schüler sind »Teilzeitgefangene«, die schwer zufriedenzustellen sind. Wie Brose und Pfaffe (2009) berichten, überschreitet der Lärmpegel in Schulen häufig die Dezibelwerte, für die die Berufsgenossenschaft der Metaller Gehörschutz vorschreibt. Dazu kommt, dass sich die Schülerschaft gegenüber früheren Zeiten sehr verändert hat. Die neuen Medien haben Einzug in die Schulen gehalten mit vielen neuen Unterrichtmethoden. Mit den neuen Medien entstand aber auch die Problematik der Videospiele und der sozialen Netzwerke bis hin zum Cybermobbing. Damit müssen wir nun umgehen können. Doch auch die Elternhäuser der Schüler haben sich verändert. Viele Eltern lassen ihre Kinder weitgehend tun, was sie wollen, fühlen sich oft hilflos oder kommen aus einem Kulturkreis, in dem Schule wenig geschätzt wird.

> Rita erzählte lächelnd aus ihrer 1. Grundschulklasse, dass ein Schüler ihr eröffnete: »Papa hat gesagt, ich soll mir von dir nichts gefallen lassen. Aber du bist doch so nett.«

Das heißt für uns, dass wir den früher so selbstverständlichen Respekt nicht mehr einfach bekommen und wir in der Schule, neben der eigentlichen Unterrichtsarbeit, vieles an Erziehung nachholen müssen, was früher meistens die Elternhäuser geleistet haben.

Die Nächsten, die Erwartungen an uns haben, sind die Eltern unserer Schüler. Sie wollen, dass ihre Kinder so gefördert werden, dass sie zuerst eine Empfehlung für eine weiterführende Schule und dann einen guten Schulabschluss erreichen. Dabei soll ihnen die Schule ohne Leistungsdruck oder Schwierigkeiten mit anderen Schülern Spaß machen. Viele Eltern rufen uns auch zu allen möglichen Zeiten an und versuchen uns, in lange, wenig zielorientierte Gespräche zu verwickeln. Wir werden in Teil III betrachten, wie wir diesen Herausforderungen begegnen können.

Große Erwartungen an uns haben auch die Schulleitungen und die Kollegen. Ein Schulleiter wünscht sich, neben der Erfüllung der selbstverständlichen Verpflichtungen, belastbare, vielseitig einsetzbare Kollegen, die sich auch in den schulischen Gremien und für schulische Ämter engagieren.

Die Kollegen erwarten von uns Solidarität und Hilfsbereitschaft, Engagement in Fachkonferenzen, Einsatz für kollegiale Belange und gute Zusammenarbeit bei der Entwicklung von Unterrichtseinheiten, Vorbereitung und Austausch von Material u. v. m. Lehrer, die humorvoll und gelassen sind, helfen eine angenehme Stimmung sowie eine gute Zusammenarbeit im Kollegium zu fördern. Ein solcher Lehrer wollen wir gerne sein. Wie geht das, wenn wir müde und erschöpft und daher mit uns selbst gerade unzufrieden sind?

Alle diese Erwartungen vollständig zu erfüllen, ist ein Ding der Unmöglichkeit. Deshalb werden wir zunächst untersuchen, woher unsere überhöhten Ansprüche an uns selbst kommen, um wirkungsvolle Änderungen herbeizuführen.

Schließlich hat auch die Gesellschaft, der Staat, der uns bezahlt, große Erwartungen an uns. Die Schule soll den gesellschaftlichen Veränderungen Rechnung tragen. Das heißt, der Lehrer soll mit belasteten Kindern aus unvollständigen Familien, Migrantenkindern, denen deutsche Normen fremd sind, sowie Problemen der zunehmenden Brutalität, des Drogenkonsums und der Kriminalität fertig werden. Die geheimen, negativen Miterzieher arbeiten gegen uns. Die Erwartungen sind riesig und kaum zu erfüllen.

Als Lehrer müssen wir lernen, zwischen dem für uns Machbaren und dem Unmöglichen zu unterscheiden, um uns an Letzterem nicht aufzureiben. Es ist leider so, dass sich zwischen dem, was wir hinsichtlich Wissensvermittlung und Erziehung bewirken wollen, und dem, was erreichbar ist, eine Kluft befindet. Wenn wir uns nicht »vorbildlich« verhalten, schämen wir uns. Um als Lehrer glücklich zu leben, müssen wir ein eigenes Konzept entwickeln und uns nicht alle Ansprüche, die andere an uns stellen, zu eigen machen. Ein überhöhtes Engagement geht einher mit überhöhten Erwartungen. Daraus können dann Enttäuschung und Resignation bis hin zur Erschöpfung – im schlimmsten Fall Berufsunfähigkeit – folgen. Wenn es uns jedoch gelingt, realistische statt perfektionistischer Ansprüche an uns selbst zu stellen, und wir unsere eigenen Zielvorstellungen erfüllen, dürfen wir mit uns und unserem Beruf zufrieden sein.

Besonders gefährlich sind also die überhöhten Erwartungen, die wir an uns selbst haben. Kaluza (2007) spricht von stressverstärkenden »Fallen«:

- die (bereits erwähnte) Perfektionsfalle: »*Es dürfen keine Fehler passieren*«,
- die Beliebtheitsfalle: »*Alle müssen mich mögen*«,
- die Unabhängigkeitsfalle: »*Ohne mich geht es nicht*«,
- die Kontrollfalle: »*Ich muss alles kontrollieren*«,
- die Negativitätsfalle: »*Das schaffe ich nie.*«

1.3   Wie erlebe ich meinen Stress?

Natürlich ist jeder Lehrer *manchmal* von seiner Arbeit erschöpft, oft in besonders arbeitsintensiven Phasen mit Zeugniskonferenzen, Zeugnissen und Lernstandsanalysen und den damit zusammenhängenden Elterngesprächen usw. Wenn dieser Zustand aber längere Zeit anhält und zur Belastung wird, sollten wir das möglichst frühzeitig erkennen, um gegensteuern zu können. Anhand von ▢ Tab. 1.1 können wir selbst erforschen, wie stark unsere Belastungsreaktionen geworden sind. Gefährlich ist es, die eigene Anspannung auszublenden, weil »nicht sein kann, was nicht sein darf«.

❑ Tab. 1.1 Überprüfung der eigenen Belastungsreaktionen

1. Körperliche Reaktionen	Nein	Eher nein	Eher ja	Ja
Ich fühle mich stärker und häufiger erschöpft als früher				
Ich leide an chronischer Müdigkeit				
Ich habe Schlafstörungen				
Ich habe öfter Konzentrationsschwierigkeiten				
Ich habe Muskelverspannungen, die mir Beschwerden verursachen				
Ich habe oft Kopf-, Rücken- oder Magenschmerzen				
Ich habe Herz-Kreislauf-Probleme				
Ich habe ein geschwächtes Immunsystem				
Ich muss mich oft krankschreiben lassen				
Auch nach den Ferien fühle ich mich nicht ausreichend erholt				
2. Gedanken und Selbstbeobachtung				
Ich habe viel von meinem früheren Spaß an der Schule verloren				
Die Schüler interessieren mich viel weniger als früher				
Ich habe nicht genug Zeit für alles, was ich tun sollte				
Ich stelle fest, dass ich früher viel mehr Humor hatte				
Oft handele ich wie eine Maschine				
Ich bin machtlos, meine Arbeitssituation zu verbessern				
Meine Kreativität und meine Initiative lassen nach				
Ich habe inzwischen mehr Konflikte mit Schülern und auch Kollegen				
Ich glaube nicht mehr, dass ich viel bewirken kann				
Mir ist es zu wichtig, beliebt zu sein				
Wir bekommen sowieso viel zu wenig Anerkennung für unseren Einsatz				
Wir Lehrer haben viel zu wenig Entfaltungsmöglichkeiten				
An uns werden viel zu hohe Erwartungen gestellt bei gleichbleibenden Ressourcen				
3. Gefühle				
Ich fühle mich ständig unzufrieden mit mir und meiner Leistung				
Ich habe Angst, Nein zu sagen				

1

◩ **Tab. 1.1** Fortsetzung				
Ich fühle mich oft lustlos, kann mich schwer zu etwas aufraffen				
Ich habe die Hoffnung auf Änderung verloren				
Mir kommt alles so sinnlos vor				
Ich fühle mich ständig unter Spannung, Druck und habe unbestimmte Ängste				
Ich ärgere mich viel schneller als früher und bin gereizter				
Ich bin nervöser geworden und arbeite hektischer				
Ich bin oft niedergeschlagen. Mir wird alles zu viel				
Ich habe kaum noch Freude an der Arbeit				
Ich leide darunter, wenig Respekt von Schülern, Eltern und der Gesellschaft zu bekommen				
4. Verhalten				
Ich bin zu erschöpft für Hobbys und Freizeitaktivitäten				
Ich treffe mich immer seltener mit Freunden				
Für (m)eine Partnerschaft habe ich kaum Zeit				
Ich suche keine Unterstützung von Kollegen				
Ich weise nicht einmal mehr ungerechtfertigte Kritik zurück				
Ich delegiere nichts, weil ich am Ende doch verantwortlich gemacht werde				
Ich bemühe mich immer, es allen recht zu machen				
Ich zeige öfter Ausweichverhalten wie Fernsehen u. Ä. und fürchte, dass es zur Sucht wird				
Ich trinke öfter Alkohol als früher				
Ich rauche mehr als früher				
Ich trinke viel Kaffee, um mich für meine Pflichten am Schreibtisch wach zu halten				
Ich esse jetzt zu viele Süßigkeiten				
Ich habe eine Essstörung entwickelt				
Ich nehme Schlaf- und/oder Beruhigungsmittel				

Literatur

Birkenbihl V (1989) Freude durch Stress. mvg, München
Brose K, Pfaffe W (2009) Survival für Lehrer. Vandenhoeck & Ruprecht, Göttingen
Kaluza G (2007) Gelassen und sicher im Stress. Springer, Heidelberg
Selye H (1986) Streß. Rowohlt, Reinbek bei Hamburg

Weiterführende Literatur

Bayer K (2004) Stressbewältigung, Stressfaktoren erkennen, Anspannung meiden, Druck abbauen. Gondrom, Bindlach

Hillert A (2004) Das Anti-Burnout-Buch für Lehrer. Kösel, München

Kaluza G (2007) Gelassen und sicher im Stress. Springer, Heidelberg

Kühn L (2005) Das Lehrerhasserbuch, Eine Mutter rechnet ab. Knaur, München

Meyer E (Hrsg) (1994) Burnout und Stress. Schneider, Hohengehren

Preuschoff G (1992) Streß laß nach! Papyrossa, Köln

Trickett S (2003) Endlich wieder angstfrei leben, Selbsthilferatgeber gegen Angst, Depressionen und Panikattacken. Oesch, Zürich

Vester F (1978) Phänomen Stress, Wo liegt sein Ursprung, warum ist er lebenswichtig, wodurch ist er entartet? Deutscher Taschenbuchverlag, München

Burnoutgefährdung in der persönlichen Disposition

D. Linde, *Burnout vermeiden - Berufsfreude gewinnen*,
DOI 10.1007/978-3-662-47006-0_2, © Springer-Verlag Berlin Heidelberg 2015

Die Untersuchungen des Instituts für Psychologie in Potsdam haben ergeben, dass 40 % der Lehrer dem Risikotyp A mit überhöhtem Engagement angehören, 30 % entwickeln eine resignativ-leidende Haltung mit reduziertem Engagement, das aber nicht zur Entspannung führt. Nur 15 % sind belastbar und zufrieden. Die Übrigen versuchen, sich zu schonen.

2.1 Altlasten aus der Kindheit

»Alle Menschen werden als Prinzen und Prinzessinnen geboren, bis sie eine Erfahrung machen, die sie glauben lässt, sie seien Frösche«, sagt Eric Berne (2002), der Begründer der Transaktionsanalyse.

Die Bedeutung der Erlebnisse in ihrer individuellen, kindlichen Verarbeitung spielt in vielen Therapierichtungen eine wichtige Rolle. Es wird angenommen, in jedem Erwachsenen säße ein inneres Kind, dem Zuwendung und Verständnis gefehlt haben. Diese Art der Persönlichkeitsaufteilung in Erwachsenen- und Kind-Anteile ist ein hilfreiches Modell, um Störungen, die aus der Kindheit resultieren, zu heilen. Das »Kind-Ich« der Transaktionsanalyse findet sich schon als »Es« in der Freud'schen Psychoanalyse. In der Schematherapie sollen die falschen Glaubensmuster aus der Kindheit (»maladaptive Schemata«) durch »Reparenting« geheilt werden, d. h., der Erwachsene lernt, für sein inneres Kind zu sorgen und sich die emotionale Zuwendung zu geben, die in seiner Kindheit gefehlt hat, um dadurch alte Verletzungen zu heilen und seine Probleme mit einem erwachsenen, flexibleren Verhaltensrepertoire anzugehen.

Es ist hilfreich für uns selbst als Lehrer und auch für die uns anvertrauten Schüler, wenn wir uns mit den Altlasten aus der eigenen Kindheit beschäftigen. Unsere Lerngeschichte mit ihren Befehlen und Verboten wirkt bis ins Erwachsenenalter in Form von »Einschärfungen« (wie der Begriff aus der Transaktionsanalyse lautet) unserer Bezugspersonen. Dagmar Kumbier (2013) nennt diese Befehle »Wächter«, weil sie darüber wachten, dass wir durch unser Verhalten als Kind nicht in Schwierigkeiten gerieten. Sie können bei uns zu schädlichen Glaubensmustern geführt haben.

> *Ingos Vater, ein sehr sportlicher und kraftvoller Mann, war von seinem Sohn, der wenig Interesse an körperlichen Höchstleitungen hatte (und dann später auch noch Grundschullehrer werden wollte), enttäuscht. Der kleine Ingo spürte das. Es verletzte ihn, und er fühlte sich in jeder Beziehung unzulänglich. Demzufolge empfing er die Einschärfung: »Leiste etwas! Sei perfekt!«*
> *Als zunächst begeisterter Lehrer war er überengagiert, perfektionistisch und arbeitete bis zur Selbstausbeutung, um sich »in Ordnung« zu fühlen. Das führte schließlich zu einem Burnoutsyndrom.*

Lassen Sie uns nun verschiedene solcher »Einschärfungen« und in der Kindheit erhaltenen Zuschreibungen mit ihren uns begrenzenden Glaubensmustern und einigen möglichen Konsequenzen vor Augen führen und prüfen, von welchen wir inwieweit persönlich betroffen und beeinträchtigt sind:

Sei nicht! *Nadja spürte, dass sie unerwünscht war und störte. Es führte bei ihr zu körperlichen Verletzungen und häufigeren Unfällen.* Das bedeutet natürlich nicht, dass hinter jedem Kinderunfall eine solche Botschaft steht.

Transaktionsanalyse

Eric Berne (1910–1960) entwickelte auf der Grundlage der Psychoanalyse die Transaktionsanalyse. Sie enthält folgende vier Schwerpunkte:

1. Strukturanalyse
Sie beschreibt die drei Ich-Zustände der Persönlichkeit: das Eltern-Ich, das Erwachsenen-Ich und das Kind-Ich. Dabei wirkt das Eltern-Ich entweder als nährender, beschützender oder als kritischer Persönlichkeitsteil. Das Kind-Ich besteht aus dem freien, kreativen, dem angepassten und dem rebellischen Teil. Das Erwachsenen-Ich ist der sachliche Persönlichkeitsteil. Er verarbeitet die Informationen aus dem Eltern-Ich, dem Kind-Ich und der Umwelt.

2. Transaktionsanalyse im engeren Sinne
Mit ihrer Hilfe kann die Kommunikation/Transaktion von zwei oder mehreren Personen analysiert werden. Dabei stehen sich Eltern-, Erwachsenen- und Kind-Ich der Partner gegenüber. Die Kommunikation hängt davon ab, von welchem Persönlichkeitsteil des Senders die Botschaft ausgeht und bei welchem Persönlichkeitsteil des Empfängers sie ankommt.

3. Spielanalyse
Psychospiele sind daran zu erkennen, dass Transaktionen, wie z. B. ein wiederkehrender Streit, immer in der gleichen, voraussagbaren Weise ablaufen. Wenn das Spiel analysiert wird und die Spieler ihren eigenen psychologischen Nutzen darin erkennen, können sie lernen, ihre Bedürfnisse auf konstruktivere Weise zu befriedigen.

4. Skriptanalyse
Das Skript ist eine Art Lebensdrehbuch, das sich als Ergebnis von Kindheitserfahrungen entwickelt hat. Es enthält Einstellungen, Erwartungen, innere Antreiber und Einschärfungen als elterliche Skriptbotschaften. Hier ist das Ziel der Transaktionsanalyse, Skriptentscheidungen zu erkennen und diese, falls sie behindernd sind, zu ändern.

Sei nicht wichtig! *Jan wurde als Kind verstärkt, wenn er sich möglichst unauffällig verhielt. Er hatte als Erwachsener Schwierigkeiten, eigene berechtigte Ansprüche durchzusetzen.*

Sei nicht gesund! *Elke war das älteste von fünf Kindern. Nur wenn sie krank war, kümmerte sich die Mutter besonders um sie. Auch als Erwachsene war sie sehr häufig krank und musste bereits mit 52 Jahren frühpensioniert werden, obwohl sie immer noch sehr gerne Lehrerin gewesen wäre.*

Gehör nicht dazu! *Thomas war ein sehr engagierter Lehrer, der besonders gerne Lernspiele entwickelte, die er dann auch seinen Kollegen bereitwillig zur Verfügung stellte. Dennoch kam er sich im Kollegium meist irgendwie ausgeschlossen vor. Eltern, die das ihren Kindern vermitteln, leiden oft selbst darunter, »nicht dazuzugehören«. Das Kind und später der Erwachsene können dann unter einer verzerrten Wahrnehmung leiden.*

Mach es allen recht! *Diese Einschärfung bestimmte in hohem Maße fast alle Entscheidungen, die Vera in ihrem Leben traf. Dabei sprach die Mutter auch aus, dass andere wichtiger waren, als Vera selbst. So meldete sie sich in der Lehrerkonferenz für jede Extraarbeit und jedes unbeliebte Amt. Sie hatte das Glück, dass ihre Schulleiterin dem rechtzeitig einen Riegel vorschob, bevor Vera vor Überforderung zusammenbrach.*

Streng dich an! *Alles was Anita mühelos schaffte, war in ihren Augen wenig wert. Nur das zählte, was sie mit größter Mühe zustande brachte. Dieses Fehlurteil verhinderte, dass sie entspannt und mit Freude arbeiten konnte.*

Schaffe es nicht! Werde nicht erwachsen! *Als Richard 2 Jahre alt war, starb sein Vater. Die Mutter klammerte sich an ihren Sohn als Partnerersatz. Um ihn noch mehr an sich zu binden, förderte* *sie Richard in keiner Weise. Er entwickelte aufgrund seines unzureichenden Einsatzes berechtigte Prüfungsängste. Die Mutter schlug ihm vor, sein Pädagogikstudium abzubrechen. Daraufhin begab er sich in Therapie.*

Mach mir keine Konkurrenz! Sei nicht hübsch! *Annas Mutter war Schauspielerin. Anna lernte früh, sie zu bewundern, und dabei auch, dass sie sich niemals schauspielerisch begabt oder hübsch aussehend zeigen sollte, wenn sie die Zuneigung ihrer Mutter behalten wollte. Anna achtete auch später wenig auf ihr Äußeres, hatte Übergewicht, worunter sie litt, und studierte Mathematik, ein Bereich, der die Mutter nicht interessierte.*

Sei stark! Zeig keine Gefühle! *In Andys Elternhaus wurde über Gefühle nicht gesprochen. Als Kind wurde er nie getröstet, wenn er weinte. Er spürte, dass das Weinen unerwünscht war und er besser auch große Freude nicht zu sehr zeigte. Lediglich Wut (auf Außenstehende) durfte er zeigen. So bekam er wenig Zugang zu seinen eigenen Gefühlen. Als die ersten Schulpraktika kamen, brach er sein Lehrerstudium ab und studierte Informatik.*

Von der Einschärfung »Zeig keine Gefühle!« sind meist Jungen betroffen. Nur wenn sie Wut zeigen, wird das als Stärke und Durchsetzungsvermögen von ihren Eltern interpretiert. Deren Töchter dagegen dürfen oft Gefühle zeigen, ausgenommen Wut, die dann als unweiblich und unpassend gefunden wird.

Sei nicht du selbst! *Ellens Eltern wünschten sich dringend einen Sohn. Als sie eine Tochter bekamen, waren sie sehr enttäuscht. Später wunderten sie sich, dass Ellen keine Puppen mochte, nur mit Jungen spielte und sich insgesamt so verhielt, dass jeder sie für einen Jungen hielt. Als sie erwachsen wurde, bekam sie Probleme mit ihrer Rolle als Frau.*

Trau keinem! *Der Geschäftspartner von Christians Vater betrog ihn um sein ganzes Vermögen. Er und seine Frau kamen nie darüber hinweg. Sie erzogen Christian zu übertriebener Vorsicht und Misstrauen, sodass der Junge keine normalen Kontakte aufbauen konnte. Erst in einer Gruppentherapie verstand er die Zusammenhänge und konnte zu den anderen Gruppenmitgliedern langsam Vertrauen fassen.*

Denke nicht! Die Möglichkeit, dass ein Kind die Einschärfung mitbringt, möglichst nicht zu denken, sollte von uns Lehrern in Betracht gezogen werden, vor allem, wenn ein Kind sehr widersprüchliche Leistungen zeigt. Wir können auch in der Schule das Selbstvertrauen in die eigene Leistung solcher Kinder aufbauen.

Der Kinderanalytiker Zulliger (2007) berichtet von einem Fall von Pseudodebilität. *Ein aufgewecktes achtjähriges Mädchen bekam einen Bruder. Als sie auf dem Wickeltisch den Geschlechtsunterschied zwischen ihm und sich sah, stellte sie dazu Fragen. Dafür wurde sie sehr hart bestraft. In der Folge sanken ihre Schulleistungen derart ab, dass sie eine Sonderbetreuung brauchte. Zulliger stellte fest, dass sie pseudodebil, also ihr Denken so blockiert war, dass sie dem normalen Unterricht nicht folgen konnte.*

Auch Rena konnte dem Unterricht trotz einer hohen Testintelligenz nicht folgen. Der Vater war ein sehr religiöser Mann, der die Tochter zu einer »anständigen« Frau erziehen wollte, weshalb sie nur zur Schule aus dem Haus gehen durfte und sehr viel im Haushalt helfen musste. Schließlich kam sie auf eine Sonderschule, wofür der Vater ihr dann noch Vorwürfe machte.

■ **Meine wichtigsten eigenen Einschärfungen**

Da wir besonders in Stresssituationen aufgrund von Einschärfungen und Zuschreibungen reagieren, wollen wir herausfinden, welche Überzeugungen und Gewohnheiten uns auf welche Art behindern.

Einschärfung	Grundannahme	Konsequenz

In vielen Elternhäusern wird den Kindern mehr oder minder vermittelt, dass sie für Leistung besondere Zuwendung bekommen. Bei den Kindern setzt sich fest: »Wenn ich etwas kann, der Beste bin, eine Medaille gewinne, lieben mich meine Eltern.« Viele Menschen sind in hohem Alter noch überzeugt, dass man für Liebe etwas leisten muss. Daraus folgt dann die Bemühung, alles perfekt zu machen, um Liebe und Wertschätzung zu bekommen und dadurch sich selbst wertschätzen zu können. Perfektionismus aber führt in der Folge zu Überforderung und Selbstausbeutung bis zum Burnout. Dazu kommt, dass wir uns, wenn wir »perfekte« Lehrer sein wollen, unzulänglich fühlen, weil unsere Schüler oft ernsthafte Probleme haben, die wir nicht lösen können, da sie außerhalb unseres Einflussbereiches liegen.

Sicher haben wir auch positive Botschaften erhalten, die zu Selbstvertrauen und hilfreichen Einstellungen geführt haben. Diese sollten wir uns ebenfalls bewusst machen. Sie stärken unser Selbstvertrauen.

Wir können nun unsere negativen, inneren Befehle und Verbote und die daraus resultierenden Grundannahmen unter die Lupe nehmen und bestimmen, ob sie wahr und hilfreich für unser Leben sind. Alles, was unser Denken, Fühlen und Verhalten behindert, muss verändert werden. Es belastet uns sonst in vielen Lebenssituationen, besonders, wenn es uns nicht gut geht. Der Psychiater George Bach und Torbet (1985) nennen diese Instanz »das böse Ich« oder den »Quälgeist«, der uns verunsichert und unserem Selbstwertgefühl schadet.

Wir können nun jeder Einschärfung einen Erlaubnisspruch gegenüberstellen, um dadurch die alten, behindernden Grundannahmen zu ersetzen. Für jede der obigen Einschärfungen steht im Folgenden eine mögliche Entgegnung:

»Sei nicht!« kann ersetzt werden durch »*Es ist gut, dass ich da bin!*«.

»Sei nicht wichtig!« kann ersetzt werden durch »*Ich bin genauso wichtig wie jeder andere Mensch!*«.

»Sei nicht gesund!« kann ersetzt werden durch »*Ich sorge für meine Gesundheit!*«.

»Gehör nicht dazu!« kann ersetzt werden durch »*Ich bin ein wichtiger Teil meiner Familie, meines Freundeskreises und meines Kollegiums*«.

»Mach es allen recht!« kann ersetzt werden durch »*Nur wenn ich für mich sorge, kann ich mich um andere kümmern*«.

»Streng dich an!« kann ersetzt werden durch »*Es geht leicht, weil ich es kann*«.

»Schaffe es nicht! Werde nicht erwachsen!« kann ersetzt werden durch »*Ich kann es und habe ein Recht auf Erfolg*«.

»Mach mir keine Konkurrenz!« kann ersetzt werden durch »Ich habe ein Recht auf mein eigenes Leben«.

»*Sei nicht hübsch!*« kann ersetzt werden durch »*Ich achte auf mein Äußeres, sodass ich mir gefalle*«.

»*Sei stark! Zeig keine Gefühle!*« kann ersetzt werden durch »*Ich habe ein menschliches Recht, zu fühlen, was ich fühle*«.

»*Sei nicht du selbst!*« kann ersetzt werden durch »*Ich freue mich, ein Mann/eine Frau zu sein*«.

»*Trau keinem!*« kann ersetzt werden durch »*Ich vertraue anderen Menschen, ohne zu leichtgläubig zu sein*«.

»*Denke nicht!*« kann ersetzt werden durch »*Ich habe einen klar denkenden Verstand*«.

»*Sei perfekt!*« kann ersetzt werden durch »*Gut ist gut genug*«.

- **Entgegnungen auf meine wichtigsten eigenen Einschärfungen**

Viele dieser Einschärfungen sind uns nonverbal oder indirekt mitgeteilt worden. Wir sind darauf eingegangen, weil wir die Zuwendung unserer Bezugspersonen brauchten. Manche dieser Einschärfungen sind auch selbstinduziert. Ein Kind will seine Eltern im Recht sehen. Viele Kinder sehen sich selbst lieber als »böses Kind« an als ihre Eltern als ungerecht oder gemein. Als Kinder haben wir auch Verhaltensweisen entwickelt, die in der damaligen Situation eine gute Lösung darstellten, uns aber als Erwachsene behindern.

Die alte *Einschärfung* wird ersetzt ...	durch die neue *Erlaubnis*

Lena wurde als Kind vom Vater *misshandelt. Sie lernte, vor allem, wenn der Vater wütend war, den Kopf einzuziehen und Entschuldigungen zu stammeln, um ihn zu beruhigen. Wurde sie als Erwachsene von ihrem Chef kritisiert, verhielt sie sich ähnlich. Erst als ihr diese Zusammenhänge bewusst wurden, konnte sie sich ein angemesseneres Verhalten erarbeiten.*

Je besser wir uns an Bilder und Ereignisse aus unserer Kindheit erinnern, desto klarer werden uns manche unserer heutigen Gefühle und Verhaltensweisen. Wenn wir uns damit beschäftigen, werden uns diese Zusammenhänge immer deutlicher. Wir können dann an unseren Alltagssituationen entsprechend arbeiten. Für unseren Umgang mit unseren Erinnerungen ist es wesentlich, dem Kind, das wir waren, sehr viel Verständnis und Zuwendung entgegenzubringen und so unser »inneres Kind« zu entschädigen, für alles, was es erlitten hat. In Kap. 3 werden wir sehen, wie wir mit größerem Selbstmitgefühl zu unserer seelischen Gesundheit beitragen können.

Teilemodelle der Persönlichkeit

Fast alle psychotherapeutischen Schulen arbeiten mit einem Teilekonzept des Ich oder Selbst. Sie verstehen das Ich nicht als einen einzigen, identitätsstiftenden Zustand, sondern gehen von Teilen, Rollen und Ich-Zuständen aus. Dabei handelt es sich u. a. um folgende Psychotherapierichtungen: **S. Freud** nennt die Teile »Es«, »Ich« und »Über-Ich«. **C. G. Jung** nennt die positiven Anteile »Persona« und die negativen »Schatten« Dabei versteht er unter Komplexen aneinandergelagerte, unbewusste Vorstellungen, die eine Teilpersönlichkeit bilden können. Bei der Ego-State-Therapy von **J. und H. Watkins** (2012) konzipiert sich aus verschiedenen Ich-Zuständen eine »Selbst-Familie«. Die Therapie beruht auf Psychoanalyse und Hypnotherapie und wird vor allem bei traumatisch bedingten Störungen angewandt. Das Ziel ist die Integration aller Teile, vor allem der für die gewünschte Veränderung relevanten. **M. Erickson** arbeitet in seinem systemisch orientierten Ansatz auch mit Hypnotherapie. Die Ich-Zustände der Transaktionsanalyse von **E. Berne** sind »Eltern-Ich«, »Erwachsenen-Ich« und »Kind-Ich«. Das Therapieziel besteht darin, den inneren Erwachsenen weiterzuentwickeln. In der Gestalttherapie spricht **F. Perls** von »Topdog« und »Underdog« als bedeutsamen Persönlichkeitsteilen. Auch **V. Satir** arbeitet in ihrer wachstumsorientierten Familientherapie mit Teilen, Gesichtern und dem »Theater des Inneren«. Das Konzept der Kommunikationstheorie von **F. Schulz von Thun** nennt das Teilemodell »das Innere Team«. Wesentlich bei allen Therapien mit einem Teilemodell ist der Ökocheck, d. h. zu prüfen, ob alle Persönlichkeitsteile mit der angestrebten Veränderung einverstanden sind.

2.2 Die Einflüsse meines Inneren Teams

Um den Ursachen für unsere Erschöpfung und Burnoutgefährdung weiter auf die Spur zu kommen, wenden wir uns nun dem Teilemodell der Persönlichkeit zu.

Wir sind uns alle bewusst, dass wir in unserem Leben die verschiedensten Rollen einnehmen (Vater, Hausfrau, Lehrer, Nachbar, Elternvertreterin etc.). Jeder dieser Rollen ist ein bestimmtes Verhaltensrepertoire zugeordnet. Bei Überschneidungen von Rollen kann es zu Rollenkonflikten und demzufolge auch zu Verhaltensunsicherheiten kommen. Unser Erleben und Verhalten kann aber auch innerhalb einer einzigen Rolle von sehr unterschiedlichen inneren Strebungen bestimmt sein. Bereits Goethe erkannte: »Zwei Seelen wohnen, ach! in meiner Brust.« Jeder kennt das Gefühl, »hin- und hergerissen«, »außer sich« oder »nicht er selbst« zu sein.

Um diese verschiedenen Strebungen aufzudecken, entwickelte die Psychologie Teilemodelle der Persönlichkeit.

Auch das Psychodrama von J. L. Moreno und das Neuro-Linguistische Programmieren (NLP) arbeitet mit dem Teilemodell, um vor allem jenen Teilen auf die Spur zu kommen, die uns zu ungünstigen und unerwünschten Reaktionen veranlassen. Dabei wird davon ausgegangen, dass jeder Persönlichkeitsteil eine gute Absicht für uns hat, die erkannt, gewürdigt und integriert werden sollte. Dann können wir Wege suchen, wie die gute Absicht zu verwirklichen ist, ohne uns andererseits einen Schaden zuzufügen. Der nun akzeptierte Teil bekommt dann auch einen neuen Namen. Zum Beispiel könnte die gute Absicht des »Raucherteils« Entspannung sein. Würde nun ein Weg gefunden, der eine gleichwertige Art von Entspannung erzeugt, könnte der »Raucherteil« in »Entspannungsteil« umbenannt werden, und mit Hilfe des neuen Entspannungsverhaltens könnte auf das Rauchen verzichtet werden. Dabei wird die Absicht des Teils von seiner Methode getrennt, wenn wir mit seiner ursprünglichen Methode nicht einverstanden sind.

Auf die Idee der guten Absicht kommt auch George R. Bach, der sich mit unserem »inneren Feind«, dem »bösen Ich« oder »Quälgeist« beschäftigt. Jeder Mensch macht die Erfahrung, dass es offensichtlich einen Saboteur in uns gibt, der uns hindert, unsere Ziele zu erreichen. Wir stehen uns selbst im Weg und fügen uns Schaden zu, z. B. verlieren wir etwas, vergessen wichtige Termine usw.

Diesem Kapitel liegt der Ansatz des Inneren Teams von Friedemann Schulz von Thun und Wibke Stegemann (2004) zugrunde. Er ist sehr konkret und vielseitig anzuwenden. Wir horchen in uns hinein und entdecken dabei eine Menge sehr unterschiedlicher Teammitglieder, die teilweise miteinander, teilweise gegeneinander arbeiten. Dabei ist unser Ich das Oberhaupt, das für die Leitung des Teams und die Entscheidungen zuständig ist.

Das Oberhaupt ist der Chef, der seine Teammitglieder anhören, akzeptieren und wertschätzen sollte, denn jedes hat von seinem Standpunkt aus Recht und versucht, unser Ich zu schützen, zu fördern, zu warnen usw. So bekommt auch jedes einen Namen und eine typische Äußerung zugeordnet. Es könnte unter Umständen die eine oder andere der besprochenen schädlichen Einschärfungen dabei zu finden sein. In diesem Fall müssen wir besonders aufmerksam sein, was diese Stimme denn Gutes für uns will. Auch hier muss die Absicht von der Methode getrennt werden. Manchmal besteht die Absicht des Teils mit den von den Eltern gegebenen Einschärfungen im Erwachsenenalter nur noch darin, Anerkennung, die wir als Kind nicht bekommen haben, nun doch noch zu erhalten. In diesem Fall könnte die Person daran arbeiten, sich auch von dieser Absicht zu emanzipieren. Das Oberhaupt fühlt sich in jedes Teammitglied ein, um es wirklich zu verstehen, aber es identifiziert sich nicht mit ihm, weil die Bedürfnisse aller Mitglieder für eine gute Zusammenarbeit berücksichtigt werden müssen.

2.2.1   Das Innere Team des erschöpften Lehrers

Wir befragen also zunächst unser Inneres Team, welche Teammitglieder mit unserer Erschöpfung zu tun haben. Das in ◨ Abb. 2.1 dargestellte Beispiel soll als Anregung für jeden Leser dienen, mit Hilfe einer eigenen Aufstellung den Bedürfnissen seines Inneren Teams auf die Spur zu kommen.

In unserem Beispiel ist die leitende Frage:
Warum geht es dem äußerst engagierten Lehrer Ernst Fertig so schlecht?
Da sind auf der einen Seite eine Menge Antreiber:
Peer Perfekt, *der keine Fehler akzeptieren kann,*
Ludwig Langmut, *der Ernst Fertig keinerlei Ungeduld verzeiht,*
Hans Hilfsbereit, *der immer für andere da ist,*
Igor Immernett, *der negative Emotionen stets wegdrückt,*
Sigi Orga, *dem penible Ordnung über alles geht,*
und last, not least Arthur Antreiber, *der Ernst keine ruhige Minute lässt.*
Die Gegenseite ist gekennzeichnet von Teammitgliedern, die Ernst zeigen, dass seine Kraftreserven immer weniger werden und er sich auf seine Grenzen zu bewegt: Da sind Karl Kaputt, *der Ernst spüren lässt, dass er erschöpft ist,*
Emil Enttäuscht, *der an Ernsts Motivation, Lehrer zu werden, täglich nagt,*

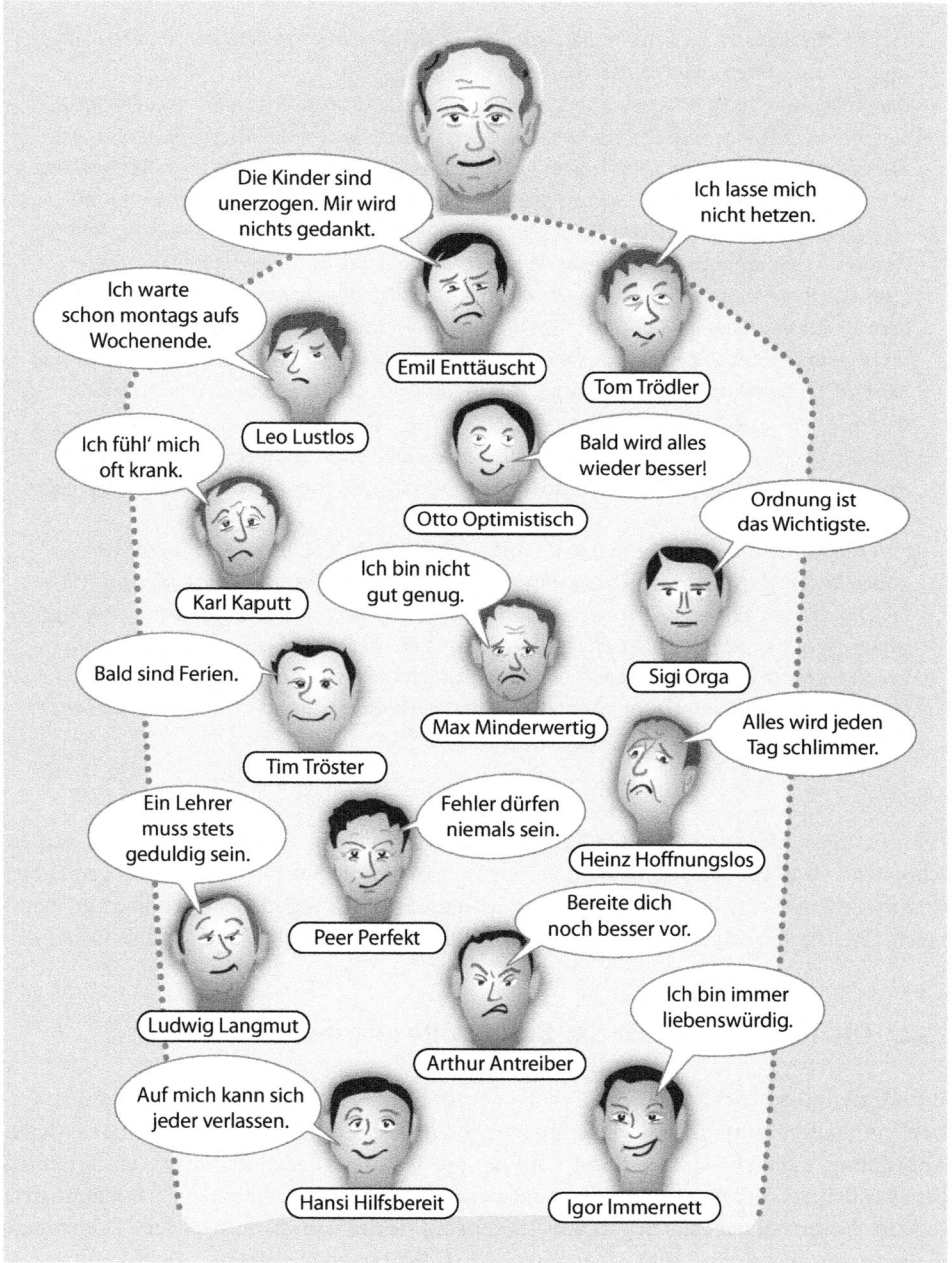

2

Heinz Hoffnungslos, *der sich eine Besserung der Lage gar nicht vorstellen kann,* und Leo Lust-los, *der Ernsts Arbeit kaum Freude abgewinnen kann.*
Der schlimmste Quälgeist ist Max Minderwertig, *der Ernsts Selbstwertgefühl mit Füßen tritt.*
Einen etwas beruhigenden Einfluss haben Tom Trödler, *der Ernst veranlassen will, alles langsamer angehen zu lassen,* und Tim Tröster *mit den Hinweisen auf die Ferien oder ein Wochenende zum Erholen ohne Korrekturen. Und es gibt da auch noch* Otto Optimistisch, *der Ernst Kraft und Motivation gibt, nach Auswegen zu suchen, die Veränderungen zum Positiven bewirken können. Wenn Ernst alle diese Mitglieder angehört hat, könnte er jeweils nach ihrer guten Absicht suchen. Er könnte untersuchen, inwieweit er sich selbst als Oberhaupt mit seinen einzelnen Antreibern identifiziert. Er möchte vielleicht eigentlich der perfekte, stets geduldige, immer hilfsbereite und freundliche Lehrer und Kollege sein, bei dem obendrein in allen Bereichen perfekte Ordnung herrscht. Dann müsste er lernen, dass der Mensch an sich nicht vollkommen ist und der Anspruch, den er an sich selbst richtet, irreal ist.*
Was ihm dann am schwersten fallen wird, ist, dies zu akzeptieren. Die Methoden in Teil II dieses Buches können ihm dabei helfen ebenso wie sein Otto Optimistisch, *der als Lehrer wieder mehr Berufsfreude entwickeln will.*
Was könnte die Aufgabe von Ernsts kraftlosen Teammitgliedern sein? Will Karl Kaputt *ihm vor Augen führen, dass er etwas für sich selbst tun muss, um nicht an sein Limit zu kommen? Will* Emil Enttäuscht *ihm nur helfen, seine Erwartungen nicht so hochzuschrauben, um die Realität besser akzeptieren zu können? Geht es auch* Heinz Hoffnungslos *um eine bessere Akzeptanz der Wirklichkeit, wie sie nun einmal ist? Und sorgt nicht* Leo Lustlos *für manche Ruhepause, die Ernst bitter nötig hat? Vielleicht möchte auch sein Quälgeist* Max Minderwertig *ihn so provozieren, dass Ernst an seiner Einstellung zu sich selbst arbeitet.*

Ernst Fertig ist hier nur ein Beispiel. Es ist für jeden, eigentlich sehr engagierten und nun erschöpften Lehrer eine hilfreiche Methode zur Selbstreflexion, auf einem großen Bogen Papier darzustellen, wie sein inneres Team in Bezug auf diese Erschöpfung aussieht. Wir horchen in uns hinein. Welche verschiedenen Stimmen sind da und welche Gedanken und Gefühle haben sie?

2.2.2 Die Teammitglieder der Berufsrolle und ihre Schatten

Wir werden ein zweites Mal eine innere Teamaufstellung betrachten, und zwar unter dem Gesichtspunkt der Kommunikation. Dafür betrachten wir unser Inneres Team in einer anderen Anordnung, nämlich wie eine Bühne, auf der die Teammitglieder, die unsere erwünschten Berufsrollen verkörpern, im Vordergrund stehen. Mit diesen Hauptdarstellern identifiziert sich die Person am meisten. Schulz von Thun nennt sie deshalb »Stammspieler«. Diejenigen, die ganz vorne auf der Bühne stehen und die Außenkontakte gestalten, sind dann unsere »Kontaktmanager«. Sie verkörpern die Art und Weise, wie wir als Person anderen Menschen gegenübertreten. Unsere Hauptdarsteller neigen dazu, andere Teammitglieder zu majorisieren, um unsere Berufsrolle, aber auch die anderen Alltagsrollen optimal erfüllen zu können.

So ist das Oberhaupt mit diesen Teammitgliedern besonders zufrieden und drängt daher die anderen, weniger erwünschten in den Hintergrund. Ganz abgelehnte Teile werden sozusagen »in der Kulisse« versteckt. Dennoch gehören alle zur Gesamtpersönlichkeit. Diese Hintermannschaft nennt Schulz von Thun die »Antipoden«, weil jeder Stammspieler auch einen

Gegenspieler hat. In Berufen wie dem unseren mit intensivem Sozialkontakt werden die nicht mit der Berufsrolle kompatiblen Persönlichkeitsteile vom Oberhaupt oft abgelehnt.

Es kann wieder jeder auf einem großen Bogen Papier seine Teammitglieder in den verschiedenen Rollen mit Namen und Äußerungen auf der inneren Bühne darstellen.

Als Beispiel dient hier die Kollegin Eva Erschöpft (**◘** Abb. 2.2) *mit der Frage:*
Welche Teammitglieder sind die Hauptdarsteller in ihrer Berufsrolle als Lehrerin und welche werden dabei auf die Hinterbühne verbannt?
Bei Eva Erschöpft sind drei Hauptmitglieder vorne an der Kontaktlinie: Petra Perfekt, *die der Meinung ist, dass immer alles wie am Schnürchen laufen muss. Sie versucht, Fehler unter allen Umständen zu vermeiden.* Frieda Freundlich, *die sich auch in sehr unangenehmen Situationen bemüht, immer mit einem Lächeln und mit ruhiger Stimme zu sprechen, und* Susi Souverän, *die alles daran setzt, stets gelassen und Herr der Lage zu bleiben. Mit diesen drei Teammitgliedern stellt sich Eva vor allem als Lehrerin nach außen dar.*
Die weiteren Hauptdarsteller auf Petras Vorderbühne sind:
Tina Teamplayer, *die in alle Teams im Kollegium viel Arbeit investiert,*
Olga Ordnung, *die penibel bei sich und ihren Schülern darauf achtet, dass immer alles sofort an den richtigen Platz kommt,*
Vera Verständnis, *die sich stets in die Lage ihres Gegenübers versetzt, um die Welt mit dessen Augen zu sehen und entsprechend zu reagieren,*
Tina Tolerant, *eine enge Freundin von Vera Verständnis, die sich besonders bemüht, Migrantenkindern und ihren Eltern die Anpassung an deutsche Schulregeln zu erleichtern,*
Hertha Hilfsbereit, *die jederzeit einspringt, wenn irgendwo jemand ihre Hilfe braucht, und*
Fanny Fleißig, *die sich immer einsetzt, um in allen Bereichen engagierte und effiziente Arbeit zu leisten.*
Diese Teammitglieder werden von Eva Erschöpft geschätzt. Mit ihnen identifiziert sie sich gern. Schön, wenn da nicht von der Hinterbühne ganz andere Stimmen zu hören wären. Da sind vor allem:
Anna Ausgelaugt, *die spürt, dass alles über ihre Kräfte geht und sie einfach nicht mehr kann. Eng mit ihr verbunden ist*
Mia Müde, *die morgens ihr Bett macht und sich dabei nur noch wünscht, dass sie sich schnell wieder hineinlegen kann,*
Bea Besser-Selbst, *die nicht delegieren kann, weil sie Sorge hat, die Kontrolle zu verlieren,*
Uta Unsicher, *die es gerne allen recht machen will und nicht Nein sagen kann,*
Gesa Genervt, *der der Lärmpegel in der Schule schwer zu schaffen macht, sodass ihre Konzentration und ihr Wohlbefinden leiden, und schließlich*
Rosa Resigniert, *die das Gefühl hat, dass alles immer schlimmer und nichts besser wird.*
Manchmal spricht Eva Erschöpft mit befreundeten Kolleginnen über diese Befindlichkeiten, aber sie will ja auch kein Jammerlappen sein. Sie hat schließlich Ansprüche an sich selbst. Daher werden auch ihre am meisten abgelehnten Teammitglieder in die Kulisse geschoben, um möglichst unsichtbar zu bleiben. Es sind:
Wilma Wut, *die sich ausgenützt und schlecht behandelt fühlt und innerlich ganz schnell wütend und aggressiv wird. Mit ihr will sich Eva Erschöpft gar nicht identifizieren. So ein Mensch möchte sie nicht sein.*
Noch weniger akzeptiert sie Uta Unzulänglich, *die daran glaubt, dass Evas Fähigkeiten nicht ausreichen und alle anderen alles besser machen.*

Manchmal bricht sich dann so ein mit seinen Bedürfnissen weggedrücktes Teammitglied unerwartet und ungehemmt Bahn.

> *Aus gegebenem Anlass nimmt sich Gero Gelassen ein paar Schüler der Oberstufe zu einem ernsten Gespräch vor, um ihnen die Grenzen zwischen Anmache von Mädchen und sexueller Belästigung begreiflich zu machen. Während alle ernsthaft zuhören, grinst Max von einem Ohr zum anderen und macht obszöne Zeichen. Plötzlich schreit ihn Gero an, Max wäre ein widerlicher Macho und solle sofort den Raum verlassen. Völlig verdattert geht Max hinaus, und die anderen Schüler gucken Gero an, als sähen sie ihn zum ersten Mal. Er selbst ist auch ob seines fragwürdigen pädagogischen Verhaltens ganz verwirrt.*

In so einem Fall ist das Oberhaupt von sich selbst erschüttert und das Umfeld ebenso. Es kennt ihn sonst nur ganz anders. Es ist wichtig, dass wir Lehrer unsere Schatten und ihre Bedürfnisse möglichst gut kennen und in unser Leben integrieren. Ansonsten verbünden sich die Schatten miteinander und können so Erschöpfung, Depression und Burnout erzeugen.

Literatur

Bach GR, Torbet L (1985) Ich liebe mich, ich hasse mich, Fairness und Offenheit im Umgang mit sich selbst. Rowohlt, Reinbek bei Hamburg
Berne E (2002) Spiele der Erwachsenen. Rowohlt, Reinbek bei Hamburg
Kumbier D (2013) Das Innere Team in der Psychotherapie: Methoden und Praxisbuch. Klett-Cotta, Stuttgart
Schulz von Thun F, Stegemann W (Hrsg) (2004) Das Innere Team in Aktion, Praktische Arbeit mit dem Modell. Rowohlt, Reinbek bei Hamburg
Watkins J, Watkins H (2012) Ego-States-Theorie und Therapie: Ein Handbuch. Carl Auer Systeme Verlag, Heidelberg
Zulliger H (2007) Heilende Kräfte im kindlichen Spiel. Klotz, Magdeburg

Weiterführende Literatur

Chopich EJ, Paul M (2008) Das Arbeitsbuch zur Aussöhnung mit dem inneren Kind. Ullstein, Berlin
Chopich EJ, Paul M (2009) Aussöhnung mit dem inneren Kind. Verlag Hermann Bauer, Freiburg im Breisgau
Gummesson E (2012) Mir reicht's. So befreist du dich aus Perfektionismus und Burnout. Beltz, Weinheim
Rautenberg W, Rogoll R (2011) Werde, der du werden kannst: Persönlichkeitsentfaltung durch Transaktionsanalyse. Herder, Freiburg

Die neuen Programmierungen: Neues Denken – neues Leben

Im ersten Teil haben wir uns vor allem mit der Vergangenheit und dem unerwünschten Teil der Gegenwart beschäftigt, um die Ursachen zu erkennen, die bei dem Einzelnen zu Erschöpfung und Niedergeschlagenheit geführt haben. Nun geht es darum, die Gegenwart zu verändern, um sie und die Zukunft zu verbessern.

Liest man die Lehrerratgeber, so scheint mir häufig zwischen den Zeilen zu stehen: »Mach es so, wie ich dir vorschlage, dann hast du keine Probleme mehr.« Das klingt schon wieder nach einer Forderung, die der Leser als Überforderung erlebt, wenn es ihm schlecht geht. Uns geht es als Lehrer schlecht, wenn es dem Menschen in uns schlecht geht. Etwas muss also anders werden. Darauf, dass andere Menschen oder die Umstände sich ändern, kann man aber lange vergeblich warten.

Auch wenn es mancher nicht wahrhaben will, es sind Gefühle, die unser Verhalten bestimmen. Unsere Wahrnehmungen und Gedanken passieren unser limbisches System und lösen Gefühle aus, auch dann, wenn wir uns dessen nicht bewusst sind. Wahrnehmungen werden aufgrund unseres individuellen Weltbildes eingeschätzt und bewertet. Wir wissen, dass die gleiche Situation von verschiedenen Menschen nicht nur verschieden wahrgenommen, sondern auch verschieden bewertet wird. Auch unsere Grundstimmung nimmt darauf Einfluss.

Wir können nichts für unsere Gefühle! Verantwortlich sind wir nur für unser Verhalten. Unsere Gedanken können wir bewusst lenken. Dadurch können wir unser Verhalten und unsere Gefühle beeinflussen. Verzichten wir auf eine solche bewusste Programmierung, so kann es zu einer ungewollten, negativen Programmierung kommen.

Beispiel für eine negative Programmierung: Sie kommen in ein neues Kollegium, von dem Sie schon gehört haben, wie schwierig es sein soll. Auf dem Weg dorthin malen Sie sich aus, wie die neuen Kollegen Sie links liegenlassen und keine Hilfen anbieten, um Ihnen den Einstieg zu erleichtern. Bis Sie angekommen sind, ist Ihre Stimmung auf dem Nullpunkt. Das strahlen Sie auch aus und entsprechend zurückhaltend werden Ihnen die Menschen dort begegnen. Die »sich selbst erfüllende Prophezeiung« ist eingetreten.

Beispiel für eine positive Programmierung: Sie brauchen für eine bestimmte Person noch ein Geschenk, haben aber leider keine Idee. Sie könnten bei der morgendlichen Tagesprogrammierung planen, dass Ihnen das passende Geschenk begegnen soll. So verändert sich Ihre Wahrnehmung und Sie entdecken z. B. im Schaufenster eines Buchladens genau das passende Geschenk, da Ihr Unbewusstes auf diesen Plan hin programmiert ist.

Die folgenden Programmierungen helfen uns, ein positiveres Lebensgefühl im Beruf zu entwickeln und damit die Änderungen vorzunehmen, die für uns wichtig sind.

Wie gehe ich besser mit mir um?

D. Linde, *Burnout vermeiden - Berufsfreude gewinnen*,
DOI 10.1007/978-3-662-47006-0_3, © Springer-Verlag Berlin Heidelberg 2015

3.1   Liebevoller, fürsorglicher Umgang mit mir selbst

Selbstliebe? Viele von uns macht so ein Wort misstrauisch. Vor unserem inneren Auge erscheint das Bild des Narziss aus der klassischen griechischen Sage, wie er selbstverliebt sein Spiegelbild im Wasser betrachtet. So wollen wir nicht sein, und das meint Selbstliebe auch nicht.

Selbstliebe, auch im Sinne von Sorgen für das eigene Wohlergehen, ist im Gegenteil die unabdingbare Voraussetzung für Nächstenliebe. Wir stellen uns vor, wir sitzen im Flugzeug, und die Flugbegleiterin erklärt den Gebrauch der Sauerstoffmasken. Dabei sagt sie den wichtigen Satz: »Bitte befestigen Sie zuerst Ihre eigene Maske, bevor Sie Kindern und anderen Mitreisenden helfen.« Ganz klar, wenn ich selbst keine Luft mehr bekomme, kann ich kaum für andere nützlich sein! Warum muss dann trotzdem darauf hingewiesen werden?

In unserer Kultur sind Hilfsbereitschaft und Engagement für andere hoch angesehene Werte. »Der brave Mann denkt an sich selbst zuletzt«, heißt ein Sprichwort. Das würde bedeuten, anderen Menschen etwas zu geben, was wir gar nicht haben. Daraus folgt, dass Selbstliebe die Voraussetzung für Nächstenliebe ist. Ein Aphorismus von Friedrich Hebbel besagt: »Für meinen Nächsten würde oft wenig dabei herauskommen, wenn ich ihn so liebte, wie mich selbst.« Dabei lächeln wir und nicken, weil wir das oft genauso empfinden. Aber wir könnten es für uns selbst und die uns anvertrauten Kinder ändern. Auch die Bibel ermutigt uns »Liebe deinen Nächsten wie dich selbst«, und es heißt dort nicht: »Liebe deinen Nächsten; dich selbst kannst du vergessen!«

Wer sich selbst vergisst, kann kein guter Lehrer sein! Wie sollte er junge Menschen zu einem selbstständigen Leben erziehen können? Zur Selbstliebe gehört zunächst die Akzeptanz unserer selbst mit allen Seiten und Aspekten, die zu unserer Individualität gehören. Mit uns selbst sind wir das ganze Leben lang zusammen. Wenn es uns gelingt, unser eigener bester Freund zu werden, geben wir uns die größtmögliche Unterstützung.

Beginnen wir mit unserem Äußeren, dem Teil von uns, mit dem wir der Welt begegnen. Je mehr wir dazu stehen, desto wohler fühlen wir uns.

Die *Spiegelübung* ist ein erster Schritt, diese Akzeptanz zu verstärken:

❓ *Wir stellen uns vor einen Spiegel, in dem wir uns ganz sehen können. Dann zählen wir laut auf, was wir Positives entdecken:*

Mir gefällt an mir _____

Mir gefällt an mir _____

Mir gefällt an mir _____

Mir gefällt an mir _____

Wir versuchen, jeder positiven Entdeckung deutlich nachzuspüren.

Sollte sich unser innerer Kritiker nun zu Wort melden, um uns auf Negatives aufmerksam zu machen, überprüfen wir, was davon unveränderlich ist, wie z. B. die Körpergröße, und was wir ändern könnten, wenn wir wollten. Im ersten Fall sagen wir:

Ja, ich bin _____ (z. B. nicht groß) und ich akzeptiere mich, so wie ich bin.

Ja, ich habe _____ und ich akzeptiere mich, so wie ich bin.

Im anderen Fall sagen wir:

Ja, ich habe _____ (z. B. graue Haare) und ich akzeptiere mich, so wie ich bin.

Oder: Ja, ich habe _____ (z. B. graue Haare) und ich bin entschlossen, daran etwas zu ändern.

Am Ende der Übung sollte das gute Gefühl stehen, dass wir den Menschen im Spiegel mögen – trotz der bei allen Menschen mehr oder minder fehlenden »Perfektion«. Das gibt uns unsere individuelle, positive Ausstrahlung, die entscheidender ist als das messbare Aussehen.

Betrachten wir nun unsere positiven Eigenschaften und freuen uns daran! Wir vergessen das Sprichwort: »Eigenlob stinkt!« Das bezieht sich nicht auf die Freude an unseren positiven Seiten, sondern auf Angeberei.

Machen wir nun die *Selbstlobeübung* und lassen uns Zeit dafür:

❓ *Wir suchen so viele gute Eigenschaften wie nur möglich:*
Ich mag an mir _____ *(z. B. meine Entscheidungsfähigkeit)*
Ich mag an mir _____
Ich mag an mir _____

Wie gesagt, sich selbst zu mögen, bedeutet, zu sich selbst so gut zu sein, wie man zu Menschen ist, die einem nahestehen. Um uns als unseren besten Freund besser kennenzulernen, hilft es zu erkunden, in welchen Bereichen wir uns selbst zu wenig mögen, sei es, dass wir zu wenig schlafen, zu selten Freunde treffen oder zu häufig Ausweichverhalten zeigen (z. B. Fernsehen, Naschen, Alkoholtrinken etc.).

❓ *Bereiche, in denen ich nicht gut zu mir bin:*
Ich mag mich selbst nicht, wenn ich _____ *(z. B. zu wenig schlafe).*
Ich mag mich selbst nicht, wenn ich _____
Ich mag mich selbst nicht, wenn ich _____
Ich mag mich selbst nicht, wenn ich _____

Nun hat fast jede Eigenschaft, auch die, die wir negativ bewerten, ihre zwei Seiten. Zum Beispiel ist »Verschwendungssucht« keine gute Eigenschaft, ihre soziale Schwester »Großzügigkeit« aber durchaus.

Gerade für uns Lehrer, denen in Deutschland schon als Berufsgruppe oft wenig Anerkennung entgegengebracht wird, ist es besonders wichtig, sich selbst wertzuschätzen, denn das versetzt uns besser in die Lage, nicht nur lernwillige, gut erzogene, sondern auch widerspenstige Schüler zu mögen.

Zur Selbstliebe gehören auch Selbstannahme und positive Selbstkommunikation. Wir könnten einmal unser inneres Selbstgespräch kontrollieren, wenn wir etwas vergessen oder etwas zerbrochen haben. Kann es sein, dass da solche Ausdrücke fallen wie »Ich Rindvieh! Das kann doch wieder nur mir passieren«? Dabei wissen wir genau, dass all diese Dinge jedem passieren können. So würden wir mit einem anderen Menschen kaum sprechen, und wir würden es uns auch nicht gefallen lassen, wenn andere so mit uns sprächen. Unser bester Freund verdient eine solche Behandlung jedenfalls nicht! Wenn wir uns also das nächste Mal bei einer solchen Selbstbeschimpfung ertappen, könnten wir auf die innere Löschtaste drücken und für das Missgeschick eine kreative Lösung finden. Ein schöner Satz des Logotherapeuten Viktor Frankl (2012) lautet: »Ich lasse mir von mir selbst nicht alles gefallen.«

3.2   Ich entwickele Selbstmitgefühl

Vielleicht denken wir bei Selbstmitgefühl an dessen weinerliche Schwester – das Selbstmitleid. So ein Jammerlappen, wie wir ihn dabei vor unserem inneren Auge sehen, wollen Sie und ich natürlich nicht sein. Das Selbstmitleid beschäftigt sich nur mit dem eigenen Leid und kreist unaufhörlich um die eigenen Enttäuschungen und Benachteiligungen. Diese Art von Gedanken und Gefühlen versetzen uns in einen mental sehr schlechten Zustand, der unsere Situation ausweglos erscheinen lässt und uns immer deprimierter macht.

Selbstmitgefühl dagegen beinhaltet die Erkenntnis, dass Leiden eine Erfahrung ist, die wir mit allen anderen Menschen teilen, so wie wir auch vor ähnlichen Herausforderungen und Problemen wie unsere Kolleginnen und Kollegen stehen. Nach Kristin Neff (2012), Professorin der University of Texas at Austin, die viele Untersuchungen zu diesem Thema durchgeführt hat, besteht Selbstmitgefühl aus drei Komponenten: Selbstfreundlichkeit, Verbundenheit mit anderen und Achtsamkeit.

Selbstfreundlichkeit ist auch ein Teil von Selbstliebe. Ist man sein eigener bester Freund, beschimpft man sich nicht, wenn etwas schiefgeht. Man tröstet und ermutigt sich. Der hässliche Gegenspieler unserer Selbstfreundlichkeit ist unser innerer Kritiker, den wir schon im ersten Kapitel kennengelernt haben. Bei allem, was uns nicht gelingt, stürzt er sich auf sein Opfer. Je strenger und kritischer wir die Erziehungspersonen unserer Kindheit erlebt haben, desto mehr Raum nimmt in der Folge die Selbstkritik ein (▶ Kap. 2). Sie kann bei Kindern schon in starkem Maße vorhanden sein. Diese Kinder erleben die Selbstkritik als eine Möglichkeit, den Schmerz der Kritik abzumildern.

Mit einem ständig präsenten Minderwertigkeitsgefühl geht ein Mensch von der irrigen Prämisse aus, man könnte alles richtig machen. Dies ist eine Falle, in die auch Lehrer besonders gerne tappen, da die Anforderungen, die z. B. auch die pädagogische Psychologie an die Persönlichkeit des Lehrers richtet, fast einen Übermenschen im Blick haben (vgl. z. B. »Erziehungspsychologie« von Tausch und Tausch 1973). Dennoch erleben Lehrer, wie jede andere Berufsgruppe auch, dass es hier und da passieren kann, dass ihr aktuelles Verhalten dem eigenen Anspruch nicht gerecht wird. Die Perfektion, die wir uns wünschen, erweist sich als unrealistisch.

Wenn nun etwas schiefgegangen oder ein Fehler passiert ist, kann Selbstmitgefühl jedem Menschen helfen, damit besser umgehen zu können. Auch die härteste Selbstkritik kann am Geschehen nichts mehr verändern, und die schlechten Gefühle machen uns deprimiert und kraftlos. Schenken wir uns aber Verständnis und Mitgefühl, geben wir uns selbst wieder mehr Wohlbefinden und Lebenskraft und werden damit kreativer, die Probleme zu lösen.

Selbstmitgefühl hat auch mit Fürsorge für sich selbst zu tun. Der Fürsorginstinkt, den jede Säugetiermutter empfindet, damit die Brutpflege erfolgreich verläuft, ist Teil unseres biologischen Programms. Forscher haben festgestellt, dass auch bei Erwachsenen in einer schwierigen Lage allein die Stimme ihrer Mutter schon einen beruhigenden Einfluss haben kann. Biologisch gesehen wird das Hormon Oxytocin freigesetzt, das Beruhigung und Gefühle der Sicherheit und des Vertrauens auslöst. Ein ähnliches Geborgenheitsgefühl können wir uns durch Selbstfürsorge geben, wenn wir uns gerade dumm und unzulänglich fühlen.

In Berufen, in denen mit Menschen gearbeitet wird, stößt man oft an Grenzen. Das ist bedrückend, wie das folgende Beispiel zeigt.

Selbstmitgefühl

Selbstmitgefühl (*self-compassion*) ist der zentrale Forschungsbereich von K. D. Neff (University of Texas at Austin). 2004 stellte sie (zusammen mit Ya Ping Hsiel und Kullaga Dejittorat) in zwei Studien fest, dass Selbstmitgefühl im Falle eines Scheiterns zu Selbstfreundlichkeit führt. Dies kann als eine allen Menschen gemeinsame Erfahrung wahrgenommen werden. Die Versagens- und Prüfungsangst wird geringer, das Vertrauen in die Selbstwirksamkeit größer. Die zweite Studie bestätigte die Ergebnisse. Selbstmitgefühl korrelierte signifikant positiv mit Bewältigungsstrategien (*coping*), signifikant negativ mit Vermeidungsstrategien.

2008 verglichen K. Neff und Roos Vonk die Wirkung von Selbstmitgefühl mit *self-esteem* (etwa besondere Eigenwertschätzung). Beide erzeugen positive, optimistische Gefühle. Jedoch besteht bei *self-esteem* die Gefahr von Narzissmus. Dagegen führt Selbstmitgefühl zu einem stabileren Selbstwertgefühl, da es von äußeren Einflüssen, wie sozialen Vergleichen, unabhängiger ist. Auch treten weniger Grübeleien und Ärger auf. Die Untersuchungen von Neff 2011 bestätigen weiterhin, dass Selbstmitgefühl und *self-esteem* zwar ähnliche Vorteile aufweisen, das Erstere aber weniger Gefahren birgt. *Self-esteem* bleibt abhängig von äußeren Vergleichen, wobei die Person selbst immer besser als der Durchschnitt abschneiden muss. Selbstmitgefühl dagegen bewirkt größere emotionale Stabilität und Resilienz. Gemessen wurde Selbstmitgefühl mit der SCS (*self-compassion scale*) von Kristin Neff (2003).

Lena kam sehr niedergeschlagen ins Lehrerzimmer. Eine Schülerin hatte sie angeschrien: »Sie können mich mal am…! Ich mach diesen Test nicht!« Lena war so schockiert, dass sie in der Situation gar nicht reagieren konnte und machte sich Vorwürfe. Sie gab sich die Schuld an der Respektlosigkeit. Fehlte es ihr an der nötigen Autorität? Hätte Lena in der Situation Selbstmitgefühl empfunden, hätte sich die »Schockstarre« schnell gelöst, und sie hätte vielleicht ruhig antworten können: »Das werde ich nicht tun, und du schreibst diesen Test besser in einer anderen Stunde.«

Bei der Arbeit mit Schülern gibt es unzählige Situationen, die unerfreulich verlaufen können. Vielleicht könnten wir uns besser verhalten, als es uns in der einen oder anderen Situation gelungen ist. Na und? Ein selbstfreundliches, tröstendes Selbstgespräch bewirkt mehr Wohlbefinden und lässt uns, da wir entspannter sind, leichter die pädagogischen Reaktionen abrufen, die wir auch im Nachhinein passend und gut finden.

Die zweite Komponente des Selbstmitgefühls ist die Verbundenheit mit anderen. Sie ist deshalb so bedeutsam, weil sie den Antagonismus auflöst, dass wir einerseits unbedingt besser sein wollen als andere, andererseits aber doch dazugehören möchten. Kristin Neff macht für Trennungsgefühle von anderen Menschen die »Illusion der Vollkommenheit« verantwortlich, die Idee, dass andere alles richtig und perfekt machen könnten.

Als Lehrer kann man dieses Verbundenheitsgefühl in einem harmonischen Kollegium auch spüren. Wenn, wie an vielen Montagen, die Kinder wieder besonders unruhig sind und wir hören, dass die Kollegen gerade das Gleiche erleben wie wir, dann empfinden wir Gemeinsamkeit und gehen getröstet mit neuem Elan wieder in die Klassen.

Innere Konflikte entstehen, wenn wir uns mit anderen in Konkurrenz sehen, und wir uns nur dann wertvoll finden, wenn wir besser sind als sie. So besteht die Gefahr, dass wir andere beneiden. Dieses Gefühl blockiert Erfolge eher, als dass es sie fördert. Sich mit anderen über deren Erfolge zu freuen, lässt uns hingegen unsere eigenen Möglichkeiten und Ziele kraftvoller angehen.

Ebenso problematisch ist es, wenn wir uns nur mit bestimmten Gruppen, aufgrund von Nationalität, Hautfarbe, Religion, Sozialschicht u. a. identifizieren. Damit werden alle anderen zu Gegnern, wenn nicht gar Feinden. Die Zusammenarbeit ist erschwert. Es kommt zu Konflikten.

Sind für einen Lehrer z. B. Eltern die »Bösen«, die ihre Erziehungsarbeit vernachlässigt haben und nun ständig unzufrieden sind, Unmögliches fordern und dabei den Lehrer gering schätzen, so entsteht die Gefahr, dass er sich von ihnen abgrenzt. Seine Fähigkeit der Empathie ist dann blockiert, d. h. die Möglichkeit, die Lage mit den Augen der Eltern zu sehen.

Selbstmitgefühl und Selbstwertschätzung unterscheiden sich vom sogenannten Selbstwertgefühl. Die grundsätzliche Wertschätzung der eigenen Person, der man im Falle des Misserfolgs mit Selbstmitgefühl begegnen kann, ist wesentlich stabiler als das Selbstwertgefühl, denn dieses hat den Nachteil, dass es an Erfolge gebunden ist. Im Falle des Misserfolgs schrumpft es wie ein undichter Ballon zusammen. Es ist also ein hochempfindlicher Bereich, und wir schützen ihn vor anderen wie eine heilige Kuh. Je geringer das Selbstwertgefühl ist, desto empfindlicher reagiert ein Mensch auf Kritik und ist unter Umständen davon tief verletzt. Selbstwertschätzung und Selbstmitgefühl dagegen helfen, mit Widrigkeiten besser umzugehen. Wir wissen schließlich, dass wir auch das Erleben von Misserfolgen mit allen anderen Menschen gemeinsam haben.

Besonders uns Lehrern würde es helfen, uns um mehr nicht leistungsbezogene Selbstwertschätzung zu bemühen, denn unser berufliches Selbstwertgefühl ist besonders gefährdet. Kulturbehörde, Schulleiter, Eltern und last, but not least Schüler erwarten einwandfreies Funktionieren. Werden dann Fehler gemacht, sagen sich insbesondere sehr engagierte Lehrer: »Das hätte mir nicht passieren dürfen.« Dank des Gefühls der Verbundenheit können wir uns auch als Lehrer trotz fehlender Perfektion mit uns im Reinen fühlen. Das bedeutet ja nicht, dass wir uns nicht entwickeln könnten. Nur sollten wir uns immer bewusst machen, dass wir ebenso wie alle anderen Menschen unvollkommen sind und daher Fehler passieren.

Zur Selbstbefragung sind in ❏ Tab. 3.1 Anlässe aufgeführt, auf die viele Menschen statt mit Selbstmitgefühl mit Selbstvorwürfen regieren.

Sicher kann jeder diese Liste ergänzen.

3.3   Der Weg zur Achtsamkeit

Der dritte Bereich des liebevollen Umgangs mit uns selbst ist die Achtsamkeit. Das bedeutet: Wir nehmen wertungsfrei wahr, was wir im Augenblick denken, tun und fühlen. Wir sind nicht »achtlos«, sondern präsent. Zum Beispiel genießen wir ein delikates Essen erst dann richtig, wenn wir es ohne Ablenkung bewusst zu uns nehmen. Wir sind dann im gegenwärtigen Augenblick präsent. Diese Selbstwahrnehmung ist auch die Voraussetzung für jede Veränderung. Wenn Menschen etwas Unangenehmes erleben, fallen sie oft sofort aus ihrer Mitte und lassen sich von äußeren Umständen überwältigen. Auch der Ärger über andere Menschen oder uns selbst nimmt uns unsere Energie, denn wir sind außenorientiert und nicht bei uns selbst.

Franz hatte für die Zensurenkonferenz eine tadellose Übersicht der Noten seiner Klassen erarbeitet. Als er jedoch seine Tasche für den Schultag packte, fand er sie nicht mehr. Er konnte sie auch nicht neu ausdrucken, da die Zensuren in den Tabellen mit der Hand geschrieben waren. Während er suchte, wurde er immer nervöser und wütender. Er beschimpfte sich als den größten Chaoten aller Zeiten. Kurz vor dem Platzen fiel ihm ein, dass er sich eigentlich mehr Selbst-

□ **Tab. 3.1** Selbstbefragung, bei welchen Gelegenheiten und in welchem Ausmaß Selbstmitgefühl fehlt

Bereiche, in denen mir Selbstmit-gefühl fehlt:	Stimmt	Stimmt nicht	Manchmal
Mir fehlt Selbstmitgefühl, wenn ich etwas Wichtiges vergesse			
Mir fehlt Selbstmitgefühl, wenn ich etwas verliere			
Mir fehlt Selbstmitgefühl, wenn ich etwas verlegt habe und suchen muss			
Mir fehlt Selbstmitgefühl, wenn ich einem anderen Menschen Unrecht getan habe			
Mir fehlt Selbstmitgefühl, wenn ich einen Misserfolg erlebe			
Mir fehlt Selbstmitgefühl, wenn ich mein Recht nicht verteidigt habe			
Mir fehlt Selbstmitgefühl, wenn ich Schmerzen habe			
Mir fehlt Selbstmitgefühl, wenn ich …			
Mir fehlt Selbstmitgefühl, wenn ich …			
Mir fehlt Selbstmitgefühl, wenn ich …			

mitgefühl verordnet hatte. Er setzte sich also, schloss die Augen und spürte seinem Gefühl der Nervosität und Wut nach. Er entspannte sich durch dieses achtsame Umgehen mit sich selbst, und dabei fiel ihm dann ein, dass er die fertigen Papiere in der Schule schon in sein Fach gelegt hatte. Solange die Stresshormone sein Gehirn überschwemmt hatten, konnte es diese Information nicht freigeben.

Wenn wir uns nur auf die Wahrnehmung unserer Gefühle im gegenwärtigen Augenblick konzentrieren, ohne Bewertung und Wünsche, sind wir am fähigsten, Entscheidungen zu treffen. Wir können beobachten, wie unsere Gefühle auftauchen, und sie auch wieder loslassen. Das ist besonders wichtig, wenn wir uns mit negativen Ereignissen aus der Vergangenheit beschäftigen, denn dabei kommen die damals erlebten Gefühle wieder hoch.

Als Franz am nächsten Tag seinem Kollegen von seiner Suchaktion erzählte, war sein Tonfall und seine Sprache wieder so hektisch, dass der Kollege ihn mit den Worten unterbrach: »Aber du hast sie doch noch gefunden?« Sofort beruhigte sich Franz, war wieder in der Gegenwart, lachte und erzählte das Happy End seiner Geschichte. Die Stressgefühle beim Suchen tauchten bei seiner Erzählung sofort wieder auf. Erst durch die Frage seines Kollegen kam er zurück in die Gegenwart und entspannte sich wieder.

3

Achtsamkeit

Das ursprünglich aus dem Buddhismus stammende Achtsamkeitstraining findet heute auch Anwendung in medizinischen und psychotherapeutischen Bereichen. Um den Nutzen der absichtsvollen, nicht wertenden Aufmerksamkeitslenkung auf den gegenwärtigen Augenblick wissenschaftlich untersuchen zu können, wurden verschiedene Instrumentarien entwickelt. Ströhle et al. haben 15 Items aus der MAAS (*Mindful Attention Awareness Scale*) ins Deutsche übersetzt und an einer studentischen Stichprobe untersucht, mit dem Ergebnis, dass Achtsamkeit ökonomisch, reliabel und valide erfasst werden kann. Mit einem weiteren Testverfahren KIMS-D (*Kentucky Inventory of Mindfulness Skills*) untersuch-

ten die Autoren Zusammenhänge mit Achtsamkeit und fanden erwartungsgemäß Indikatoren psychischer Gesundheit. Die Erkenntnisse aus den Forschungsergebnissen sind wegen Schwierigkeiten bei den Studien nicht signifikant gesichert, weisen jedoch deutlich auf erwünschte Veränderungen nach achtsamkeitsbasierten Behandlungen hin. Heidenreich et al. entwickelten den FFA (*Freiburger Fragebogen zur Achtsamkeit)*, mit Hilfe dessen die Methode der Geistesschulung und Aufmerksamkeitslenkung auf die Gegenwart untersucht werden kann. Siegel und Goleman stellten fest, dass Achtsamkeit die Erregbarkeit senkt und dadurch den Schaltkreis zwischen dem Mandelkern und

dem Präfrontalkortex dahingehend beeinflusst, dass der Präfrontalkortex negative Affekte der Amygdala modulieren kann. Ein Beispiel für ein berufsbezogenes Achtsamkeitstraining (entwickelt von der Universität Bielefeld) ist das in der Berufseingangsphase erprobte, dreitägige Training am Landesinstitut für Lehrerbildung in Hamburg. Das Ziel war die Ressourcenstärkung zur Stressreduktion der angehenden Lehrerinnen und Lehrer sowie die Emotionsregulierung und die Lehrer-Schüler-Kommunikation. Die Inhalte bestanden aus Vorträgen und Übungen. Alle Teilnehmer fanden das Training hilfreich, und 80 % gaben an, es im Alltag umzusetzen.

Es ist hilfreich, öfter am Tag innezuhalten, die Aufmerksamkeit auf den Körper im Hier und Jetzt zu richten, ruhig zu atmen, dabei Spannungen loszulassen, sodann Gefühle wahrzunehmen und nachzuspüren, wo diese Gefühle im Körper sitzen. Je häufiger wir das tun, desto schneller nehmen wir unseren Körper und unsere Gefühle wahr und entspannen uns. Wie wir später beim mentalen Training (▶ Abschn. 3.3) noch sehen werden, ist das eine Voraussetzung, um einen optimalen Zugang zu den eigenen Möglichkeiten zu erhalten. Für uns Lehrer wirkt dieses Innehalten wie eine Kurzentspannung, die unsere mentale Anspannung etwas löst.

Wenn wir leidvolle Erfahrungen aus der Vergangenheit erzählen, tauchen mit den Erinnerungen auch die negativen Gefühle wieder auf und werden neu erlebt. Wir sind mit dem Ereignis assoziativ verbunden. Mit Hilfe von Achtsamkeit kommen wir in die gegenwärtige Situation zurück und erleben diese von der Vergangenheit dissoziiert. Das heißt, wir werden uns unserer Lage im Hier und Jetzt bewusst, dass wir zum Beispiel satt, warm und trocken in einem bequemen Sessel sitzen, statt an die vergangene unerfreulichen Situation zu denken.

Für Lehrer ist Achtsamkeit auch in der Klasse bei auftretenden Schwierigkeiten eine große Hilfe, um die auf die Gegenwart bezogenen Stressgefühle nicht zu groß werden zu lassen.

Wenn es in Klassen zu laut wurde, schloss Katharina vor der Klasse die Augen, entspannte sich einen Moment, faltete die Hände und sagte laut: »Herr, gib mir Geduld!« Die Kinder beobachteten die entspannte Lehrerin und wurden ebenfalls ruhiger. Katharina behauptete, dass diese Methode sie immer davor retten konnte, etwa die Kinder anzuschreien. So wurde sie sich ihrer Selbstkontrolle bewusst.

Niemand nimmt uns die Verantwortung für getroffene Entscheidungen ab. Schüler und auch viele Erwachsene sagen dann leicht: »Der hat mich provoziert. Der hat mich wütend gemacht. Da musste ich ausflippen.« Man schiebt die Schuld für die eigene Reaktion auf andere. Das rettet uns aber niemals vor den Konsequenzen unseres Handelns. Besser ist es, einen Moment achtsam innezuhalten – Napoleon soll in solchen Situationen bis zehn gezählt haben – und unseren Körper und die Gefühle wahrzunehmen, wodurch in dieser kurzen Entspannung unser Gehirn weniger von Stresshormonen überschwemmt wird und wir gleich intelligentere Lösungen finden können. Je mehr es uns gelingt, die gegenwärtige Situation, wie sie ist, achtsam wahrzunehmen und dabei nicht zu wünschen, sie sollte anders sein, desto weniger werden wir uns in altbekannte Gefühlswelten verstricken und stattdessen unsere eigene Macht behalten.

Wie wir wissen, folgt die Energie der Aufmerksamkeit. Je mehr Aufmerksamkeit wir in negative Emotionen stecken, desto mehr leiden wir. Wir haben die Wahl! Durch Achtsamkeit und das Anerkennen, was jetzt ist, erhöhen wir unser Selbstmitgefühl – ein Akt der Selbstliebe.

Um Achtsamkeit in den Alltag zu integrieren, gibt es mehrere Möglichkeiten. Die erste und meines Erachtens wichtigste ist, bewusst auf die eigene Atmung zu achten. Dies ist in jeder Lage möglich, auch z. B. in einer sehr unruhigen Klasse oder gefährlichen Situationen auf dem Schulhof. Viele Menschen atmen dann ganz flach oder halten sogar den Atem an. Die bewusste Beobachtung hilft ganz schnell, wieder zu sich zu finden.

Die zweite Methode ist die Wahrnehmung des eigenen Körpers, seine Lage im Raum sowie die Spannung im Bauch, im Nacken usw., die sich dann löst. Man kann sich auch in seinen Körper hineindenken, z. B. in die Füße, von denen aus sich dann die Entspannung im Körper ausbreitet. Wie auf den Körper können wir uns auch auf alle unsere Sinne konzentrieren. Was sehe, höre, rieche, schmecke und fühle ich gerade? Wir können das erleben, wenn wir mit verbundenen Augen etwas essen, ohne zu wissen, was es ist. Wir riechen daran, wir schmecken es und wir spüren die Wärme.

Zur Achtsamkeit gehört auch das Gewahrsein dessen, was man gerade tut. Je mehr wir dies im Alltag verwirklichen, desto seltener werden auch Befürchtungen wie z. B., ob das Bügeleisen wirklich ausgeschaltet ist.

Gabriele Rossbach (2013) schreibt sogar, dass sich negative Emotionen durch achtsame, innere Beobachtung transformieren lassen und wie positive Affirmationen wirken.

3.4 Ziele setzen zur praktischen Umsetzung

Wir könnten uns vornehmen, jede Woche an einem neuen Selbstliebe- und einem neuen Selbstmitgefühlziel aus den Selbstbefragungen zu arbeiten. Es hilft, wenn wir uns dazu Kurznotizen machen. Diese können aus Kürzeln (wie Einzelbuchstaben, Kreisen, Sternen, Quadraten, Pfeilen etc.) bestehen, deren Bedeutung nur wir kennen. Diese Form der Selbstkontrolle gibt uns oft Anlass zur Freude am Erfolg.

Darüber hinaus könnten wir daran denken, mindestens drei Mal am Tag innezuhalten, in unseren Körper hineinzuspüren, welche Spannungen sich aufgebaut haben, und wahrzunehmen, welche Gefühle gerade da sind. Alle Gefühle sind in Ordnung.

Dieses Innehalten ist ein Geschenk an uns selbst, kein »Trainingsplan«, den wir zu erfüllen haben.

Literatur

Frankl V (2012) Der Wille zum Sinn. Hans Huber, Bern

Neff K (2003) The development and validation of a scale to measure self-compassion. Self Identity 2(3):223–250

Neff K (2012) Selbstmitgefühl. Kailash, München

Rossbach G (2013) Mit Achtsamkeit zum inneren Glück, 15 ZENtrierungsübungen für mehr Lebensintensität und Lebensfreude. Beltz, Weinheim

Tausch R, Tausch A (1973) Erziehungspsychologie. Hogrefe, Göttingen

Weiterführende Literatur

Ellis A (1977) Die rational-emotive Therapie. Pfeiffer Verlag, München

Germer C (2011) Der achtsame Weg der Selbstliebe: Wie man sich von destruktiven Gedanken und Gefühlen befreit. Arbor, Freiburg

Kéré Wellensiek S (2012) Fels in der Brandung statt Hamster im Rad. Zehn praktische Schritte zu persönlicher Resilienz. Beltz, Weinheim

Landmann M (2008) Entspannt durch den Schulalltag. Vandenhoeck & Ruprecht, Göttingen

Lindemann H (2009) Autogenes Training: Der bewährte Weg zur Entspannung. Verlagsgruppe Random House Goldmann, München

Schnabel U (2010) Muße. Vom Glück des Nichtstuns. Karl Blessing, München

Silva J, Stone R (1991) Der Silva Mind Schlüssel zum inneren Helfer. Heyne, München

Wagner AC et al (2012) Mentale Blockaden der Aufstiegskompetenz von Frauen in: Gruppendynamik und »Organisationsberatung«. Springer, Berlin

Selbstbewusstsein und Selbstsicherheit

D. Linde, *Burnout vermeiden - Berufsfreude gewinnen*,
DOI 10.1007/978-3-662-47006-0_4, © Springer-Verlag Berlin Heidelberg 2015

Erschöpfung kann an der Wertschätzung der eigenen Person und in der Folge an Selbstvertrauen und Selbstsicherheit nagen. Je erschöpfter Menschen sind, desto mehr glauben sie, dass alle anderen ihr Leben leichter meistern als sie, was natürlich nicht zutrifft. Eine große Verunsicherung macht sich breit. Aber um als Lehrer zu überzeugen, brauchen wir ein selbstsicheres Auftreten, um den beruflichen Anforderungen gerecht zu werden.

Um Selbstsicherheit leichter zu definieren, grenzen wir sie einerseits von Selbstunsicherheit, andererseits von Aggressivität ab. Alles, was wir tun, um uns zu schützen, um zu unseren Meinungen und Gefühlen zu stehen, um unser eigenes Recht zu verteidigen, ohne damit die Rechte anderer zu schmälern, bedeutet Selbstsicherheit. Lassen wir jedoch andere unser Verhalten bestimmen und uns damit Teile unseres Rechts nehmen, zeugt das von Selbstunsicherheit. Wenn wir aber in die Bereiche anderer übergreifen, ist dies ein Zeichen von Aggressivität.

Selbstsicherheit ist kein dichotomes Merkmal in dem Sinne, dass man selbstsicher ist oder nicht, so wie man Brillenträger sein kann oder nicht. Jeder Mensch hat Bereiche, in denen er selbstsicher ist, und andere, in denen er es nicht ist. Wenn wir Menschen beobachten, die sich selbstsicher verhalten in Situationen, in denen wir das nicht können, so vermuten wir bei ihnen diese Selbstsicherheit auf jedem Gebiet. Das ist natürlich ein Irrtum.

Selbstunsicherheit ist ein soziales Merkmal. Wenn wir z. B. versuchen, etwas zu reparieren, und es gelingt uns nicht, verspüren wir keine Unsicherheit. Die taucht erst dann auf, wenn ein anderer grinsend bemerkt: »Na, kriegst du es nicht hin?« Wenn wir allein sind, können Missgeschicke ärgerlich sein, peinlich sind sie nicht. Für die eigene Selbstwertschätzung ist es gut, die Mängel in der eigenen Selbstsicherheit zu untersuchen.

4.1   Selbsterforschung als erster Schritt

Zunächst müssen wir uns klar machen, dass selbstunsicheres Verhalten erworben und nicht angeboren ist. Kein Baby ist selbstunsicher. Es lässt uns lautstark wissen, wenn ihm etwas missfällt. Auch seine Freude drückt es offen aus. Nie mehr lacht ein Mensch so viel wie im ersten Lebensjahr.

Die Grundlagen für selbstunsicheres Verhalten werden in der Kindheit gelegt, also im Elternhaus und in der Schule. Die Bezugspersonen bestimmen die Regeln und setzen, oft natürlich auch zum Schutz des Kindes, Grenzen. Sind diese Grenzen zu eng und wird das Kind oft getadelt und dabei abgewertet, so kann sich das Selbstvertrauen nicht adäquat entwickeln.

Auch Kinder, die kaum Grenzen gesetzt bekommen, können keine Verhaltenssicherheit und damit kein Selbstvertrauen erwerben. Kommen diese Kinder in die Schule und erleben dort Lehrer, die oft tadeln, und Misserfolge, die ein Teil jeden Lernprozesses sind, so wird ein vorgeschädigtes Kind das nicht angemessen verarbeiten. In Studium und Berufsausbildung kann sich das fortsetzen.

Bei Frauen kommt oft noch dazu, dass sich auch heute noch viele einem überkommenen Frauenbild anpassen und sich sanfter, unsicherer und zurückhaltender darstellen, was nach wie vor gesellschaftlich positiv bewertet wird, während Männer mit solchen Attributen abschätzig als Weichei oder Loser bezeichnet werden. Eine Lehrerin braucht aber selbstsicheres Auftreten, um von ihren Schülern den nötigen Respekt zu bekommen.

Ein weiterer Aspekt, der zur Entwicklung von Selbstsicherheit beiträgt, ist das Sozialprestige, das den jeweiligen Berufsgruppen zugesprochen wird. Bei Ärzten und Rechtsanwälten ist es sehr hoch. Bei Lehrern – zumindest in Deutschland – ist es eher niedrig. Da alle Erwachsenen einmal in der Schule waren und viele von ihnen dort eine Menge Frust erlebt haben,

◻ **Tab. 4.1** Welche Botschaften aus meiner Vergangenheit haben mich sicher bzw. unsicher gemacht?	
Was wurde mir Positives über mich gesagt?	Was wurde mir Negatives über mich gesagt?
Was denke ich heute Positives über mich?	Was denke ich heute Negatives über mich und was möchte ich gerne ändern?

wird oft die Schuld daran allein den Lehrern zugeschoben. Das bedeutet aber nicht, dass wir als Lehrer das für uns auch akzeptieren müssen. Wir dürfen und sollen durchaus auf unsere tagtäglich erbrachte Leistung stolz sein.

Denken Sie jetzt an Ihre Vergangenheit. ◻ Tabelle 4.1 dient der Überprüfung, welche Botschaften Sie sicher bzw. unsicher gemacht haben.

4.2   Was kann ich ändern?

Jede Veränderung braucht Mut und Tatkraft. Mit Hilfe von Selbstfürsorge und Selbstmitgefühl gewinnen wir den Mut, an den unsicheren Bereichen unserer Persönlichkeit zu arbeiten. Jeder Mensch hat auf diesem Gebiet wunde Punkte. Da Selbstunsicherheit durch soziale Ängste verursacht wird, gilt es herauszufinden, was wir jeweils befürchten. Davon ist vieles unwahrscheinlich. Wir finden es nur dann schwerer heraus, wenn wir nicht das Risiko eingehen wollen, es auszuprobieren. Wenn wir uns jedoch in Erinnerung rufen, dass Selbstsicherheit lediglich das Eintreten für uns selbst ist, könnten wir das unserem eigenen besten Freund schon zugestehen.

Bereiche, in denen ich selbstsicherer werden möchte
— *Ich möchte mir meines Rechts bewusst bleiben, wenn ich etwas reklamiere oder Schadensersatzforderungen stelle.*
— *Ich möchte ohne Skrupel Bitten äußern, wobei mir bewusst ist, dass der andere frei entscheiden kann, ob er sie erfüllt.*
— *Ich möchte ohne Skrupel Bitten ablehnen, also Nein sagen lernen, in dem Bewusstsein, dass das mein gutes Recht ist. (Ein positives Beispiel: Anna ist gerade sehr im Stress. Da bittet*

4

sie ihr Schulleiter um eine Powerpoint-Präsentation in der nächsten Lehrerkonferenz. Sie müsste eine Nachtschicht einlegen, um das zu schaffen. Anna sagt: »Ich kann das im Moment leider nicht machen.« Das Wort Nein vermeidet sie, weil es sehr hart klingt – beim anderen sogar den Hautwiderstand erhöhen kann – und es wird dennoch aus ihrer Aussage deutlich, dass sie Nein meint.)

- *Ich möchte ohne Skrupel Kritik äußern können.* (Dabei ist es besonders wichtig, dass dabei der Respekt vor dem Gegenüber gewahrt bleibt. Die Kritik kann entweder ein Feedback sein, das dem anderen weiterhilft, oder sollte vorwurfsfrei in Form einer Ich-Botschaft geäußert werden.)
- *Ich möchte, ohne mich gleich gekränkt zu fühlen, Kritik annehmen können.* (Wir versuchen also zunächst, die Botschaft vollständig zu verstehen, und entscheiden dann, was wir damit anfangen.)
- *Ich möchte Konflikte ohne Aggressionen ergebnisorientiert diskutieren und lösen* (▶ Kap. 5).
- *Ich möchte ohne Bedenken neue Kontakte knüpfen.* (Es ist unser gutes Recht, ein Gespräch anzufangen, uns vorzustellen etc., sowie es das gute Recht des Gegenübers ist, das abzulehnen. Wir werden uns nicht durch irrationale Vorstellungen, wie z. B. dem Gedanken, dass der andere das gar nicht will, von einem ersten Schritt ablenken lassen.)
- *Ich möchte auch vor großem Publikum ohne starkes Lampenfieber Diskussionsbeiträge bringen bzw. einen Vortrag halten.* (Wir wissen, was wir sagen wollen, und wir haben das Recht dazu, und in jedem Publikum werden Menschen sein, die uns aufmerksam und wohlwollend ansehen. Wir sprechen zunächst zu diesen und erweitern dann den Blickradius.)

Zur Selbstsicherheit gehört nicht nur, anderen Grenzen setzen zu können, sondern auch sich selbst. Wie im ersten Kapitel festgestellt wurde, sind gerade die besonders engagierten Lehrer in größerer Gefahr, in einen Erschöpfungszustand zu kommen. Sie setzen ihrem beruflichen Einsatz keine Grenzen und beuten sich selbst aus.

In der Lehrerkonferenz wird ein neuer Vertreter des Kollegiums für die Schulkonferenz gesucht. Keiner meldet sich dafür. Schließlich hält Angelika das Schweigen nicht mehr aus. Sie sagt: »Das ist ein so wichtiges Gremium. Dann mach ich es eben.« Die Sitzungen finden abends nach dem Schultag und der Lehrerkonferenz statt. Angelika nimmt immer erschöpfter daran teil. Sie hätte die Aufgabe doch nicht annehmen sollen, denkt sie.

Veränderung ist kein leichtes Unterfangen. Wir haben oft genug die Erfahrung gemacht, wie viele der guten Vorsätze von Silvester bereits Mitte Januar aufgegeben werden. Gute Vorsätze können nicht erfüllt werden, wenn erstens zu viele auf einmal bearbeitet werden sollen und wenn es zweitens nur Wünsche und keine Ziele sind. Wenn das so nicht klappt, könnten wir darauf mit Selbstmitgefühl und ein bisschen Humor blicken (▶ Kap. 13).

■ Was ist ein Ziel?
Falls wir wirklich etwas verändern wollen, müssen wir uns Ziele setzen und diese, eines nach dem anderen, angehen. Ein Ziel unterscheidet sich von einem Wunsch dadurch, dass wir es

operational, d. h. objektiv überprüfbar definieren. Wir formulieren also unser Ziel so, dass auch ein Dritter feststellen kann, ob wir es erreicht haben. Also nicht: »Ich will meinen Schreibtisch ordentlicher halten« (Wie sähe das wohl aus?), sondern: »Auf meinem Schreibtisch liegt nur die Arbeit, mit der ich mich gerade beschäftige und sonst nichts.«

- **Was ist ein Verhaltensziel?**

Bei Zielen, die Verhaltensänderungen in bestimmten Situationen anpeilen, ist die Zieldefinition etwas schwieriger. Hierbei muss zunächst das Problemverhalten untersucht werden. Ihm gehen unmittelbar Signalreize voraus, die das Verhalten auslösen. Ob ein Signalreiz überhaupt als Signalreiz wirkt, liegt immer in der Bewertung der Person, die ihr Verhalten ändern will. Er wird individuell interpretiert.

> *Signalreiz: Kevin kommt laut grölend aus der Pause in die Klasse. Interpretation: »Er wird sich gleich beruhigen.« Oder: »Geht das schon wieder los.«*

Unser Verhalten hängt von dieser Interpretation ab. Ist es anschließend erfolgreich, wird es sich stabilisieren. Es wird verstärkt. Bleibt die Verstärkung aus, wird es gelöscht und die Wirkung des Signalreizes damit auch.

> *In solchen Situationen brüllt Peter mit seiner starken Stimme: »Ruhe jetzt!«, und tatsächlich wird es leise. Das ist in seinen Augen sein »Erfolg«. Deshalb behält er sein Verhalten bei.*

Auch von uns nicht gewünschtes Verhalten folgt dieser Verhaltenskette: Signalreiz – Verhalten – Verstärkung. Deshalb ist es wichtig, die Signalreize und unsere Interpretation genau zu untersuchen und alle Folgen kennenzulernen, die das Verhalten verstärken. Für eine Verhaltensänderung müssen wir immer »Opfer« bringen, indem wir auf die »Belohnungen« für das Problemverhalten verzichten:

> *Bei Peters Kollegen Rolf werden die Schüler nicht leise, aber er schreit trotzdem, wenn die Klasse laut ist, weil es ihm wohltut, den Stress, den der Lärm bei ihm auslöst, auf diese Weise abzureagieren. Das ist seine Verstärkung. Da er dieses Verhalten aber pädagogisch problematisch findet, würde er es sich gerne abgewöhnen. Das ist sein Ziel. Um es zu erreichen, müsste er auf das angenehme Abreagieren verzichten.*

> *Als ich einer Freundin, die das Rauchen schwer krank gemacht hat, ein von mir sehr geschätztes Buch mit einem Raucherentwöhnungsprogramm ins Krankenhaus mitbrachte, schien sie sich zu freuen. Auf meine spätere Nachfrage antwortete sie: »Ehrlich gesagt, habe ich es immer zuunterst auf meinen Bücherstapel gelegt und es leider noch nicht gelesen.« Hier fehlte einfach die Willensstärke zu einer Entscheidung. Es blieb beim vagen Wunsch, da ihr das »Opfer«, auf die Zigaretten zu verzichten, zu groß war.*

Wir können also für die Definition unserer Ziele folgende Regeln aufstellen:

- Mein Ziel soll klar sein, d. h., ich kann die Situation bei Erreichen meines Zieles genau beschreiben.
- Mein Ziel soll quantitativ und/oder qualitativ dargestellt sein. Mit welchem Maß messe ich, ob ich mein Ziel erreicht habe?
- Mein Ziel soll realistisch sein.
- Mein Ziel soll mir Vorteile bringen, die ich genau benenne.
- Mein Ziel soll in Teilziele aufgeteilt sein, die ich auch einer (großzügig bemessenen) Zeitleiste zuordnen kann. Das Erreichen jedes Teilziels ist ein Meilenstein auf dem Weg, mit dem ich mich glücklich mache.
- Meine Ziele sollten widerspruchsfrei sein. Ein Referendar, der eine gute Abschlussprüfung erreichen will, wird dafür viel Zeit aufwenden und auf anderes verzichten.
- Alle meine Ziele sollen nach Prioritäten geordnet sein. Natürlich wollen wir am liebsten alles auf einmal tun, aber das kann zu einer Falle werden. Die Ziele behindern sich dann gegenseitig so sehr, dass wir schlimmstenfalls keines erreichen.

Beim Umsetzen unserer Ziele sollten wir uns für jeden kleinen Schritt loben. Jedem Rückschlag dagegen begegnen wir mit Selbstmitgefühl. Es ist menschlich, wenn es nicht gleich klappt. Für eine neue, von uns gewünschte Gewohnheit brauchen wir ca. sechs Wochen bis sie einigermaßen sicher zu unserem Verhaltensrepertoire gehört. Eine große Hilfe dabei ist auch das mentale Training (▶ Kap. 6).

4.3   Selbstsichere (Lehrer-)Körpersprache

Für Lehrer ist selbstsicheres Auftreten Teil ihrer Berufsanforderung, weil es ihr Durchsetzungsvermögen bedingt. Schüler brauchen durchsetzungsfähige Lehrer! Nur diese können eine gute Lernatmosphäre schaffen und den Schülern helfen, die eigene Unlust und Trägheit zu überwinden. Der Lehrer braucht auch Durchsetzungskraft, um mutlosen Schülern, die aus Angst vor Misserfolg Anstrengungen vermeiden, über ihre Hürden hinwegzuhelfen. Einem Lehrer, der z. B. schüchtern in die Klasse kommt und wenig Körperspannung hat, tanzen die Schüler auf der Nase herum. In der Folge übernimmt der Schüler, der von den anderen am meisten respektiert wird, die Chefposition.

Körpersprache ist die ständig präsente, nonverbale Kommunikation und besteht aus:

- Gestik und Mimik,
- Körperhaltung,
- Blickkontakt,
- Distanz/Nähe,
- äußerer Erscheinung (Frisur, Make-up, Kleidung etc.),
- Paralinguistik (Stimmlage, Lautstärke, Sprechtempo, Pausen, Tonfall, Betonung).

Wortsprache und Körpersprache gehören zusammen. Eines kann nicht ohne das andere sein. Wenn wir meinen, was wir sagen, müssen wir uns um unsere Körpersprache keine Sorgen machen. Unsere *Gestik* entspricht dann dem Inhalt des Gesagten. Wenn wir den anderen täuschen wollen, kann unsere Körpersprache uns verraten. Angepasste Gesten sind gerade bei der Lehrersprache eine wichtige optische Unterstützung und helfen Kindern sehr. Fehlgestik dagegen bedeutet Verlegenheitsgestik. Hier hilft uns Selbstkontrolle und Achtsamkeit. Eine gerade *Körperhaltung* strahlt Selbstvertrauen aus. Denken Sie an Ihre Selbstwertschätzung! Sie stehen mit beiden Beinen sicher auf dem Boden, aufrecht und entspannt! In allen fernöstlichen Kampfsportarten ist das stabile Stehen die Grundlage. Sie gibt ein Gefühl der Zentrierung, also in der eigenen Mitte zu sein. Wir sollten nicht unruhig hin und her gehen. Die Schüler trauen einem Lehrer mit sicherem Stand und guter Körperspannung mehr Kompetenz zu und werden sich dementsprechend verhalten. Wenn wir am Pult sitzen, sehen wir die Schüler auf den hinteren Plätzen nicht. Besser ist es, halb auf dem Pult zu lehnen.

Eine freundliche, vor allem entspannte *Mimik* unterstützt unsere Autorität in der Klasse, wohingegen angespannte Gesichtsmuskeln oder ein zusammengepresster Mund des Lehrers auch die Atmosphäre im Klassenraum angespannter machen. Dazu kommt der intensive *Blickkontakt*. Das wirksame Warten auf die Ruhe zu Beginn geht mit intensivem Blickkontakt zu allen Schülern einher. So bringen wir zum Ausdruck, wer der Chef in der Klasse ist. Nicht nur während wir sprechen, ist es hilfreich, möglichst viele Schüler im Blick zu haben und direkt anzusehen, sondern auch wenn ein Schüler einen Beitrag leistet, sollte der Lehrer ihn möglichst die ganze Zeit dabei ansehen. Es ist selbstverständlich, dabei die übrigen Schüler im Auge zu behalten. Wenn diese sich nicht mehr wahrgenommen fühlen … Wir wissen ja, was dann passiert. Beim Schreiben an der Tafel stehen wir seitlich, um den Kontakt zu erhalten.

Beim Umgang mit Menschen allgemein ist die Einhaltung der richtigen *Distanz* ebenfalls ein wichtiger Bereich der nonverbalen Kommunikation. Man unterscheidet:

- die *Intimzone*, im Englischen als *bubble* (Blase) bezeichnet, die unseren Körper umgibt und die nur mit Erlaubnis, die man z. B. auch dem Arzt gibt, durchbrochen werden darf. Für Lehrer heißt das, ein Kind nur anzufassen, wenn wir es kennen und es Vertrauen zu uns hat, z. B. wenn es Trost braucht. Schüler in der Pubertät fühlen sich leicht zu wenig respektiert, wenn der Lehrer ihre Intimzone verletzt. Manche fühlen sich schon bedroht, wenn jemand ihrem Tisch zu nahe kommt. Natürlich werden wir Schüler anfassen, wenn Gefahr im Verzug ist, z. B. bei Körperverletzung.
- die *persönliche Zone*, die uns in einem Abstand von 30 cm bis 2 m umgibt. Sie ist vertrauten Personen vorbehalten, bei Grundschulkindern auch dem Lehrer. Bei älteren Kindern nähert sich der Lehrer, z. B. wenn er einem einzelnen Schüler etwas erklären will, langsam und sensibel und achtet dabei auf dessen Körpersignale. Rückt der Schüler ein bisschen zur Seite, weiß man, dass es ihm zu nah war. Selbstverständlich beugen wir uns herunter oder setzen uns daneben, um die gleiche Augenhöhe herzustellen.
- die *soziale Zone*, die einen noch größeren Radius hat, also 2 bis 3 m.
- die *öffentliche Zone*, die nach ca. 3 m beginnt. Darin halten sich Personen auf, die keinen engen persönlichen Kontakt haben. Sie hält der Lehrer z. B. ein, wenn er vorne am Pult steht.

Niemand möchte, dass ihm jemand zu nahe kommt. Das wird als unangenehm, ggf. auch als bedrohlich empfunden, z. B. das Stehen in einem überfüllten Lift. Die Menschen sprechen nicht miteinander. Sie ertragen die Situation nur, indem sie die anderen wie einen Gegenstand behandeln. Steigen sie dann aus und lösen sich aus dem Pulk, sagen einige sogar noch einen Gruß.

Wir denken dabei auch an uns und unser Wohlbefinden. Achtsamkeit wird diesbezügliche Erfahrungen bewusst machen, und wir können auch hier besser für uns selbst sorgen.

Das *äußere Erscheinungsbild* setzt sich aus zwei Elementen zusammen, den körperlichen Gegebenheiten und der Aufmachung. An den körperlichen Gegebenheiten kann man nur schwerlich etwas ändern. Sie müssen hingenommen werden. Wenn wir selbstfreundlich sind

4

und uns mit unseren kleinen Unvollkommenheiten annehmen, gibt uns das eine harmonische Ausstrahlung.

Unsere Aufmachung dagegen können wir willentlich gestalten. Sie sollte zwei Kriterien erfüllen. Erstens sollten wir uns damit selbst mögen und wohlfühlen! Wenn wir uns in irgendeiner Weise »verkleidet« vorkommen oder uns sonst nicht gefallen, stört das unsere gesamte Ausstrahlung und verändert unsere übrige Körpersprache negativ. Zweitens wird unsere äußere Erscheinung umso weniger ein Thema für Schüler, je mehr sie dem an der Schule Üblichen entspricht. Wenn wir uns aber mit einem etwas auffallenden Äußeren am wohlsten fühlen, ist dies auch am besten für uns, mit Ausnahme von Kleidung, die bei heranwachsenden Schülern unerwünschte Phantasien anregen könnte. Auf alle Fälle lehrt die Erfahrung, dass Schüler jede Kleinigkeit am Äußeren ihres Lehrers bemerken und das oft auch mitteilen. Das macht keinem etwas aus, wenn er mit seiner Aufmachung zufrieden ist.

Der Beruf des Lehrers ist ein Sprechberuf. Daher ist die *Paralinguistik* ein ganz wichtiger Bereich. Der Gefühlsanteil einer Aussage wird nur zu einem sehr kleinen Teil durch die gesprochenen Worte übertragen. Wie etwas eigentlich gemeint war, erfährt man zum größten Teil aus der Körpersprache, dem Ton und der Stimme. Dadurch wird auch die Bedeutung des Gesagten wesentlich klarer. Nicht was, sondern wie es gesagt wurde, ist oft das Entscheidende an der Botschaft. Auch das Schweigen hat seine besondere Bedeutung, ebenso wie die Sprechpausen. Hier sendet der Lehrerblick die beabsichtigte Botschaft.

Männliche Lehrer haben den Vorteil, dass ihre Stimmlage mit einer Oktave tiefer viel leichter zu den Kindern durchdringt, ohne dass sie schreien müssen. Lehrerinnen brauchen trotzdem nicht zu schreien! Wir sollten es uns nicht antun, unsere Stimme zu ruinieren, zumal der dafür zu erwartende Erfolg gering ist. Wenn wir wirklich einmal kurz laut werden wollen, sprechen wir danach bewusst leise. Die Lautstärke sollte nicht immer gleich bleiben, denn dann hören die Schüler nicht mehr richtig zu. Wenn wir eine spannende Geschichte erzählen oder vorlesen, werden die Kinder umso faszinierter zuhören, je mehr die Spannung steigt, weil wir die Stimme wie ein Schauspieler modulieren.

Lehranfänger haben oft das Problem, dass sie in der Klasse viel zu schnell sprechen. Man kann sich als Hilfe mit Kreide auf das Pult schreiben: »LANGSAM.« Wenn wir langsam, deutlich und gut betont sprechen, verstehen die Schüler uns besser, und wir sind dabei entspannter. Pausen, in denen wir uns aus den Blicken der Schüler die Rückmeldung holen können, ob unsere Botschaft bis dahin richtig angekommen ist, helfen besonders bei Arbeitsaufträgen. Sie beugen häufigem Nachfragen vor. Es ist auch der Gesundheit unserer Stimme zuträglich, wenn wir unsere Sprache mit Achtsamkeit begleiten. Da unser Beruf ein Sprechberuf ist, ist er auch in diesem Bereich besonders anstrengend. In Teil III betrachten wir Möglichkeiten, unsere Stimme zu entlasten und dabei auch einen Wechsel der Wahrnehmungskanäle für unsere Schüler vorzunehmen.

Ein Problem könnte auch entstehen, wenn wir anders fühlen, als wir sprechen. Selbst wenn wir uns sehr beherrschen, können uns doch minimale Zeichen verraten. Und diese Zeichen werden von unserem Unbewussten auf das Unbewusste der Schüler übertragen. Sie werden es fühlen und ihre Meinung über uns darauf gründen. Echtheit und Selbstkongruenz haben noch weitere Vorteile, wie wir später noch sehen werden.

Marie hatte ein unangenehmes Gespräch mit einem Kollegen in der Pause. Sie war wütend. Wie sollte sie da unterrichten? Sie ging also in die Klasse und erzählte den staunenden Schülern, dass sie sich sehr geärgert hätte und fügte hinzu: »Ihr könnt nichts für meinen Ärger. Wenn jetzt aber meine kleinen Ermahnungen heftiger klingen, so sollt ihr wissen, dass ich es nicht so meine.« Die Schüler gingen in dieser Stunde sehr rücksichtsvoll mit ihr um. Ihre Flucht nach vorn hatte geholfen, Missverständnisse, die ihre Körpersprache hätten verursachen können, zu vermeiden.

Missverständnisse können aber auch dadurch entstehen, dass in verschiedenen Altersgruppen, Nationalitäten und Elternhäusern Körpersprache unterschiedlich interpretiert wird. Bei jüngeren Schülern kann ein schneller Schritt des Lehrers zu ihnen hin manchmal dazu führen, dass sie zusammenzucken und eine Abwehrbewegung machen, ein Zeichen, dass sie sich bedroht fühlen. Oder Jugendliche machen eine wegwerfende Handbewegung und zucken mit den Achseln – oft nur ein Zeichen, dass sie einen Einwand ankündigen. Erwachsene interpretieren diese Geste als aggressiv und respektlos. Das ist keine gute Gesprächsgrundlage.

Für uns als Lehrer, besonders für die von uns, die in sozialen Brennpunkten unterrichten, ist es sehr hilfreich, sich mit der Körpersprache unserer Schüler zu beschäftigen, um sie richtig interpretieren zu können.

Weiterführende Literatur

Miller R (2011) Als Lehrer souverän sein. Von der Hilflosigkeit zur Autonomie. Beltz, Weinheim
Schulz von Thun F, Stegemann W (Hrsg) (2004) Das Innere Team in Aktion. Praktische Arbeit mit dem Modell. Rowohlt, Reinbek bei Hamburg
Wagner AC et al (2012) Mentale Blockaden der Aufstiegskompetenz von Frauen. Gruppendynamik und Organisationsberatung 43:245–268 (Springer, Berlin)
Willmann H-G (2013) Selbstvertrauen. Gabal, Offenbach

Erfolgreiche Kommunikation

D. Linde, *Burnout vermeiden - Berufsfreude gewinnen*,
DOI 10.1007/978-3-662-47006-0_5, © Springer-Verlag Berlin Heidelberg 2015

Das Unerfreulichste bei der Kommunikation sind die möglichen Missverständnisse. Sie entstehen ganz unbemerkt auf dem holprigen Kommunikationsweg vom Sender zum Empfänger. ◘ Abbildung 5.1 ist u-förmig zu lesen. Es wird sofort verständlich, wie viele »Unfälle« auf dem Kommunikationsweg durch die Ver- und Entschlüsselungen passieren können. Es gibt Zusammenhänge mit der Persönlichkeitsstruktur, der Lebensgeschichte, den Erfahrungen, den Ansichten und der momentanen Befindlichkeit von Sender und Empfänger.

Auf dem Pausenhof schimpfte die Lehrerin mit einem kleinen, dunkelhäutigen Jungen. Da mischte sich ein anderes Kind ein und sagte: »Der war das nicht. Das war der andere. Der hat auch so ein braunes Fell.« Die Lehrerin antwortete: »So sagt man das nicht. Das heißt nicht braunes Fell, sondern dunkle Haut.« Der Kommunikationsweg verlief, wie folgt: Die Mitteilungsabsicht des Kindes war: »Das war ein anderer Junge.« In seinem System war das Bedürfnis nach Gerechtigkeit vorherrschend. Sein Sprachvermögen hatte nur den Ausdruck »braunes Fell« zur Verfügung. Die Empfängerseite der Lehrerin blieb an dem falschen Ausdruck hängen. Sie reagierte belehrend. Vielleicht war es ihr in ihrem Wertesystem auch besonders wichtig, dass Menschen mit anderer Hautfarbe nicht durch falsche Ausdrücke womöglich gekränkt würden. Ein klassisches Missverständnis, denn die Absicht des Senders kam beim Empfänger nicht an.

Dabei ist der Sender lediglich für seinen Teil der Nachricht verantwortlich. Das, was beim Empfänger ankommt, ist dessen Sache.

5.1   So sage ich, was ich will

So wie wir unsere Einstellung zu uns selbst neu und positiver programmieren können, so schließt das auch unsere Sprache ein. Um leichter und richtiger verstanden zu werden, sollten wir uns positiv, direkt und unmissverständlich ausdrücken.

Im Folgenden beziehe ich mich auf die Darstellungen von George Walther (1992), der diese Art der Kommunikation »Power-Talking« nennt. Die deutsche Ausgabe seines Buches heißt folgerichtig: »Sag, was du meinst, und du bekommst, was du willst.« Schon allein, damit wir uns positiver und besser fühlen, könnten wir auf unsere inneren Selbstgespräche und auf das, was wir zu anderen Menschen sagen, achten. Meines Erachtens gibt es hier für jeden von uns noch Entwicklungsmöglichkeiten. Wir haben alle schon die Erfahrung gemacht, dass wir eher verstanden werden und erreichen, was wir wollen, wenn wir das glasklar formulieren. In ◘ Tab. 5.1 stehen sich der starke und der schwache Ausdruck jeweils gegenüber.

Es geht dabei um zwei verschiedene Aspekte: zum einen um Entschlusskraft für uns selbst, zum anderen um Diplomatie im Gespräch mit anderen.

Darüber hinaus vermeiden Power-Talker Pauschalisierungen wie »immer«, »nie«, »alles«, »nichts« und sind höflich zu anderen. Schließlich sind Lehrer, nicht zuletzt was ihre Sprache angeht, Vorbilder für ihre Schüler.

Ein wichtiger Bereich ist dabei noch der Pygmalioneffekt: die sich selbst erfüllende Prophezeiung. Sie wirkt in beiden Richtungen – positiv wie negativ. Die negative Wirkung kennen wir durch die Untersuchungen zur Etikettierungstheorie, deren Ergebnisse bereits Wilhelm Busch so kurz und treffend ausgedrückt hat mit: »Ist der Ruf erst ruiniert, lebt es sich ganz ungeniert.«

Der Sender …	Der Empfänger …
… hat eine Mitteilungsabsicht. ⇩	So empfängt der Empfänger die Nachricht. ⇧
Sie durchläuft das eigene Werte- und Vorstellungssystem … ⇩	Es durchläuft sein eigenes Werte- und Vorstellungssystem.
… und wird im eigenen Sprachverständnis verschlüsselt. ⇨	… entschlüsselt das Gehörte im eigenen Sprachverständnis.

◖ Abb. 5.1 Kommunikationsweg vom Sender zum Empfänger

Wenn wir negative Vorstellungen über uns haben, wird unser Leben unangenehmer und freudloser verlaufen, und wir erwarten von anderen auch nichts Gutes. Trauen wir uns hingegen zu, auftauchende Probleme als Herausforderungen zu begreifen, die wir meistern werden, so entwickelt sich unser Leben immer erfreulicher.

Zur positiven Kommunikation gehört es auch, die »Weichmacher« in den Aussagen, wie die Konjunktive »müsste«, »sollte«, und »könnte«, ebenso wie »vielleicht«, »eventuell« und »eigentlich« zu vermeiden.

Diese Art wird auch oft als »weibliche Kommunikation« bezeichnet. Während eine Lehrerin in der Konferenz z. B. sagt »Ich hätte da vielleicht noch einen Vorschlag«, sagt ihr männlicher Kollege: »Ich schlage vor, dass…« Wem wird das Kollegium wohl aufmerksamer zuhören?

5.2 Was steht hinter unseren Worten?

Friedemann Schulz von Thun (2014) hat intensiv geforscht, was zwischen Sender und Empfänger vor sich geht. Während vorher in der humanistischen Psychologie allgemein akzeptiert war, dass die Kommunikation immer zwei Ebenen hat, die Sachebene und die Gefühlsebene, d. h. dass immer auch mitgeteilt wird, *wie* der Sachinhalt zu verstehen ist, hat Schulz von Thun das Nachrichtenquadrat (◖ Abb. 5.2) entwickelt. Dieses ist an die Situation und die Körpersprache des Senders geknüpft, wozu auch die Paralinguistik gehört. Wir untersuchen es hier, weil es Lehrern u. a. die Nachbereitung erleichtert. Wir können eine Situation anhand einer solchen Struktur viel leichter analysieren, als wenn wir weniger strukturiert darüber nachdenken.

5

◻ **Tab. 5.1** Gegenüberstellung von starker und schwacher Ausdrucksweise

Schwacher Ausdruck Ohne Power	Starker Ausdruck Mit Power
Ich muss	Ich möchte gern
Wenn wir uns den ganzen Tag »ich muss« sagen hören, raubt uns das die Kraft. Wir sagen z. B. zu einem Schüler: »Ich muss es dir noch einmal erklären.«	*Gebrauchen wir stattdessen Formulierungen mit »gern« z. B. »Ich erkläre dir das gern noch einmal«, so haben wir einen schöneren Tag*
Ich will versuchen	Ich will, ich werde
Ist die Nachricht, dass nichts passieren wird, z. B.: »Ich will versuchen, die Fehlzeitenmeldungen am Wochenende zusammenzustellen.«	*Drückt Entschlossenheit und Tatkraft aus. Daraus kann etwas werden, z. B.: »Bis Montag werde ich die Fehlzeitenmeldungen mailen.«*
Ich kann das nicht	Ich habe noch nicht …, und ich kann
Als wir auf die Welt kamen, konnten wir fast gar nichts. Alles, was wir können, haben wir gelernt. Alles, was wir wirklich wollen, ist grundsätzlich lernbar	*Ich kann es nämlich lernen. Darin steckt dann das zum Lernen von Neuem nötige Selbstvertrauen*
»Das können Sie mit mir nicht machen!« zielt auf Konfrontation	»Was ist Ihrer Ansicht nach fair?« strebt eine Einigung an
Z. B. zur Schulleitung: »Das können Sie mit mir doch nicht machen! Ich habe die Klasse gerade erst neu übernommen und nun Fuß gefasst. Die können Sie mir doch nicht jetzt wegnehmen.«	*»Ich habe die Klasse vor drei Monaten übernommen und freue mich inzwischen über die gute Zusammenarbeit. Ist es Ihrer Ansicht nach nicht auch fair, dass ich diese Arbeit fortsetzen kann?«*
»Ich sollte…«	»Ich will, ich werde…«
Z. B.: »… früher schlafen gehen…« Der Satz geht weiter mit: »… aber ich tue es leider nicht, und das erzeugt bei mir ein schlechtes Gefühl.«	*Z. B. »… ab heute vor Schultagen spätestens um 23 Uhr das Licht ausmachen.« Da steckt mehr Kraft dahinter!*
	Falls Sie die Entschlusskraft dafür im Moment nicht haben, so sagen Sie:
	»Ich könnte …« Das lässt Ihnen die Freiheit und erzeugt kein schlechtes Gefühl
»Ich will mal sehen, vielleicht …«	»Nein, ich kann es leider nicht tun.«
Ein Kollege fragt, ob Sie nach der Konferenz noch eine Unterrichtseinheit mit ihm besprechen können. Sie haben sich aber vorgenommen, nach dem überlangen Schultag unbedingt laufen zu gehen. Sie sagen: »Mal sehen, wie lange es dauert.«	*Z. B.: »Es tut mir leid, aber nach der Konferenz muss ich unbedingt gleich weg.«*
	Bzw. bei Angelegenheiten, für die Sie Bedenkzeit brauchen, sagen Sie dem anderen, wann Sie ihm die Antwort geben können
	Z. B.: »Ich muss noch ein paar Dinge abklären und sage Ihnen morgen früh Bescheid.«
»Ich werde sehen, ob ich es nächste Woche schaffe.«	»Das werde ich bis nächsten Freitag erledigt haben.«
Stellen Sie sich vor, jemand sagt das zu Ihnen… Fühlen Sie sich überzeugt, dass es geschieht?	*Nennen Sie einen Zeitpunkt, zu dem Sie mit Gewissheit fertig sein können. Wenn es früher klappt, umso besser!*

◼ **Tab. 5.1** Fortsetzung

Schwacher Ausdruck Ohne Power	Starker Ausdruck Mit Power
»Ich hatte keine Zeit für ...«	»Ich habe ... Priorität gegeben und werde ... bis ... erledigt haben.«
Z. B.: »den Briefentwurf des Kollegiums an die Behörde. Die Zeugnisnoten und so, Sie wissen ja.« (wirkt hilflos)	Z. B.: »Ich habe der Zusammenstellung der Zeugnisnoten Priorität gegeben und werde den Brief bis nächsten Montag erledigt haben.« (Der Lehrer hat den Überblick und seine Zeit im Griff. Es wirkt kraftvoll.)
»Du hast schon ... erreicht, *aber* ...«	»Du hast schon ... geschafft *und* ...«
Z. B.: »Du hast jetzt eine 3 geschrieben, aber du musst dich weiter in Mathe sehr anstrengen.« (Welches Gefühl hat der Schüler nach dieser Äußerung?)	Z. B.: »Du hast in Mathe gut gearbeitet und jetzt eine 3 geschafft, und bei deinem Einsatz wird das ganz bestimmt weiter besser werden.« (Das klingt in Schülerohren hoffnungsvoller.)
»Aber« entwertet den Vorsatz!	
»Hätte ich bloß ...«	»Das ist schiefgegangen (Dafür gebe ich mir Selbstmitgefühl.) Deshalb werde ich in Zukunft ...«
Z. B. »... meinen Laptop nicht vergessen. Dann hätte ich das Konferenzprotokoll gleich eintippen können. So muss ich zu Hause alles abschreiben.«	»Meinen Laptop habe ich vergessen. Damit mir das nicht wieder passiert, werde ich mir im Schulplaner extra notieren, wann ich mit dem Protokoll dran bin. Für heute tröste ich mich für die extra Arbeit mit ...«
»Ich kann nichts dafür. Schuld sind ...«	»Ich übernehme Verantwortung und mache jetzt das Beste daraus«
Z. B.: »... die Eltern dieser Schüler, die nicht dafür sorgen, dass sie rechtzeitig schlafen gehen.«	Z. B.: »Die Kinder sind montags besonders übermüdet. Deshalb werde ich mit einem Quiz anfangen. Das mögen sie und werden wach.«
Opfer sind in der Verliererposition	Verantwortung übernehmen heißt nicht, dass wir schuld sind, sondern nur dass wir eine Antwort auf die widrigen Umstände finden
Erfolge werden mit Glück oder Zufall begründet	Anerkennung eigener und fremder Leistungen
Z. B. »Ich hatte eben Glück, diese Klasse zu bekommen, weil die Kinder an meinen Fächern interessiert sind.«	Z. B.: »Der Einsatz, den ich für diese Klasse zeige, lohnt sich wirklich. Die Kinder sind richtig motiviert.«
	Wir wissen, dass die Anerkennung eigener Leistungen eine Voraussetzung für die echte Anerkennung fremder Leistungen ist

- **Sachaussage**

Die Sachaussage betrifft den sachlichen Inhalt der Aussage. Damit die Kommunikation erfolgreich ist, muss der Empfänger verstehen, was der Sender meint, was uns in der Schule auch besonders wichtig ist. Durch folgende vier Faktoren, die Schulz von Thun in vielen Untersuchungen bestätigen konnte, steigern wir die Verständlichkeit:

1. Einfachheit, d. h. kurze Sätze und geläufige Wörter. Dabei passen wir unsere Lehrersprache dem Sprachvermögen unserer Schüler an.

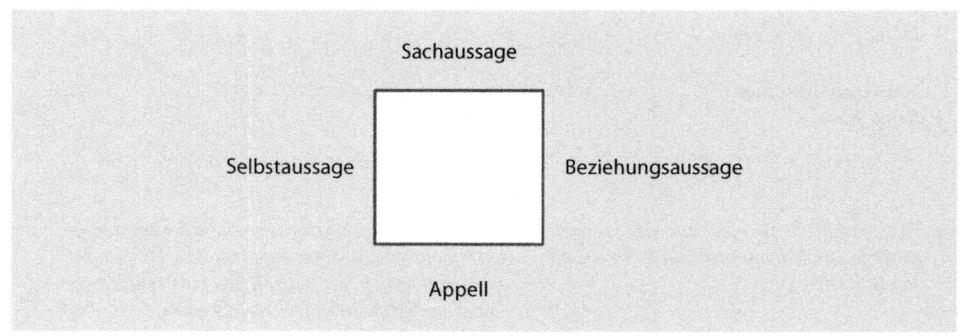

□ **Abb. 5.2**   Das Quadrat der Mitteilung

2. Kürze, Prägnanz,   d. h., knapp, klar und deutlich sagen, was man will. In der Schule ist das bei Arbeitsanweisungen für die Schüler besonders wichtig. Wenn zu viele Nachfragen kommen, ist das ein negatives Feedback.

3. Gliederung, Ordnung,   d. h. folgerichtige, übersichtliche Aussagen. Im Fall von Arbeitsanweisungen heißt das: » Zuerst … ihr…, dann …, dann …, zum Schluss ….« Nach jedem Punkt macht der Lehrer eine Pause und kann aus der Körpersprache seiner Schüler schließen, ob seine Anweisung verstanden wurde. Ein weiteres Beispiel ist der Tagesplan, der morgens als erstes an die Tafel geschrieben wird, und der Aufbau der Unterrichtsstunde. Dabei kann ein roter Pfeil für die einzelnen Schritte im Stundenablauf mitlaufen, der anzeigt, an welcher Stelle die Klasse gerade arbeitet.

4. Zusätzliche Stimulanz,   d. h. Beispiele geben, Bilder zeigen, Tafelskizzen anfertigen; denn ein Bild sagt mehr als 1000 Worte und jedes Beispiel lässt ein Bild im Kopf des Empfängers entstehen. Für Kinder ist es unerlässlich, und es hilft auch älteren Schülern und Erwachsenen. Wenn wir etwas für uns Abstraktes in ein konkretes Bild verwandeln, können wir es verstehen und behalten. Schüler, die z. B. das Bohr'sche Atommodell einmal in der Hand hatten, behalten den Aufbau des Atoms im Gedächtnis, auch wenn sie später damit kaum etwas zu tun haben. Sachrechnen ohne die Vermittlung von Bildern kann für schwache Schüler sonst in ein Ratespiel ausarten, welche Rechenart gefragt ist.

Zu bemerken wäre hier noch die Gefahr für Lehrer, Sachaussagen zu machen, deren Inhalt dem Schüler bekannt ist, z. B.: »Maria, du kommst schon wieder zu spät.«

Bei der nonverbalen Kommunikation fehlt im Nachrichtenquadrat die Sachaussage. Dennoch findet Kommunikation statt; denn, wie Watzlawick sagt: »Man kann nicht nicht kommunizieren« (Watzlawick und Beawin 2010), z. B. das Gegenüber fängt an zu weinen oder es schweigt beharrlich.

■ **Selbstaussage**

Jede Nachricht enthält auch eine Aussage des Senders über sich selbst. Im obigen Beispiel klingt »Ich ärgere mich über dein Zuspätkommen« an. Richtig formulierte Ich-Aussagen – also keine versteckten Du-Botschaften – sind Selbstaussagen, z. B.: »Wenn du zu spät in den Unterricht kommst, werden die anderen abgelenkt, und ich muss dir extra erklären, was wir gerade machen. Das ärgert mich dann.« Die Ich-Aussage stellt sachlich das Schülerverhalten und seine Folgen dar und schließt mit dem Gefühl des Lehrers. Es könnte sich auch noch eine Bitte um Veränderung anschließen. Da die Ich-Aussage des Lehrers dem Schüler die Freiheit lässt, wie er darauf reagieren will, ist sie effektiver, als eine Du-Aussage wie: »Du bist ein ständiger Zuspätkommer«, durch die er sich abgewertet fühlt. Das werden wir noch näher betrachten.

In diese Seite des Quadrats gehören auch die Bereiche der Selbstdarstellung, in denen die Angst vor Selbstoffenbarung mitschwingt, d. h. versehentlich mehr von sich zu verraten, als man möchte, sowie die Bemühung, negative Seiten hinter einer Fassade zu verstecken. Natürlich sind wir bestrebt, uns anderen von unserer besten Seite zu zeigen. So erzählen wir Erlebnisse, die uns peinlich sind, nur engen Freunden. Menschen, deren Selbstoffenbarungsängste besonders groß sind, versuchen, sich wenn möglich durch Schweigen aus der Affäre zu ziehen, oder sie entwickeln eine Fassade, hinter der sie sich verstecken, z. B. die sogenannte berufsmäßige Freundlichkeit.

Für Lehrer und Erzieher ist es besonders wichtig, sich als Person zu zeigen – authentisch zu sein. Es schafft Vertrauen, wenn ein Lehrer z. B. sagt: »Das tut mir leid. Ich habe es vergessen.« Oder: »Das weiß ich nicht. Ich schaue es nach und werde es euch morgen sagen.« Die Kinder sehen, dass es ungefährlich ist, Fehler zu machen und sie zuzugeben. Je mehr ein Lehrer sich akzeptiert, wie er ist, und seinen Fehlern mit Mitgefühl begegnet, desto echter kann er sich als Person zeigen, und er und seine Schüler fühlen sich wohler. Das gilt natürlich genauso für das Bekenntnis zu den eigenen Gefühlen. Der Lehrer wirkt auch hier als Vorbild, vor allem wenn zu beobachten ist, wie er mit diesen Gefühlen umgeht. Beim Thema Konflikte (▶ Abschn. 5.4) betrachten wir diesen Sachverhalt noch genauer.

- **Beziehungsaussage**

Die dritte Seite des Quadrats betrifft die Beziehungsaussage, d. h. wie Sender und Empfänger zueinander stehen und was der Sender vom Empfänger hält. Beispiele: »Tommy, da hast du wieder nicht aufgepasst. Drei Rechenfehler, die alle nicht nötig sind.« Der Lehrer traut dem Schüler zwar mehr zu, die Äußerung kommt trotzdem geringschätzig an, schon wegen des »wieder nicht«. Dagegen: »Die Aufgaben sind alle richtig, bis auf diese drei. Die rechnest du bitte noch mal. Dann ist alles super.« Hier gibt der Lehrer eine wertschätzende Rückmeldung, die zwischen den Zeilen ausdrückt, dass Fehler passieren dürfen. Man kann sie schließlich korrigieren.

In beiden Äußerungen steckt als Beziehungsaussage, dass der Lehrer vom Schüler etwas verlangen kann, also in der mächtigeren Position ist. Infolgedessen wiegt die Art der Bewertung schwerer als unter Gleichgestellten.

- **Appell**

Mit dem Appell möchte der Sender den Empfänger zu etwas veranlassen. Die Wirksamkeit von Appellen hängt stark von der Beziehung zwischen beiden ab.

Es ist einleuchtend, dass die Appelle eines Lehrers, den die Schüler anerkennen, wesentlich wirksamer sind als die eines Lehrers, der wenig Autorität ausstrahlt. Wir vergessen nicht, dass unsere Ausstrahlung als Lehrer sehr eng mit unserer Selbstakzeptanz und unserer Selbstwertschätzung zusammenhängt.

Appelle sind nützlich für die täglichen Kleinigkeiten im Berufsalltag, wie z. B. Arbeitsanweisungen oder erwünschtes Schülerverhalten wie: »Bitte, kommt pünktlich aus der Pause!« Untauglich dagegen sind Appelle für tiefer greifende Änderungen: »Ich habe dir schon hundert Mal gesagt, …« Was für eine sinnlose Kraftverschwendung! Keine Psychotherapie arbeitet mit Appellen. Denn: Schüler müssen selbst auf die Lösung für ihr Problem kommen. Dann ist sie wesentlich eingängiger. Appelle verhindern auch spontanes Verhalten, z. B.: »Vielleicht entschuldigst du dich jetzt einfach bei Frau M.?« Tut der Schüler dies von sich aus, fühlt er sich

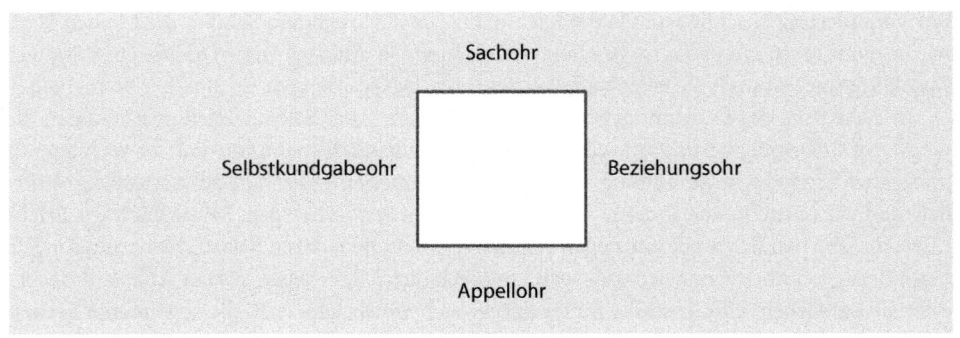

◻ **Abb. 5.3**   Das Nachrichtenquadrat des Empfängers

souverän und entschuldigt sich wahrscheinlich ehrlicher. Darüber hinaus können Appelle auch Widerstand beim Empfänger erzeugen, da sie leicht als bevormundend empfunden werden können.

Wie viele Appelle richten wir an uns selbst? Ändert ein Appell allein irgendetwas? Diese Appelle, die mit »ich sollte«, »ich müsste« beginnen, hatten wir schon bei der positiven Kommunikation als schwache, kraftlose Ausdrücke entlarvt.

Für die Kommunikation ist nicht nur entscheidend, was der Sender sagt, sondern auch, was der Empfänger hört. Es kann sein, dass unsere Botschaft überhaupt nicht ankommt, weil er abgelenkt ist oder nicht zuhört. Das ist nicht nur bei Schülern so. Deshalb ist ein Streit wie: »Das habe ich dir doch gesagt« – »Das hast du nicht gesagt!« völlig sinnlos. Die Antwort auf den ersten Satz muss lauten: »Ich habe es nicht gehört.«

Schulz von Thun (2014) erläutert, dass die vier Seiten des Mitteilungsquadrats beim Empfänger auch auf vier Seiten (vier Ohren) treffen können, wie in ◻ Abb. 5.3 gezeigt.

Dabei hat er die Wahl, auf welche Seite der Nachricht er reagieren will:

Ein aufmerksamer Schüler wird im Unterricht wohl vorwiegend mit dem *Sachohr* hören, was der Lehrer oder seine Mitschüler sagen.

Hat ein Schüler seinen Schwerpunkt auf dem *Selbstkundgabeohr*, denkt er »Die ist aber heute schlecht drauf«, wenn die Lehrerin schimpft, weil viele Schüler den Elternabendbrief vergessen haben.

Reagiert er auf eine negative Kritik mit dem Gedanken »Das ist, weil er mich nicht mag«, war sein *Beziehungsohr* dominant.

Auf das *Appellohr* ist ein Schüler konzentriert, wenn er auf Vorhaltungen des Lehrers, wie unordentlich die Klasse ist, sofort sagt: »Ich räume das gleich auf.«

Wenn wir die vier Seiten der Nachricht beim Sender und Empfänger kennen und in der Kommunikation beachten, können viele Missverständnisse vermieden werden.

In der Pause gibt es eine Prügelei zwischen Klaus und Ahmet. Viele andere stehen darum herum und feuern sie an. Der Klassenlehrer der beiden, Herr S., kommt dazu und ruft: »Aufstehen, ihr beiden, wir klären das vernünftig.« Beide stehen auf, folgen also dem Appell »hören« den Nachsatz aber verschieden, wie sich im folgenden Gespräch zeigt. Ahmet versteht ihn so, dass Herr S. helfen wird (Er sagt: »Ich will mich nicht prügeln, aber Klaus fängt immer an«). Klaus dagegen fürchtet eine Strafe (»Ich hab nichts gemacht. Immer krieg ich die Schuld«).

Der Empfänger wird die Nachricht des Senders aufgrund seiner Vorgeschichte und Gefühlslage interpretieren. Hiervon wird in ▶ Abschn. 5.4.2 nochmals die Rede sein.

5.3 Überzeugen, Grenzen setzen und Schlagfertigkeit

Den Wunsch, andere Menschen zu *überzeugen*, hegen nicht nur Lehrer. Verkäufer möchten überzeugen. Politiker wollen überzeugen – und damit ihre eigenen Ziele durchsetzen. Die Wünsche der Lehrer an ihre Schüler sind dagegen meist zum Besten der Schüler.

Wir müssen hier zwischen überzeugen und überreden unterscheiden. Hat uns jemand überzeugt, wird seine Überzeugung die unsere. Das heißt, in Wirklichkeit kann man keinen anderen Menschen überzeugen – er überzeugt sich selbst anhand der Voraussetzungen, die wir ihm zur Verfügung stellen. Wir bringen also diejenigen Gedanken dem anderen nahe, die logischerweise zu dem Ergebnis führen, das wir für sinnvoll halten.

> Kai ist ein schwacher Hauptschüler. Seine Leistungen liegen weit unter seinen Möglichkeiten. Frau B. möchte, dass er seine Hausaufgaben regelmäßiger macht und nachfragt, wenn er etwas nicht verstanden hat. Sie fragt ihn nach seinem Berufswunsch. Er möchte Elektriker werden, fügt aber hinzu:»Das wird ja doch nichts. Ich schaff den Abschluss nicht.« Frau B. fragt:»Ist es dir denn wichtig?« Kai:»Ja, schon.« Frau B.:»Weißt du, was du tun könntest, damit du besser wirst?« Kai nennt Zuverlässigkeit bei den Hausaufgaben sowie mehr Aufmerksamkeit und Mitarbeit im Unterricht. Frau B.:»Ich bin überzeugt, dass du es schaffen kannst. Wenn du das auch wirklich willst, helfe ich dir gerne. Sag mir bitte, was ich für dich tun kann.« Kai und Frau B. besprechen nun, welche Hinweise, Zeichen und Nachfragen ihm helfen würden.

Hier findet auch die, besonders auch für Lehrer wichtige, Kommunikationsleiter (◧ Abb. 5.4) von Konrad Lorenz Anwendung (von unten nach oben zu lesen).

Die wichtigste Regel, wenn wir jemanden überzeugen wollen, ist die, ihm intensiv und aufnehmend zuzuhören. Dabei erfahren wir, was dem anderen wichtig ist, was seine Wünsche und Ziele sind.

Die zweitwichtigste Regel ist das Fragen. Dabei bekommen wir ein Bild und können unsere Informationen und Angebote darauf einstellen. Dass auch unsere Schüler die Freiheit haben, alle Angebote und Vorschläge abzulehnen, ist nur zu gut bekannt. Das braucht uns nicht zu entmutigen.

Es ist schön, wenn es uns gelingt, Schüler zu überzeugen. Im anderen Fall müssen wir *Grenzen setzen*. Schüler brauchen Grenzen, weil Kinder zunächst keine Grenzen kennen. Wird jedoch bei der Erziehung der Kleinkinder zu viel zugelassen, so kommen sie leicht zu Schaden. Die zu gewährend erzogenen Kinder ecken an, stoßen in der Öffentlichkeit auf Ablehnung und leiden dann darunter. Ein kleines Kind kann noch nicht erkennen, dass nur sein Verhalten, aber keineswegs alles an ihm abgelehnt wird.

In der Schule haben wir mit vielen solcher Kinder zu tun. Es ist nicht unsere Schuld, wenn Schüler, vor allem in den sozialen Brennpunkten, zu Hause kaum erzogen wurden. Wir trösten und ermutigen uns für die Aufgabe, die sich uns hier stellt. Wir werden uns in ▶ Kap. 11 intensiv mit dem Umgang mit Disziplinstörungen befassen.

5

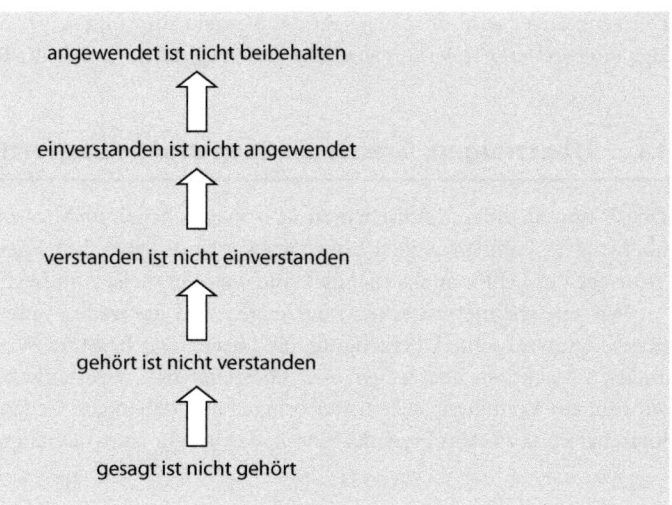

angewendet ist nicht beibehalten

einverstanden ist nicht angewendet

verstanden ist nicht einverstanden

gehört ist nicht verstanden

gesagt ist nicht gehört

◘ Abb. 5.4   Die Kommunikationsleiter von Konrad Lorenz

Schlagfertigkeit ist auch eine Möglichkeit klarzustellen, dass wir uns etwas nicht gefallen lassen. Allerdings fällt manchem die großartige Erwiderung oft zu spät ein. Dabei können wir uns klarmachen, dass diese tolle Antwort von unserem eigenen Gehirn produziert wurde. Warum denn nicht im richtigen Moment? Wenn unser Gehirn von Stresshormonen beeinträchtigt ist, kann es kaum eine Glanzleistung vollbringen. Das bedeutet, wir müssten uns zuerst soweit entspannen, damit uns etwas einfallen kann. (Wenn wir dabei denken »Warte nur, bis mir was einfällt«, dabei schweigend Blickkontakt halten und uns entspannen, dann kommen die Ideen schneller.)

Schlagfertigkeit wird definiert als das schnelle, unerwartete, sprachliche Reagieren auf unvorhergesehene Situationen. Pöhm (1998) unterscheidet hier Erwiderungsfähigkeit und Witzfertigkeit. Wie bei Witzen kommt es auch hier auf den nicht geschlossenen Bogen an, also den Teil, den der Empfänger noch ergänzen muss, um den Witz zu verstehen. Je mehr ergänzt werden muss, desto schlagfertiger wirkt die Antwort. Und natürlich gehört auch eine Prise Mut zum Frechsein dazu.

> *Bei einem Bankett versuchte eine Dame, Churchill zu beleidigen mit den Worten: »Wenn Sie mein Mann wären, würde ich Ihnen Gift geben.« Darauf Churchill: »Wenn ich Ihr Mann wäre, würde ich es nehmen.« Den Bogen, die Frau ist so schrecklich, dass er lieber tot wäre, muss der Hörer ergänzen.*

Besonders schlagfertige Antworten bleiben, wie oben, auch im Bild des »Angreifers«.

> *Adenauer war bekannt für seine schlagfertigen Antworten auf die Zwischenrufe im Bundestag. Einmal rief Schumann: »Seien Sie doch nicht so eklig zur Opposition. Schließlich leben wir alle unter dem gleichen Himmel.« Darauf Adenauer: »Aber wir haben nicht alle den gleichen Horizont.«*

Schlagfertigkeit bedeutet nicht, dass Sie unbedingt auf Konfrontation gehen müssen. Man kann auch einem Angriff mit Freundschaft begegnen. Das ist für uns in der Schule sehr wichtig; denn das, was Generationen von Lehrern vor uns großartig fanden, nämlich die Lacher auf ihrer Seite zu haben, finden wir heute pädagogisch fragwürdig, da das ja immer auf Kosten eines einzelnen Schülers geht, z. B. kann der Lehrer sagen: »Okay, lass erst mal deine Wut raus. Dann können wir vernünftig miteinander sprechen.« Auch auf Frechheiten wie »Sie haben doch keine Ahnung!« kann man z. B. erwidern: »Und? Hast du eine bessere Idee, was man da machen könnte?«

Schlagfertigkeit soll in der Schule nur ein Ziel haben: den Angriff abzuwehren und den Frieden wieder herzustellen. Das heißt: Der andere wird nicht beleidigt und entwürdigt. So kann er später in ein sachliches Gespräch einsteigen.

Um die Souveränität und innere Kraft dazu zu haben, müssen wir dabei gut für uns sorgen. Wir konzentrieren uns auf Entspannung und das Vertrauen zu uns als unserem eigenen besten Freund, der gute Einfälle produzieren wird, wenn wir ihn nicht unter Spannung setzen. Das gibt uns den nötigen Abstand, in dem Bewusstsein, dass wir uns nicht getroffen fühlen und unsere Stimmung nicht vom Verhalten anderer abhängig machen müssen.

5.4   Konfliktlösungen

Konflikte sind Situationen, in denen zwei oder mehrere Parteien etwa gleich starke diametral entgegengesetzte Bedürfnisse haben. Die Ziele sind unvereinbar, und die Konfliktparteien meist emotional betroffen. Eine befriedigende Lösung ist nur ein Ergebnis, mit dem alle Parteien gleich gut leben können. Ergebnisse auf Kosten einer Partei sind keine wirklichen Lösungen, da sie weiteres Konfliktpotential zur Folge haben.

5.4.1   Mein Verhalten in Konfliktsituationen

> Beata und ihr Kollege Jan wurden zur Schulleitung gerufen, um festzulegen, wer im neuen Schuljahr die 6a und wer die 6b übernimmt. Beide wollten die, zwar von der ausscheidenden Kollegin gut geführte, 6a nicht leiten. Beide hatten gute Argumente für die Übernahme der 6b. Während der Diskussion fühlte sich Beata immer unwohler. Jan trug seine Ansichten mit erhöhter Lautstärke vor, und sie befürchtete Probleme mit ihm, wenn sie die 6b bekäme. So sagte sie: »Ich verstehe, dass Jan bessere Argumente hat und bin bereit, Klassenlehrerin der 6a zu werden.« Der Schulleiter war etwas erstaunt, aber zufrieden, dass das Problem so schnell gelöst wurde.

Unser Verhalten in Konfliktsituationen hat viel mit unserer Sozialisation zu tun. Wie haben wir Konflikte in unserer Kindheit erlebt? Welche Gefühle haben sie ausgelöst? Hatten wir Gefühle der Angst, nicht mehr geliebt zu werden, wenn wir auf unseren Bedürfnissen bestehen? Wurden wir wütend? Fühlten wir uns hilflos? Diese Gefühle waren es, die dann in der Folge unser Verhalten bestimmten. Wie wurden die Konflikte dann bewältigt? Konnten durch gute Argumente eigene Bedürfnisse berücksichtigt werden? Oder wurde der Familienfrieden nur durch unser Nachgeben wieder hergestellt?

◻ Tab. 5.2 Gesprächsförderer und Blockierer

Gesprächsförderer	Gesprächsstörer
Entschlüsselungen mitteilen (*Habe ich dich richtig verstanden, du meinst …?*)	Befehlen, Anordnen (*»Tu jetzt, was ich dir sage …«*)
	Warnen, Drohen (*»Wenn du nicht …, dann«*)
Verbalisieren von vermuteten Gefühlen (*»… und da bist du wütend geworden?«*)	Moralisieren, Zureden (*»Du weißt, dass ein anständiger Mensch solche Wörter nicht sagt!«*)
Informationssuche (*»Woran könnte das liegen? Was meinst du?«*)	Ratschläge geben, Belehren (*»Üb doch einfach jeden Tag eine Viertelstunde 1×1, dann lernst du es auch.«*)
Mitteilung eigener Gefühle (*Ich-Botschaften*)	Herabsetzen, Kritisieren, Beschuldigen (*»Das war sehr feige, was du getan hast.«*)
Blickkontakt	Beschimpfen, Etikettieren (*»Du bist und bleibst ein Schläger.«*)
Zuhörsignale, nonverbal gezeigte Aufmerksamkeit	Interpretieren, Psychologisieren (*»Du machst das nur, weil du auf Max neidisch bist.«*)
Ruhige, entspannte Sprache	Loben (*Schüler mit einem schwachen Selbstwertgefühl, fühlen sich bei Lob unverstanden. Besser ist hier eine positive, streng sachliche Rückmeldung. Also nicht:* »Das hast du super gemacht«, *sondern* »Diese Aufgaben sind alle richtig.«)
Insgesamt eine wertschätzende Haltung	Beruhigen, Trösten in der Art von Abwehr des Mitgeteilten (*»Das wird schon wieder.« Dabei fühlt sich niemand verstanden.*)
	Wechsel des Themas
	Beenden des Blickkontakts

Es lohnt sich, über diese Erfahrungen intensiv nachzudenken, denn sie können auch in der Gegenwart unsere Wahrnehmungen beeinflussen, aus denen sich dann unser Denken, unsere Gefühle und damit unser Verhalten ergeben. So können wir unsere Konfliktfähigkeit verbessern, damit nicht intrapersonelle Konflikte interpersonelle überlagern. Das bedeutet, dass wir realistischere Einschätzungen der Lösungsmöglichkeiten vornehmen können. Lässt sich eine Win-win-Möglichkeit oder ein Kompromiss finden? Sollte man einen Schiedsrichter beauftragen oder das Los entscheiden lassen? Diese Entscheidung kann dann zwar auch als ungerecht empfunden werden, hat jedoch wenigstens den Vorteil, dass keine Partei sie der anderen übel nimmt.

5.4.2 Konfliktsituationen mit Schülern

Viele Probleme in der Schule, aber auch außerhalb sind einfach zu lösen, wenn man nachvollziehen kann, worum es dem anderen eigentlich geht. Damit ein Mensch, und besonders ein Schüler, Vertrauen gewinnt, muss er sich sicher fühlen. So gibt es »Gesprächsförderer«, bei denen der Partner sich weiter öffnet und »Gesprächsstörer«, die bewirken, dass der Partner dicht macht. Gordon (1977) nennt sie »Straßensperren«. In ◻ Tab. 5.2 werden die beiden Kommunikationsformen einander gegenübergestellt.

Auch wenn wir zuweilen Gesprächsstörer im Kontakt mit Schülern benutzen, so ist das menschlich und keine Katastrophe, vorausgesetzt, dass die Lehrer-Schüler-Beziehung gut ist. Das heißt, wenn sie getragen ist von gegenseitiger Wertschätzung, Echtheit und Einfühlungsvermögen. Dennoch ist es hilfreich, sich bewusst zu sein, wie man erfolgreich miteinander spricht, vor allem, um leichter analysieren zu können, wenn etwas schiefgegangen ist.

Nicht jedem Streit liegt ein Konflikt zugrunde, noch weniger muss ein Konflikt zu Streit führen. Wie wir wissen ist ein Konflikt das Ergebnis von zwei etwa gleich starken Bedürfnissen, die gegensätzlich sind, bzw. einander ausschließen. Der Konflikt kann interpersonal zwischen Personen bestehen oder sich intrapersonal im eigenen Inneren abspielen. Ein Konflikt zwischen Lehrer und Klasse wäre z. B., der Lehrer hat noch ein Pensum vor, das er in der letzten Stunde abarbeiten möchte, die Kinder wollen in der Zeit auf dem Schulhof Ball spielen. Ein Konflikt in einer Person könnte der Wunsch sein, einer Einladung zum Abendessen zu folgen, aber die Diät nicht zu unterbrechen.

Bei zwei Konfliktparteien gibt es drei Möglichkeiten. Die eine Seite gewinnt, oder die andere Seite gewinnt, oder man kommt zu einer Lösung mit der beide Seiten gut leben können, wie bei der sogenannten »niederlagelosen Methode« nach Gordon. Wenn eine Seite gewinnt, verliert die andere Seite demzufolge. Es gewinnt die Seite, die in der Situation die größere Macht hat. Das können auch quengelnde Kinder sein, wenn die Mutter nachgibt, weil sie es nicht mehr aushält. Auch die Gewinner wissen, dass ihr Sieg negative Gefühle auf der Verliererseite zurücklässt. Setzen wir als Lehrer unsere Macht ein, um den Konflikt zu beenden und den Unterricht fortzusetzen, zahlen wir dafür einen Preis. Die Lehrer-Schüler-Beziehung wird gestört, und sich benachteiligt fühlende Schüler werden sich an anderer Stelle »rächen«.

Die niederlagelose Methode ist eine Win-win-Strategie, in der es nicht um oft faule Kompromisse geht, sondern darum, dass am Ende die Konfliktparteien mit der gefundenen Lösung zufrieden sind. Nicht nur der Lehrer, auch die betroffenen Schüler und die Klasse tragen gemeinsam Verantwortung dafür. Dies erfolgt in mehreren Schritten:

- **1. Schritt: Konfliktdefinition**

Als Erstes muss genau festgestellt werden, worin der Konflikt überhaupt besteht. Ohne Diagnose keine Therapie! Jede Partei stellt den eigenen Standpunkt in Form einer Ich-Botschaft dar. Bei der Ich-Botschaft bleibt das Problem beim Sender. Der Empfänger wird nicht beschuldigt. Diese Form der Kommunikation ist immer noch wenig verbreitet, weil durch Erziehung und Umwelt meist etwas anderes vorgelebt wird. Es ist auch einfacher, sich bedeckt zu halten und den anderen zu beschuldigen, z. B.: »Du hast schon wieder dein Zimmer nicht aufgeräumt. Wann machst du das endlich?« Aber der andere fühlt sich wahrscheinlich gekränkt und geht in Abwehrstellung. Das Problem wird nicht gelöst. Bei der Ich-Aussage dagegen bleibt die Verantwortung beim Sender.

Die Ich-Botschaft hat mehrere Teile:

- die streng sachliche Beschreibung des Vorfalls, eingeleitet mit »Wenn du …«, bzw. »Wenn Sie…«,
- die sachlichen und emotionalen Folgen für den Sprecher, z. B.: »Dann kann ich nicht … und das ärgert/nervt/verletzt mich«,
- ggf. Bitte um Veränderung.

Bezogen auf unser obiges Beispiel, hieße die Ich-Botschaft der Mutter:

> *»Wenn du montags dein Zimmer nicht aufräumst, kann Frau Saubermann morgen nicht putzen. Wenn sie deine Sachen aufhebt, braucht sie dafür Zeit, die ich bezahlen muss, und ich ärgere mich dann. Bitte heb montags alle Sachen vom Boden auf, damit sie sauber machen kann.«*

Der Schulalltag zeigt, dass wir seltener mit Ich-Botschaften arbeiten, als es gut für alle Beteiligten wäre. Natürlich haben wir keine Garantie, dass unser Gegenüber dann unsere Wünsche erfüllt. Aber jeder Mensch ist eher zu einem Entgegenkommen bereit, wenn er selbst nicht beschuldigt oder abgewertet wird. Die Schwierigkeit besteht oft darin, dass wir uns in der Ich-Aussage offen zeigen und dadurch verletzlicher sind. Das kann Unbehagen erzeugen. Je mehr wir aber zu uns selbst und unseren legitimen Bedürfnissen stehen, desto leichter wird es uns fallen. Der andere versteht die Ich-Botschaft leichter und geht nicht so schnell in die Abwehrhaltung.

> *Ich habe die Erfahrung mit meiner damals 2-jährigen Tochter gemacht, dass auch so kleine Kinder mit Ich-Aussagen umgehen können. Sie wollte unbedingt noch einen höheren Turm mit Bauklötzen bauen, als es Zeit war, sie zur Tagesmutter zu bringen, damit ich rechtzeitig bei der Arbeit sein würde. Ich sagte:»Mami versteht, dass du gerne noch einen höheren Turm bauen möchtest, aber wenn wir jetzt nicht losfahren, kommt Mami zu spät. Dann schimpft Herr K. mit der Mami. Das willst du doch nicht.« Nein, das wollte sie nicht. Sie fragte dann jeden Morgen wieder, ob Herr K. mit mir schimpfen würde, wenn ich zu spät käme. Das Problem wurde verstanden und war fortan keines mehr.*

Es genügt jedoch nicht, nur das eigene Anliegen dem anderen verständlich zu machen. Um wirklich zu begreifen, was der andere sagt, ist einfühlendes Verstehen nötig, was das sogenannte aktive Zuhören bewirkt. Beim aktiven Zuhören konzentriert sich der Empfänger nicht nur auf den Sachinhalt, sondern besonders auf die darin enthaltenen Gefühle. Was er verstanden hat, spiegelt er dann dem Sender, damit keine Missverständnisse entstehen können.

Das aktive Zuhören hat auch therapeutischen Wert. Der Sprecher kann sich, wenn er sich verstanden fühlt, mit seinen Gefühlen viel besser auseinandersetzen, da er sich selbst damit akzeptiert fühlt. Das aktive Zuhören hat auch Modellwirkung für die Konfliktparteien, d. h. der andere stellt sich dann auch mehr auf die Bedürfnisse und Gefühle seines Gegenübers ein.

> *Die 8-jährige Susanne kommt wiederholt ohne Hausaufgabe und hat auch ihre Arbeitsmaterialien nicht vollständig dabei.*
> **L:**
> *»Wenn du ohne Hausaufgabe kommst, Susanne, und auch dein Buch vergisst, dann ärgert mich das, weil ich denke, dass du dann nicht so gut lernen kannst.«*
> **Susanne:**
> *»Aber ich kann das zu Hause nicht machen. Da sind die anderen alle im Zimmer, und mein kleiner Bruder nimmt mir immer die Sachen weg und will in mein Heft kritzeln.«*
> **L:**
> *»Sonst würdest du die Aufgaben gerne machen?«*
> **Susanne:**
> *»Ja, klar. Ich will dich nicht ärgern und ich will auch lernen, aber es geht eben nicht.«*
> **L:**
> *»Wenn du einen ruhigen Arbeitsplatz hättest, würdest du gerne lernen?«*
> **Susanne:**
> *»Ja.«*

> **L:**
> »Würdest du auch gerne länger in der Schule bleiben und die Hausaufgaben hier machen?«
> **Susanne (strahlt):**
> »Ja, gerne.«
> **L:**
> »Das lässt sich machen. Ich zeige dir dann, wo du arbeiten kannst.«

Kleinere Probleme lassen sich auf diese Weise regeln und werden gar nicht erst zum Konflikt. Im Konfliktfall aber, sind Ich-Botschaften die einzige Möglichkeit, zu einer stimmigen Konfliktdefinition zu kommen, weil jeder seine eigenen Bedürfnisse dem anderen vermitteln kann.

Auch wenn wir selbst kritisiert werden, sind aktives Zuhören und Ich-Botschaften die wichtigsten Gesprächstechniken. Während wir zuhören und uns in unseren Gesprächspartner einfühlen, verstehen wir einerseits besser, was der andere meint, und sind geschützt vor einer schnellen, unüberlegten Erwiderung, weil wir uns vielleicht gekränkt fühlen. Wenn wir dann verstanden haben, was der andere meint, können wir immer noch ungerechtfertigte Kritik mit Hilfe einer Ich-Botschaft zurückweisen und behalten dabei unsere Souveränität.

- **2. Schritt: Brainstorming, Zusammentragen möglicher Lösungen**

Wenn allen Beteiligten klar ist, welche Bedürfnisse auf beiden Seiten vorhanden sind und worin der Konflikt genau besteht, sammeln wir jede Menge Einfälle, wie er zu lösen wäre. Diese Ideen schreiben wir auf und enthalten uns jeder Bewertung. Wir alle würden keine Ideen äußern, wenn wir unter dem Druck stünden, dass sie perfekt sein sollten. Schüler müssen besonders ermutigt werden, wenn sie noch keine Erfahrung mit Brainstorming haben.

- **3. Schritt: Konkretisierung und Wertung der Lösungsvorschläge**

Dabei wird für jede Idee überlegt, wie die praktische Umsetzung im Detail aussähe. Alles, was daraufhin abgelehnt wird, verschwindet von der Liste. Manchmal lassen sich auch zwei Ideen zu einer kombinieren. Das Ziel, dass alle Konfliktparteien zufrieden sein müssen, darf dabei nicht aus den Augen verloren werden.

- **4. Schritt: Entscheidung für eine Lösung**

Dieser Schritt ist bei zwei Konfliktpartnern viel leichter zu erreichen, als wenn wir das Verfahren mit einer Klasse durchführen. Dabei muss nämlich vermieden werden, dass eine Mehrheit auf die Minderheit Druck ausübt. Die Lösung wird auch nur zur Probe verabschiedet.

- **5. Schritt: Umsetzung der Lösung**

Es wird festgelegt, wer, was, wann, mit welchen Hilfsmitteln durchführt. Auch Regeln müssen aufgestellt werden. Geht es z. B. um Klassendienste (Tafel wischen, Klassenraum fegen, Gemeinschaftsmaterial aufräumen, Blumen gießen etc.) muss genau aufgeschrieben werden, worin jeder einzelne Dienst genau besteht und wer die Aufgabe der Kontrolle übernimmt.

- **6. Schritt: Überprüfung des Erfolgs**

Nach einer vorher festgelegten Zeit wird überprüft, ob der Konflikt wirklich beseitigt ist und alle Beteiligten zufrieden sind. Das wird oft der Fall sein, wenn das Verfahren sorgfältig durchgeführt wurde. Falls dann aber noch Unzufriedenheit besteht, können die Umstände analysiert und nach demselben Schema bearbeitet werden.

Natürlich können wir nicht für jeden kleinen Randkonflikt ein großes Lösungsverfahren einsetzen. Für zentrale Konflikte dagegen, also solche, die die Klasse sehr belasten oder immer wieder auftreten, lohnt es sich, diese wirklich zu lösen.

Der Vorteil der niederlagelosen Methode ist offensichtlich. Keiner der Beteiligten wird unterdrückt. Alle fühlen sich ernst genommen. Diese Struktur eignet sich selbstverständlich auch für Lehrerkonferenzen, um gezielter an Lösungen zu arbeiten.

Literatur

Gordon T (1977) Lehrer-Schüler-Konferenz. Heyne, München

Pöhm M (1998) Nicht auf den Mundgefallen. mvg, Landsberg am Lech

Schulz von Thun F (2014) Miteinander reden 1–4: Störungen und Klärungen, Stile, Werte und Persönlichkeitsentwicklung, Das »Innere Team« und situationsgerechte Kommunikation, Fragen und Antworten. Rowohlt, Reinbek bei Hamburg

Walther G (1992) Sag, was du meinst und du bekommst, was du willst. Econ, Berlin

Watzlawick P, Beawin JH (2010) Menschliche Kommunikation. Huber, Bern

Weiterführende Literatur

Jürgens B, Krause G (Hrsg) (2009) Pädagogische Kompetenz trainieren. Shaker, Aachen

Miller R (2002) »Halt's Maul, du dumme Sau«, Schritte zum fairen Gespräch. AOL, Lichtenau

Mentales Training

D. Linde, *Burnout vermeiden - Berufsfreude gewinnen*,
DOI 10.1007/978-3-662-47006-0_6, © Springer-Verlag Berlin Heidelberg 2015

Beim mentalen Training beschäftigen wir uns mit der Steuerung unserer Gedanken und damit, in welche Richtung wir sie lenken oder laufen lassen. Mark Twain konstatiert: »Das Leben besteht nicht in der Hauptsache aus Tatsachen und Geschehnissen. Es besteht im Wesentlichen aus dem Sturm der Gedanken, der jedem durch den Kopf tobt.«

6.1   Wirkungen des inneren Selbstgesprächs

Auch wenn wir uns dessen oft nicht bewusst sind, so führen wir doch ständig ein inneres Selbstgespräch, während wir wahrnehmen und bewerten. Es besteht ein enger Zusammenhang zwischen Denken, Fühlen und Verhalten. Diese Zusammenhänge hat besonders A. Ellis (1977) erforscht und seine Rational-Emotive Therapie daraus entwickelt.

Er geht davon aus, dass der Mensch sowohl ein rationales als auch ein irrationales Wesen ist und viele seiner Leiden aus verzerrter Wahrnehmung und unlogischem Denken entstehen. Es sind die Gedanken, die unsere Gefühle auslösen und damit unser Verhalten bestimmen. Daraus folgt, dass es für uns nützlich wäre, uns eine gewisse »Gedankendisziplin« anzugewöhnen, um uns besser zu fühlen und uns sinnvoller verhalten zu können. Die Übung der Achtsamkeit, mehrere Male am Tag innezuhalten und nachzuspüren, wie es uns gerade in unserem Körper geht und welche Gefühle vorherrschen, wird uns dabei helfen.

Um den Zusammenhang zwischen Denken, Fühlen und Verhalten darzustellen, hat A. Ellis (1977) ein ABC der Gefühle entworfen:

A ist das auslösende Ereignis.

B sind die Gedanken, Interpretationen und Bewertungen. Daraus folgt

C das Verhalten.

Das bedeutet, dass eine Veränderung der Gedanken zu einer Veränderung der Gefühle führt.

Destruktive und irrationale Gedanken lassen sich durchweg in folgende Kategorien einteilen:

- Forderung statt eines Wunsches (*Das muss jetzt funktionieren! Der Schüler muss sich anders verhalten! Das darf nicht passieren!*).
- Übertreibung, Katastrophenszenario (*Ich kann das nicht aushalten. Schlimmer konnte es nicht kommen. Warum passiert so was immer nur mir?*).
- Falsche Schlussfolgerungen (*Er hat so gegrinst; er macht das absichtlich, nur um mich zu ärgern. Ich habe einen schlechten Stundenplan, weil Herr H. mich nicht leiden kann*).
- Beschimpfung, Verurteilung der eigenen Person (*Ich Trottel, das kann wieder nur mir passieren*). So etwas werden wir unserem besten Freund nicht mehr antun, sondern auch eigenen Fehlern mit Verständnis und Mitgefühl begegnen.
- Beschimpfung, Verurteilung anderer (*Wie benimmst du dich eigentlich? Hast du noch immer nicht gelernt …?*). Ein Mensch, der sich selbst liebt und akzeptiert, wie er ist, geht auch mit anderen nachsichtiger und liebevoller um.

Konstruktive, rationale und hilfreiche Gedanken führen zu besseren Gefühlen. Sie sind gekennzeichnet durch:

- Orientierung an der Realität, d. h., die beobachtbaren Tatsachen sind Grundlage der Gedanken (*So hat es nicht funktioniert. Ich muss mir etwas anderes überlegen*). Darin drückt sich ein Akzeptieren von Tatsachen aus.

— Orientierung an den eigenen Zielen (*Ich möchte erreichen, dass Vertretungsstunden angenehmer verlaufen. Dafür werde ich entsprechendes Material vorbereiten und in mein Fach legen*). Dazu gehört auch die Bereitschaft, Risiken einzugehen und somit Fehler zu machen. (*Marleen hat das Ziel, eine gute Beziehung zu Marco, ihrem größten Schulschwänzer, aufzubauen, und geht mit ihrer Nachsicht das Risiko ein, dass Marco ihr Verhalten für Schwäche hält und ausnutzt.*)

— Orientierung an der Vermeidung unerwünschter, negativer Gedanken. Taucht ein solcher Gedanke auf, kann man ihn beiseiteschieben und denken: »Löschen, löschen!« (*Heute ist Montag. Da werden die Kinder wieder sehr unruhig sein. Löschen!! Obwohl Montag ist, könnten sie bei dem attraktiven Unterrichtsangebot gut mitarbeiten*).

— Orientierung an der Vermeidung unerwünschter Konflikte (*Wenn Kevin heute wieder viel zu spät kommt, werde ich mich davon nicht stören lassen. Ich kann das Problem später in Ruhe mit ihm besprechen*).

Wir verarbeiten die wahrgenommene Wirklichkeit aufgrund unserer biographischen Erfahrungen und unserer Wert- und Zielvorstellungen. Wenn wir diese untersuchen, entdecken wir Veränderungsmöglichkeiten im Umgang mit uns selbst und mit anderen. Wir können unser diesbezügliches Verhalten hinterfragen und zu neuen Entscheidungen kommen, die auch für unser Berufsleben hilfreicher sind. Beck (2013) nennt das kognitiv-emotionale Umstrukturierung.

6.2 Autosuggestion und Programmierung

Bewusste Autosuggestion ist eine Selbsterziehungsmethode, die uns hilft, das Unbewusste in unserem Sinne zu beeinflussen. Es ist nicht erreichbar durch Befehle und Willensanspannung, nur über eine Änderung des Denkens. Ein Teil des Unbewussten ist der »innere Arzt« (ein von Paracelsus geprägter Begriff). Er reagiert wie ein Seismograph auf alle Autosuggestionen, die sich auf ihn beziehen. Haben wir das Unbewusste sozusagen auf unserer Seite, also auf der Seite unserer Wünsche und Ziele, so hat das eine enorme Wirkung auf unseren Erfolg.

Ein Beispiel ist das Brett des Apothekers Coué (1988), der sich intensiv mit Suggestion und Autosuggestion beschäftigt hat. Er sagte, dass kaum jemand Schwierigkeiten habe, auf einem 50 cm breiten Brett einige Meter zu gehen. Befindet sich dasselbe Brett zwischen zwei Kirchturmspitzen, trauen sich die meisten Menschen nicht darüber. Meine Katze hat dieses Problem nicht. Unsere Angst ist größer als das Bewusstsein, dass das Brett breit genug ist, um mühelos darüber zu gehen. Einige Menschen, z. B. Stuntmen, programmieren sich hier auf Erfolg und schaffen die Aufgabe. Das zeigt uns, dass es mental möglich ist. Coué sagte weiter: »Jede Krankheit ist heilbar, aber nicht jeder Kranke.« Seine Suggestionsformel lautet: »Es geht mir jeden Tag und in jeder Hinsicht besser und besser.« Zuerst glaubt man sich kein Wort. Aber mit der Zeit richtet sich unsere Aufmerksamkeit immer mehr auf alles, was in unserem Leben gerade besser wird, und der Glaube, dass sich dieser Aufwärtstrend weiter fortsetzt, wird stärker.

Viktor Frankl (2012), der Begründer der Logotherapie, behauptet: »Die Immunlage hängt u. a. von der Affektlage ab.« Und Nietzsche erklärt: »Hat je sich ein Weib, das sich gut bekleidet wußte, erkältet? – Ich setze den Fall, daß es kaum bekleidet war.« Dem Infektionserreger steht die Immunabwehr gegenüber. Unsere Überzeugungen haben großen Einfluss auf unsere körperliche und seelische Befindlichkeit.

Positive Suggestionen geben unseren Absichten, Erwartungen, Hoffnungen, Stimmungen und unserem Verhalten eine positive Färbung. Das soll nicht verwechselt werden mit jenem sogenannten »positiven Denken«, was nur aus blindem, die Wirklichkeit außer Acht lassendem Optimismus besteht. George Walther (Abschn. 5.1) schlägt als Übung sogar Folgendes vor. Geschieht uns irgendetwas sehr Unangenehmes, so könnten wir uns sagen: »Dies ist eine gute Nachricht, weil …«, und dann nach den Vorteilen suchen.

> *Als ich infolge eines Wasserrohrbruchs meinen Keller überschwemmt sah, bemühte ich mich, mir zu sagen: »Dies ist eine gute Nachricht, weil …« Und nach einiger Überlegung konnte ich ergänzen, dass ich nun unter Zugzwang stand, diesen Keller neu zu organisieren, was irgendwann sowieso meine Absicht gewesen war.*

Negative Gedanken haben viele unerwünschte Auswirkungen. Die Lebenserfahrung zeigt uns, dass es nach jeder Talsohle auch wieder ein Hoch gibt. Natürlich müssen negative Erfahrungen sinnvoll verarbeitet werden, d. h. Ursachen und ihre Auswirkungen müssen analysiert werden, damit sie ihren ungünstigen Einfluss verlieren. Ist man dazu nicht bereit oder verdrängt sie, z. B. durch irgendwelche Suchtmittel, so führen sie ein Eigenleben in unserem Unbewussten. Negative Erwartungen können das Denken und Verhalten so steuern, dass sie unter Umständen in Erfüllung gehen. Beispiele dafür sind negative Horoskope, Kettenbriefe mit Drohungen u. v. m.

Die vom Bewusstsein als wahr angesehenen Gedanken und Gefühle werden im Unbewussten als tief verwurzelte, persönliche Überzeugungen verankert (»Ich habe kein Glück mit …«, »Ich bin ein Versager/Verlierer«, »So etwas passiert immer nur mir« »Ich habe eine schwache Gesundheit« etc.). Es gibt eine Reihe von Beispielen, wo Patienten einen falschen Befund erhielten, dann aber prompt die entsprechenden Symptome an sich zu entdecken glaubten, obwohl organisch nichts vorlag. Auch das (erfolgreiche) Besprechen von Warzen oder Gürtelrosen funktioniert auf diese Weise. Aber: Überzeugungen wirken nur so lange, wie wir sie für wahr halten!

Positives Denken heißt in diesem Zusammenhang: Ich denke das, was ich erleben möchte. Der Optimist sieht in jedem Problem eine Chance – der Pessimist in jeder Chance ein Problem. Wer denkt, er sei glücklich, der ist es auch bzw. fühlt sich so.

Das Unbewusste ist aber nicht erreichbar durch Anspannung und Befehle. Wir sind bei allem, was wir ändern oder erreichen wollen auf seine Mitarbeit angewiesen, weil es die gesamte Funktion unseres Organismus regelt. Daher sollten unsere Suggestionen immer positiv formuliert sein. Wir sind uns bewusst, dass unsere Sprachgewohnheiten immer suggestiv auf uns zurück wirken.

Eine Möglichkeit, durch mentales Training unsere Ziele zu erreichen, ist z. B. die formelhafte Vorsatzbildung beim autogenen Training. Beherrscht man die sechs Grundübungen, ist man so entspannt, dass die Formel ins Unbewusste einsinken kann. (Ein Beispiel für eine formelhafte Vorsatzbildung: »Mich begleiten allezeit Ruhe und Gelassenheit.«)

Die körperliche Entspannung unterstützt diesen Prozess, weil unsere Gehirnwellenfrequenz, die im normalen Wachbewusstsein Betawellen produziert (14 bis 21 Zyklen pro Sekunde), während derer wir uns der Zeit des Raumes und all unserer gegenwärtigen Sinneswahrnehmungen bewusst sind, im entspannten Zustand Alphawellen (7 bis 14 Zyklen pro Sekunde) zeigt. Die Frequenzen darunter produzieren wir im Schlaf. Im Alphazustand befinden wir uns

Mentales Training

Das mentale Training hat, ausgehend von seiner Anwendung im Sport, eine Art Siegeszug durch viele Bereiche des Lebens angetreten. Im Sport kommt es darauf an, zunächst die motorische Technik zu erlernen und sie sodann mit dem Kopftraining so zu verbinden, dass die Vorstellung des Bewegungsablaufes ein ideomotorisches Training ohne Ausführung der Bewegung ermöglicht. Mahoney und Avener verglichen 1977 die Selbstgespräche qualifizierter mit denen nicht qualifizierter Athleten. Die qualifizierten konzentrierten sich auf die Aufgabe, blendeten mögliche Fehler aus und zeigten sich so wettkampfstabil. Die nicht qualifizierten ergingen sich in Selbstzweifeln, Ängsten und Grübeleien. Der Atlantiküberquerer H. Lindemann (2009) stellt fest, dass einer negativen Wendung immer das seelische Aufgeben vorausgeht. »Der Kampf ums Durchhalten wird durch Selbstgespräche geführt.« Er behauptet, dass mehr Schiffbrüchige durch Angst, Panik und Verzweiflung ums Leben kommen als durch körperliche Not. Eine Untersuchung (Zeitschrift für Arbeits- und Organisationspsychologie 2002) mit Arbeitslosen ergab eine Erhöhung der Eigeninitiative durch ein nur dreitägiges Training. Die Belastungsgefühle der Teilnehmer und ihre psychosomatischen Beschwerden nahmen deutlich ab. Sie verhielten sich selbstsicherer, und ihre Eigeninitiative stieg signifikant. Die Ergebnisse bestätigten sich auch in einer Nachuntersuchung nach vier Wochen. A. Wagner et al. (2012) führten ein Coaching durch, das die Aufstiegskompetenz von Frauen durch die Lösung von mentalen Blockaden verbessern sollte. Gearbeitet wurde an der Durchsetzungsfähigkeit, der Konkurrenzscheu, am Selbstmarketing und dem Networking der Teilnehmerinnen. Das Coaching führte zur Verringerung mentaler Blockaden. Dabei nahmen Stress- und Belastungsgefühle ab.

auf einer Bewusstseinsstufe, auf der unser Denken, unsere Kreativität und unser Imaginationsvermögen am leistungsstärksten sind. Den Alphazustand kennen wir alle. Wir befinden uns z. B. während des Aufwachens darin und haben dann oft ausgezeichnete Ideen. Schreibzeug am Bett hilft, sie festzuhalten.

Entscheidend für den Erfolg ist die Visualisierung des Ziels, die bildhafte Vorstellung, begleitet von allen Sinneswahrnehmungen, die dazugehören. Das ist es, was Sportler bei ihrem mentalen Training tun, wenn sie völlig entspannt sitzen und jede Bewegung in ihrer Vorstellung ausführen und dabei das gewünschte Ergebnis erreichen. Es ist gut zu beobachten, wie ihre Leistungen sprunghaft ansteigen, wenn sie mit dem Mentaltraining beginnen. Der Sportpsychologe Arno Schimpf, der die Fußballnationalmannschaft der Frauen trainierte, arbeitet mit Filmen, individuell für jede Spielerin, in denen sie gerade ihre optimale Leistung zeigt. So sieht sich die Torfrau z. B. während sie gerade einen Elfmeter hält. In der nächsten Strafstoßsituation ist sie durch dieses innere Bild gestärkt und zuversichtlich.

Diese Möglichkeiten haben wir als Lehrer auch! Eine unserer besonders wertvollen Ressourcen ist die Erinnerung und Imagination einer für uns sehr bedeutsamen Erfolgssituation. Wir stellen uns diese in der Entspannung in allen Wahrnehmungskanälen vor und erleben dabei das wunderbare, begleitende Hochgefühl. Wir können diese intensive Erinnerung auch mit einem Gegenstand verbinden, der als Anker dient und uns bei einer Schwierigkeit hilft, ein stabiles Gefühl der Zuversicht zu erzeugen.

Ingo musste als begutachtender Sonderschullehrer öfter zu einer Widerspruchsverhandlung in der Rechtsabteilung der Kulturbehörde. Die jeweils betreffenden Eltern konnten nicht einsehen, dass ihr Kind in einer Sonderschule besser aufgehoben war. Ingo hasste es, nach den entsprechenden Tests und seinen Gutachten diese dort erläutern zu müssen. Einmal jedoch, als ein be-

sonders aufgebrachter Vater dort erklärte, seiner Tochter Emma würden in der Sonderschule alle Lebenschancen verbaut, gelang es Ingo, der als letzter der Verantwortlichen zu Wort kam, mit einem Lächeln zu betonen, was für ein entzückendes, aber verspieltes und daher überfordertes Kind Emma war. So konnte Ingo die Nachteile eines Verbleibs in der Grundschule den Vorteilen der besonderen Beschulung für Emma gegenüberstellen. Der Vater bat um eine Unterbrechung der Verhandlung, um sich mit seiner Frau zu beraten. Beide nahmen am Ende den Widerspruch zurück. Dass Ingos Plädoyer zu einem so harmonischen Ende führte, freute ihn außerordentlich. Spätere Widerspruchsverhandlungen, bei denen er dann stets seinen »Erfolgsanzug« trug, nahm er ganz locker.

Wie in den Büchern von José Silva und Stone (1991) ausführlich dargestellt ist, können wir uns durch Herunterzählen von 10 bis 1 in die Entspannung des Alphazustands versetzen und uns auf unsere Wünsche und Ziele hin programmieren.

Ein Beispiel: Man sitzt entspannt im Sessel mit geschlossenen Augen und zählt sich immer tiefer in die Entspannung. Nun stellt man sich in blassen grauen Farben eine Situation vor, die nicht so abgelaufen ist, wie man es gewollt hätte. Reproduzieren wir diese Situation so, wie sie nach unserer Ansicht hätte laufen sollen, in den lebendigsten Farben, mit Geräuschen, Gerüchen und Empfindungen, so programmieren wir die Situation durch die unterstützende Emotion um.

Je öfter wir das tun, umso erfolgreicher sind wir dabei. Wir können auch am Morgen unseren Tagesablauf programmieren, so wie wir ihn uns wünschen. Mit der Zeit werden wir die Erfahrung machen, dass unser Alltag besser verläuft.

Im Zustand der Alphawellen sind Menschen auf der Stufe, auf der sie hypnotisiert werden können und demzufolge dort, wo unsere Autosuggestionen am besten wirken. So können Bewusstes und Unbewusstes zusammenarbeiten; denn wenn das nicht der Fall ist, gewinnt immer das Unbewusste.

Wie kann es sein, dass Menschen, die voll guten Willens sind abzunehmen, plötzlich lauter kalorienreiche Lebensmittel in ihrem Einkaufswagen entdecken? Wie sind die da nur hineingekommen? Hier hat das Unbewusste dem guten Willen einen Streich gespielt? (Jeder könnte dieses Beispiel durch eigene ergänzen.) Je mehr diese Menschen im Alphazustand programmieren, was sie einkaufen wollen, um sich ihrem Ziel gemäß zu ernähren, desto weniger werden ihnen diesem Ziel abträgliche Lebensmittel in den Wagen rutschen.

Wollen wir Erfolg haben, müssen wir uns selbst als Quelle zur Lösung unserer Probleme sehen und begreifen, dass wir unser Bewusstsein und das Unbewusste durch Autosuggestion und Programmierung zur Mitarbeit bewegen können.

6.3   Wie ich kleine Erfolge für Großes nutzen kann

Was ist ein Erfolg? Das ist alles, was wir persönlich als Erfolg bewerten. Wir selbst entscheiden darüber – nicht andere. Wir haben die Definitionsmacht. Erfolg ist auch die Realität, die aus Vorangegangenem »erfolgt« ist, also die »Folge« unseres Einsatzes.

Es gab eine Zeit in unserem Leben, in der wir eine Erfolgsüberzeugung bereits hatten. Wir studierten, um Lehrer zu werden. Wir wollten andere, bessere Lehrer sein, als die, die wir teilweise selbst hatten. So stürzten wir uns mit großem Engagement in die Praxis. Wie wir bereits in Teil I analysiert haben, blieb dabei die Erfolgsüberzeugung manchmal ein Stück weit auf der Strecke. Wem die Früchte seines intensiven Einsatzes als zu mager erscheinen, der bewertet sie als Misserfolg.

In diesem Teil II haben wir Möglichkeiten der Umprogrammierung kennengelernt, vor allem Selbstliebe und Selbstmitgefühl. Erfolg ist nicht durch immer größere Selbstausbeutung zu erzwingen. Das Misserfolgsgefühl setzt sich zusammen aus vielen kleinen Begebenheiten, die nicht so laufen, wie wir es uns gewünscht hatten. Beispielsweise sind die schwachen Schüler unserer Klasse, für die wir besonders viel an Zeit und Extra-Arbeitsmaterial investiert haben, nicht motiviert. Wir konnten heute unseren Unterricht erst verspätet beginnen, weil noch ein großer Streit zu klären war. Dadurch ließ sich unsere Stunde nicht wie geplant durchführen. Der Schulleiter hat uns noch eine zusätzliche Aufgabe übertragen etc. Zugegeben – das sind alles Unannehmlichkeiten. Sind es auch Misserfolge? Wir müssen uns nicht schlecht fühlen, weil die Realität ist, wie sie ist.

So wie das Misserfolgsgefühl von vielen Kleinigkeiten herrührt, so kommt auch der Erfolg nicht als großes Ganzes daher. Auch er setzt sich aus vielen kleinen, positiven Ereignissen zusammen. Die Aufgabe wäre hier, unsere Blickrichtung radikal umzulenken. Um uns erfolgreich zu fühlen und es dadurch auch zu sein, müssen wir unsere Denkgewohnheiten radikal verändern. Jeder ist dazu fähig.

Jedes kleine Erfolgserlebnis motiviert ganz besonders, auf dem eingeschlagenen Weg weiterzugehen, statt den Alltag nur zu ertragen. Durch neue Programmierungen unserer Möglichkeiten eröffnen wir auch unseren Schülern neue Wege. Veränderungen bei uns selbst können Veränderungen bei anderen bewirken. Als authentische Lehrer lieben wir uns selbst, sind unser eigener bester Freund und haben Selbstmitgefühl und Achtsamkeit für uns. Das wirkt auch auf unsere Schüler. Zum einen werden wir sie mit größerer Liebe, Mitgefühl und Achtsamkeit behandeln können, zum anderen sind wir ein Modell für diese Eigenschaften. Wir werden weiterhin zum Vorbild für Selbstwertschätzung und selbstsicheres Auftreten, ein Modell für positive Kommunikation und die erfolgreiche Handhabung von Konflikten.

Als Kind haben wir die meisten unserer Verhaltensweisen an Modellen unserer Umgebung gelernt. Alles, was diese mit Erfolg getan haben, motivierte uns zur Nachahmung. Unser Erfolg als Lehrer steigt enorm, wenn unsere Schüler in uns einen positiv eingestellten Menschen erleben.

Wir können wählen, womit wir anfangen wollen, an uns zu arbeiten. Voraussetzung ist unsere Selbstwertschätzung, Selbstvertrauen und unser Selbst*bewusst*sein, d. h., wir kennen unsere Gaben und Talente und beschließen, wo und wie wir sie einsetzen wollen. Was wir uns vornehmen könnten aus diesem Kapitel der Umprogrammierung haben wir schon vorher überlegt. Je mehr es uns gelingt, Begeisterung für unsere Ziele zu finden, desto mehr Kraft wächst uns zu, diese zu erreichen.

Es wird oft empfohlen, ein Erfolgstagebuch zu führen. Natürlich ist das eine sinnvolle Sache. Wenn wir dies aber als eine zu große Herausforderung empfinden, geht es auch eine Nummer kleiner. Wir können für die Bereiche, an denen wir arbeiten wollen, kleine Kürzel erfinden, wie einen Buchstaben, einen Stern, Kreis, Quadrat etc. und diese an den Rand unseres Terminkalenders eintragen. Das hat verschiedene Vorteile: Es beansprucht fast keine Zeit, wir behalten einen perfekten Überblick und – was besonders wichtig ist – es hat eine verstärkende Wirkung. Die kleinen, registrierten Erfolge häufen sich zu einer immer stabiler werdenden Erfolgsüberzeugung.

Wie wir wissen, haben wir Einflussmöglichkeiten auf unsere Gefühle. Die Überzeugung, für alles, was in der Schule schiefgeht, verantwortlich zu sein, Vergleiche mit Erfolgen anderer und die Meinung, alles auf einmal tun zu müssen, können sehr beeinträchtigend wirken. Wir haben dann kaum Zugang zu unseren tatsächlichen Möglichkeiten. Wir können jedoch Einfluss nehmen, zum einen durch unsere Körperhaltung mit dem Bewusstsein unserer Kraft, zum anderen durch unsere Gedanken. Wir können uns alle unsere Ressourcen vor Augen führen, frühere Erfolge, positive Eigenschaften, Ziele, an denen wir gerade arbeiten, oder Menschen, die uns guttun. Wir brauchen uns nur bewusst zu sein, dass wir mit unseren Gedanken, die wir ja lenken können, unsere Gefühle in hohem Maße mitbestimmen.

Literatur

Beck JS (2013) Praxis der Kognitiven Verhaltenstherapie. Beltz, Weinheim
Coué E (1988) Die Selbstbemeisterung durch bewusste Autosuggestion. Schwabe, Basel
Ellis A (1977) Die rational-emotive Therapie. Pfeiffer, München
Frankl VE (2012) Der Wille zum Sinn. Hans Huber, Bern
Lindemann H (2009) Autogenes Training: Der bewährte Weg zur Entspannung. Goldmann, München
Mahoney MJ, Avener M (1977) Psychology of the elite athlete: an exploratory study. Cognit Ther Res 1(2):135–141
Silva J, Stone R (1991) Der Silva Mind Schlüssel zum inneren Helfer. Heyne, München
Wagner AC et al (2012) Mentale Blockaden der Aufstiegskompetenz von Frauen in: Gruppendynamik und Organisationsberatung. Springer, Berlin
Walther G (1992) Sag, was du meinst und du bekommst was du willst. Econ, Berlin

Weiterführende Literatur

Eberspächer H (1995) Mentales Training – Ein Handbuch für Trainer und Sportler. copress sport. Stiebner Verlag, München
Rossbach G (2013) Mit Achtsamkeit zum inneren Glück, 15 ZENtrierungsübungen für mehr Lebensintensität und Lebensfreude. Beltz, Weinheim

Lebensbalance

D. Linde, *Burnout vermeiden - Berufsfreude gewinnen*,
DOI 10.1007/978-3-662-47006-0_7, © Springer-Verlag Berlin Heidelberg 2015

7.1   Grundlagen des Zeitmanagements

Hören wir das Wort »Zeitmanagement«, so fühlen sich manche bereits überfordert. *»Soll ich mich jetzt auch noch anstrengen, um Zeit zu sparen, damit ich noch mehr arbeiten kann? Und wo bleibt da ein bisschen Freiheit?«* Es gibt psychologische Hindernisse gegen Zeitmanagement – eine Art Widerwillen gegen die Vorausplanung, die wir als Lehrer für unseren Unterricht aber sehr wohl nutzen.

Das Ziel des Zeitmanagements ist, Souverän unserer Zeit zu sein, sie zu beherrschen, anstatt von ihr beherrscht zu werden. Zeitmanagement soll uns nicht mehr Druck machen, um noch mehr erledigen zu können, sondern wir wollen damit mehr Zeit gewinnen für die Dinge, die jedem Einzelnen von uns im Leben wichtig sind. Es eröffnet uns eine neue Form von Freiheit.

> *Auf der Klassenreise – das Wetter ist gut und soll auch laut Voraussage so bleiben – schlägt Anne ihrer Kollegin Rita vor, am nächsten Tag die angebotene Bootstour mit den Schülern zu unternehmen. Rita sagt: »Ach, lass uns nicht immer etwas planen. Sehen wir morgen, ob wir Lust haben.« Darauf Anne: »Wenn wir das heute nicht planen, haben wir die Kinder morgen um 9:30 Uhr nicht auf dem Schiff. Die Freiheit der Entscheidung haben wir nur heute.«*

Zeitmanagement bedeutet also die Möglichkeit, die uns zur Verfügung stehende Zeit besser zu nutzen. Und »besser« heißt für jeden Einzelnen, dass er mehr von dem, was ihm im Leben wichtig ist, verwirklichen kann. Je bewusster wir uns unserer Wünsche und Ziele sind, desto besser können wir unsere Zeit darauf verwenden, diese zu erreichen. Wir lassen uns nicht von Zeitnot, Zeitdruck und dem Schulalltag kaputt machen, sondern verwenden unsere Zeit so, dass wir möglichst viele unserer Ziele, und das sind, wie wir uns vor Augen führen, nicht nur Leistungsziele, erreichen können.

Zeitmanagement erfordert eine gewisse Disziplin, an die man sich gewöhnt, denn Zeitmanagement ist Selbstmanagement und nicht ein Wettlauf gegen die Uhr. Dazu müssen wir zunächst sehen, welche Aufgaben wir haben, wofür wir unsere Zeit verwenden wollen, und dann lernen, wie wir diese Aufgaben klassifizieren wollen, um Prioritäten setzen zu können.

Der Zeitmanagementexperte Lothar Seiwert (2007) ermutigt uns: »Die Zeit ist wie der Wind: Richtig genutzt, bringt sie uns an jedes Ziel.«

Die Fülle unserer Aufgaben könnte uns niederdrücken, obwohl wir das Meiste davon bisher ohne größere Missgeschicke geschafft haben. Mit ein wenig Theorie betrachten wir nun die Strategien, die uns unseren Zielen näher bringen und uns dabei entspannter und zufriedener sein lassen.

Um einen Überblick über die zu erledigenden Aufgaben zu behalten, ist es günstig, als Erstes die Tagespläne, die wir für unsere schulischen Aufgaben längst erstellen, auf alle übrigen Tätigkeiten auszuweiten. Die Gefahr, Wichtiges zu vergessen oder überhaupt den Überblick zu verlieren, wird dadurch beträchtlich reduziert. Dies wirkt in der Folge stressreduzierend.

Wir schreiben also alles auf, was wir idealerweise an diesem Tag erledigen wollen. Sodann gewichten wir diese Aufgaben, d. h., wir kennzeichnen sie mit A, B oder C.

Nach Seiwert (2007) sind *A-Aufgaben* unsere wichtigsten Aufgaben, die uns unseren Zielen näher bringen und die auch kein anderer für uns erledigen kann. *B-Aufgaben* sind durchschnittlich wichtige oder dringende Aufgaben. *C-Aufgaben* sind Routineaufgaben, die verschiebbar und ggf. auch delegierbar sind.

Da Tagespläne nicht exakt wie geplant ablaufen, auch wenn wir Reservezeiten vorgesehen haben, werden wir nicht alles schaffen können, was wir eigentlich wünschen. Wenn wir aber am Abend sagen können »A und B habe ich erledigt«, war unser Tag erfolgreich. Den Untersuchungen von Seiwert et al. zufolge entspricht die tatsächliche Zeitverwendung nicht dem Wert der erledigten Aufgaben. Während B-Aufgaben 20 % der Zeit gewidmet wird, werden für A-Aufgaben nur 15 % und für C-Aufgaben 65 % der Zeit aufgewendet. Dabei sollte es für ein zufriedenes Leben umgekehrt sein: 65 % sollten für A-Aufgaben, 20 % für B-Aufgaben und nur 15 % für C-Aufgaben aufgewendet werden.

Um unser Zeitmanagement zu verbessern, führen wir uns nun das Pareto-Prinzip vor Augen, das besagt, dass wir 80 % unseres Erfolges mit 20 % unseres Aufwandes erreichen (Koch 2008). Wenn wir z. B. 20 % einer Fremdsprache beherrschen, können wir die meisten Alltagssituationen in dem betreffenden Land gut managen. Für uns als Lehrer bedeutet es Folgendes: Wenn es uns gelingt, unsere Zeitpläne so zu gestalten, dass wir gut zwei Drittel den wichtigsten Aufgaben widmen und darüber hinaus die 80: 20-Regel anwenden, sind wir weniger gestresst; 20 % unserer Zeit am Schreibtisch genügt, um 80 % des Unterrichts vorzubereiten usw. Ist das nicht sehr beruhigend? Um »perfekt« zu sein, also die übrigen 20 % auch noch zu erreichen, müssten wir 80 % der Zeit aufwenden. Haben wir hier Mut zu einer kleinen Lücke, sparen wir viel Kraft für höhere Ziele, z. B. Ruhe und Entspannung, die wir als gute Lehrer in der Schule nötig brauchen.

Damit haben wir kurz zusammengefasst eine wirkungsvolle Richtlinie für ein effektives Zeitmanagement. Wir wissen, welche Bedeutung verschiedene Aufgaben für uns haben, und sind daher in der Lage, die für uns individuell richtigen Prioritäten zu setzen. Wir sind dann am glücklichsten, wenn wir die meiste Zeit für die Dinge verwenden, die uns auch am meisten bedeuten. Deshalb konzentrieren wir uns auf das Wesentliche und erledigen das Unwesentliche mit einem Minimum an Arbeits- und Zeitaufwand.

> *Als Claudia ihre Dissertation fertig schreiben wollte, hatte sie neben ihrem Beruf als Lehrerin noch einen Haushalt mit einem Ehemann und einem 4-jährigen Kind zu führen. Sie war sich bewusst, dass der Beruf und das Kind höchste Priorität in ihrem Leben hatten. Für die Hausarbeit (C-Aufgabe) nahm sie sich zwar eine Putzhilfe, aber die Dissertation dauerte bis zu ihrer Fertigstellung ziemlich lange, da sie in der Rangreihe der Prioritäten den letzten Platz belegte. Entscheidend für Claudias Wohlbefinden in der Zeit war, dass sie sich ihre Prioritäten ganz bewusst gesetzt und niemals ein schlechtes Gewissen hatte, wenn sie wieder einmal ihre Dissertation vernachlässigte.*

Was wir bei unseren Zeitplanungen gerne unbeachtet lassen, ist die Tatsache, dass unsere Leistungsfähigkeit im Tagesablauf schwankt. Auch wenn noch Zeit übrig wäre, um abends noch z. B. die Steuerunterlagen zusammenzustellen, so sind wir oft einfach zu müde. Daher ist es sinnvoll, für unsere wichtigsten Aufgaben unsere kraftvollsten Zeiten zu reservieren.

> *Susanne hat vormittags am meisten Elan, um private Schreibtischarbeit zu erledigen, etwas zu reparieren oder umzuräumen. Unter der Woche ist sie um diese Zeit in der Schule. So nimmt sie sich samstags immer zwei Stunden nur für solche Arbeiten.*

7.2   So setze ich meiner Arbeit Grenzen

Wenn sich bei Lehrern die ersten Anzeichen von Erschöpfung, Niedergeschlagenheit und Überforderung zeigen, besteht dringender Bedarf, über grundlegende Änderungen nachzudenken.

Zeitmanagement soll uns helfen, uns vom Zeitdruck zu befreien. Wir brauchen zunächst eine genaue Bestandsaufnahme, um die zur Verfügung stehende Zeit zu beherrschen. Es geht um folgende drei Funktionen:

1. was? (Zielfunktion),
2. wann? (Organisationsfunktion),
3. wie? (Methodenfunktion).

Daraus ergeben sich Bausteine für die Tages-, Wochen- und Monatsplanung, wobei wir aufgrund unserer eigenen Prioritäten eine Rangreihe dessen aufstellen, was jedem Einzelnen in seinem Leben wichtig ist, um diese dann in Beziehung zu setzen zu dem Zeitaufwand, den wir für diese Bereiche benötigen. Das alles verlangt jedoch keine Perfektion. Wie wir durch die 80: 20-Regel wissen, arbeiten Perfektionisten unökonomisch,

7.2.1 Wofür wir Zeit investieren

Wenn unsere Lebensbalance aus dem Gleichgewicht gerät und ein Bereich übermäßig starkes Gewicht bekommt, stört das unser Wohlbefinden empfindlich.

Um uns einen Überblick über die Bereiche zu verschaffen, die für unsere Lebensbalance wichtig sind, erstellt sich jeder eine Mindmap wie in ▶ Abb. 7.1.

Auf einem Papier im DIN-A3-Format lassen sich gut die wichtigsten Dinge, für die wir Zeit nutzen (möchten), als Mindmap wie in ▶ Abb. 7.1 darstellen. Wenn wir zwei Farben verwenden, können wir trennen, was wir wirklich tun und was wir uns wünschen.

Unsere Berufsarbeit gehört zu den A-Aufgaben. Die Zeit in der Schule ist festgelegt, die Berufsarbeit zu Hause können wir uns einteilen. Wie wir hier besser mit unserer Zeit umgehen können, werden wir in Teil III noch detailliert betrachten.

Darüber hinaus gibt es zu Hause noch eine Menge privater Arbeit: Hausarbeit, ggf. Kindererziehung, Erledigungen usw.

Wie steht es mit unserer Zeit für Kontakte: für Partner, Freunde, Verwandte?

Wie viel Zeit benötigen wir für unseren Körper: für Schlaf, Körperpflege, Arztbesuche, Bewegung, Entspannung?

Wie steht es mit Zeit für Lebenssinn und Lebensfreude: für Vorträge, Lesen, Konzerte, Theater, Kino, Ausstellungen?

Bei der Erstellung der Mindmap werden jedem automatisch die Bereiche auffallen, die aus Zeitgründen oft zu kurz kommen und die, wenn wir sie integrieren könnten, mehr Wohlbefinden erzeugen würden. Ideal wäre dann, wenn wir eine Zeitverwendung realisieren, die unseren persönlichen Einstellungen und Bedürfnissen möglichst nahe kommt.

Wir wollten doch besser für uns sorgen – uns selbst, als unserem besten Freund, mit mehr Liebe und Mitgefühl begegnen.

7.2.2 Was will ich ändern?

Wir wollen immer dann etwas ändern, wenn wir uns – auf welchem Gebiet auch immer – mehr Zufriedenheit und Erfolg wünschen. Erfolg bedeutet hier: ein für uns attraktives, präzises Ziel zu haben, für das wir voller Selbstvertrauen eine Entscheidung treffen und für das wir uns

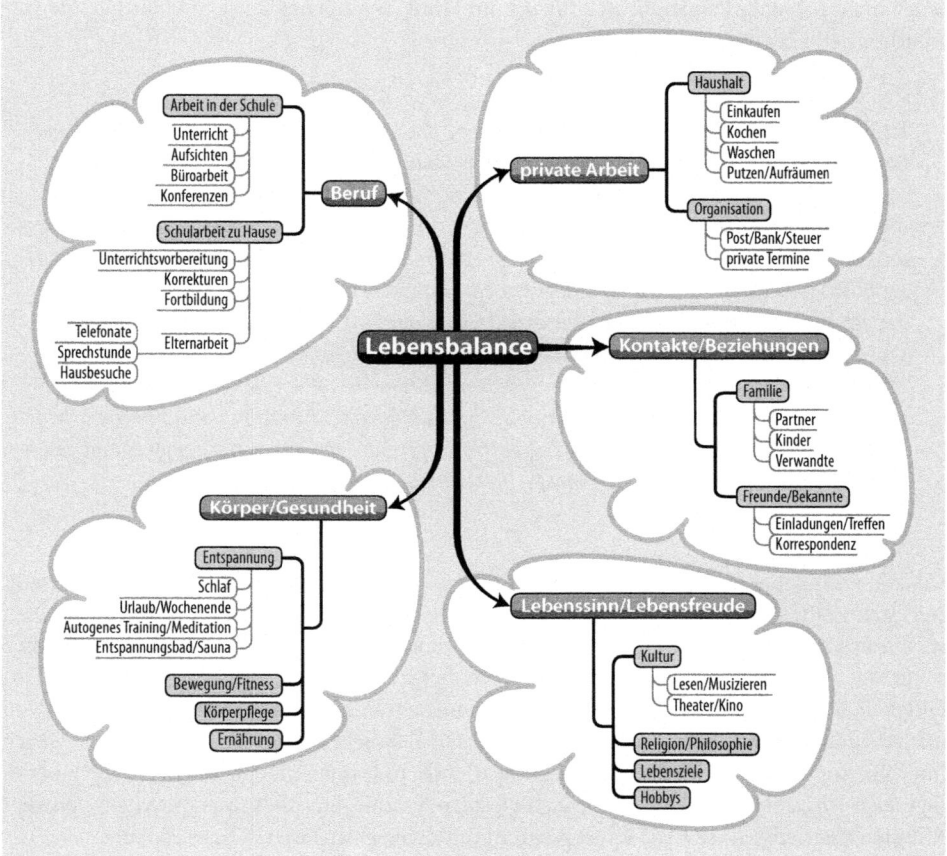

☐ Abb. 7.1   Mindmapbeispiel zur Lebensbalance

immer wieder motivieren können. Damit ein Wunsch zum Ziel wird, müssen wir aus unseren Wünschen auswählen. Dieses Auswählen heißt leider auch verzichten, und dass eine Überbetonung einzelner Lebensbereiche zwangsläufig zur Vernachlässigung anderer führt. Dies kann nur zeitweise gut gehen. Auf Dauer führt es zu Störungen des Wohlbefindens.

❓ *Wir sammeln zunächst Bereiche, für die wir uns außerhalb des Berufes mehr Zeit wünschen:*

Ich wünsche mir mehr Zeit
– *Für meinen Körper*   *Erholung*

                                                Bewegung

– *Für meine Familie*
– *Für soziale Kontakte*
– *Für Kultur/Lebenssinn*   *Weiterentwicklung*
                                                Kreativität
                                                Lesen und Nachdenken
                                                Kulturelle Veranstaltungen
– *Lebensfreude*   *Liebe und Lust*
                                                Unterhaltung
                                                Konsum

Jeder muss für sich definieren, was für ihn im Sinne der eigenen Ziele »nutzbringend« verwendete Zeit bedeutet.

> *Interessant ist hier auch das Pickle-Jar-Experiment, das ein Philosophie-Professor seinen Studenten vorführte und in YouTube zu betrachten ist. Er füllte ein großes Gurkenglas mit Golfbällen und fragte die Studenten, ob es voll wäre, was diese bestätigten. Dann füllte er das Glas weiter mit Kieselsteinen, die in die Zwischenräume rutschten. Auch diesmal bestätigten die Studenten, dass das Glas voll sei. Daraufhin ließ der Professor Sand hineinrieseln und fragte, ob es jetzt voll sei. Etwas gelangweilt nickten die Studenten. Nun goss der Professor Schokoladenmilch dazu, die sich in die übrigen Zwischenräume verteilte. Dann erklärte er Folgendes: Die Golfbälle, das sind die wirklich wichtigen Dinge in eurem Leben: Familie, Kinder, Gesundheit, Freunde. Die Kieselsteine sind die Arbeit und all die wichtigen Dinge, die auch erledigt werden müssen. Der Sand sind all die vielen Kleinigkeiten, die ebenfalls unterzubringen sind, und die Schokoladenmilch sagt uns, dass für etwas Süßes immer Zeit bleibt. Hätte man den Sand zuerst eingefüllt und dann die Kieselsteine, wäre viel weniger Platz für die Golfbälle geblieben.*

Unsere »Zeitdiebe« müssen also erkannt und zur Strecke gebracht werden. Einige unserer stärksten Zeitfresser sind wohl Unordnung und Desorganisation. Mit Suchen verbrachte Zeit wird von uns allen als unerfreulich und verschwendet angesehen. Wie wir diesem Zeitdieb seine Macht nehmen können, betrachten wir in Teil III noch genauer. Ein weiterer ist die Unfähigkeit, Nein zu sagen. Dieses zu reflektieren und zu trainieren kann sich für die meisten von uns sehr lohnen. Der dritte im Bunde der übelsten Zeitdiebe ist die »Aufschieberitis«. Gegen ihn hilft zum einen, die eigene Entscheidungsfreude zu trainieren, zum anderen, alle zu erledigenden Aufgaben in To-do-Listen im Tagesplan festzulegen. Alles, was innerhalb von fünf Minuten zu erledigen ist, wird sofort gemacht mit dem Selbststarter: »Tu es gleich!«

Einen Zeitplan zu führen bedeutet, durch Nachdenken im Zeitraffer Zukunft vorwegzunehmen. Wir strukturieren unsere Tagesabläufe. Das soll weder dazu führen, den Tag zu überfrachten, noch einen Hang zum Perfektionismus zu entwickeln. Ein Terminplan sollte Zeitlimits und komfortable Pufferzonen enthalten. Wir sollten auch unbedingt für tägliche Glücksmomente sorgen, die unsere Stimmungslage verbessern und Lebensfreude steigern. Wenn wir dann abends unsere A- und B-Aufgaben abgeschlossen haben, können wir mit Recht Erfolgsgefühle genießen.

Um für unsere Wünsche und Ziele mehr Zeit zu gewinnen, müssen wir effektiv handeln. Effektivität wird oft mit Effizienz verwechselt, wobei Effektivität bedeutet, das Richtige zu tun, und Effizienz, das Tun richtig auszuführen. Das Letztere besagt nicht, ob unser Tun überhaupt sinnvoll ist und kann zur perfektionistischen Falle werden. Denken wir lieber an die 80:20-Regel.

Wenn wir unsere gesammelten Zeitwünsche betrachten, führt uns das zur Notwendigkeit von Veränderungen. Wir müssen neue Gewohnheiten installieren. Dabei können Widerstände in uns auftreten; denn jede, vor allem größere Veränderung bedeutet ein Verlassen unserer Gewohnheiten und damit unserer Komfortzone. Auch wenn eine Situation unangenehm ist, so ist sie doch »der Teufel, den man kennt«. Es gibt keine unliebsamen Überraschungen. Daher gilt es also, Widerstände aufzuspüren und Geduld mit sich selbst zu haben. Gute Routinen im Alltag erleichtern das Leben, aber diese zur Gewohnheit zu machen, dauert ein paar Wochen.

In dieser Zeit sollten wir sehr geduldig mit uns selbst sein und uns als unseren besten Freund für jeden kleinen Fortschritt loben.

Wir könnten Zukunftsvisionen entwickeln, die wir bildlich darstellen. Je konkreter, desto besser! Vielleicht kennen wir auch Personen, die die eine oder andere unserer Visionen schon vorbildlich leben. Wir können sie zum Lernen am Modell für uns selbst verwenden.

7.3 Das Leben neben dem Beruf

Betrachten wir unsere persönliche Mindmap, so sehen wir vieles, was in unserem Leben mehr Platz haben könnte. Es kommt natürlich auf die Bedeutung an, die wir den einzelnen Bereichen zumessen. Jedoch – um ein guter und glücklicher Lehrer zu sein, müssen wir zunächst gut für unseren Körper und unsere Gesundheit sorgen.

7.3.1 Entspannung

Unser Körper braucht Nahrung, Bewegung und Entspannung, damit wir uns in ihm wohlfühlen. Wie ist es mit unserer Ernährung? Ernähren wir uns regelmäßig und bewusst oder konsumieren wir nebenbei am Schreibtisch Fastfood oder Süßigkeiten? Wir wissen, was zu Gesundheit erhaltender Ernährung gehört. Entscheidend ist unser Wohlbefinden. Was tut unserem besten Freund in dieser Beziehung gut, bzw. könnten wir etwas verändern, damit es ihm noch besser geht?

Wie ist es mit Bewegung? Die Hofaufsicht allein ist nicht genug. Viele Menschen wissen, dass mehr Bewegung für ihre Gesundheit besser wäre, aber da sind Zeitmangel und die normale menschliche Trägheit. Letztere ist leichter zu überwinden, wenn die Bewegungsart wirklich Freude macht, und dann findet sich auch leichter ein Zeitfenster dafür. Es lohnt sich, so lange zu suchen und Verschiedenes auszuprobieren, bis jeder die für ihn selbst ideale Bewegungsart gefunden hat. Wir spüren dann unseren Körper nicht nur durch Müdigkeits- und Schmerzsignale, sondern in angenehmer Weise.

Der für erschöpfte Lehrer vordringlichste Bereich ist die Entspannung. Viele von uns müssen wieder lernen zu entspannen, denn als Kinder konnten wir das alle. Niemand kann gute Leistungen erbringen, wenn er unter chronischer Müdigkeit und Anspannung leidet. Niemand kann dann auf Dauer ein geduldiger und »vorbildlicher« Lehrer sein.

Wir könnten uns vornehmen, künftig kein Schlafdefizit mehr vor uns herzuschieben, weil wir zu lange am Schreibtisch sitzen oder uns vor Müdigkeit nicht aufraffen können, schlafen zu gehen. Wir entwickeln dazu eine gute Gewohnheit, vor Schultagen spätestens zu einer festgelegten Zeit das Licht zu löschen.

Nun wollen wir uns einigen Entspannungsverfahren zuwenden. Beherrscht man eines davon, lässt es sich auch zur Kurzentspannung, z. B. in der Pause, anwenden. Sodann betrachten wir verschiedene Möglichkeiten der Kurzentspannung, die uns teilweise auch direkt in belastenden Situationen helfen. Allen Entspannungsübungen ist gemeinsam, dass sie die richtige Atmung – also tiefe Bauch- und Zwerchfellatmung – zur Grundlage haben. Dadurch kann Sauerstoff bis tief in die Lungenspitzen gelangen, und die inneren Organe werden massiert. Dabei soll der Atem nicht manipuliert, sondern nur beobachtet werden. Im autogenen Training heißt die Formel dazu: »Es atmet mich.« Damit haben wir uns auch im Abschnitt über Achtsamkeit (▶ Abschn. 3.3) schon beschäftigt.

Eine der bekanntesten Entspannungstechniken ist das *Yoga*. Hier unterscheiden wir z. B. das Hatha Yoga, das durch besondere Körperübungen und mit Entspannung einhergeht, von anderen Yoga-Schulen, bei denen in Rückenlage oder im Lotossitz und tiefer Entspannung Imaginationsübungen durchgeführt werden oder jegliches Denken so weit wie möglich ausgeschaltet wird. Yoga ist autodidaktisch kaum zu erlernen. Die Arbeit in der Gruppe wird professionell angeleitet und trägt auch durch die entsprechende Atmosphäre zum Gelingen bei.

Leichter zu erlernen ist die *progressive Muskelentspannung* nach Jacobsen. Dabei werden ganz bewusst bestimmte Muskelgruppen für einige Sekunden intensiv angespannt und sofort wieder entspannt. Danach folgt eine Ruhepause, bevor die nächste Muskelgruppe (insgesamt 16) an der Reihe ist. Die Übungen werden im Sitzen ausgeführt. Eine Anleitung ist auf DVD erhältlich, nach der Übungen in etwa 20 min zu Hause durchgeführt werden können.

Die am weitesten verbreitete Entspannungsmethode ist wohl das *autogene Training* nach J. H. Schultz, eine Form der Selbsthypnose. Therapeutisch wird es im Rahmen der psychosomatischen Krankheitsbehandlung und zur Psychohygiene eingesetzt. Es ist eingeteilt in eine Unterstufe, die sich speziell auf tiefe Ruhe und Entspannung konzentriert, und eine Oberstufe, bei der es um Farberlebnisse, Zugang zu unbewussten Inhalten und formelhafte Vorsatzbildung geht. Dabei kann die formelhafte Vorsatzbildung auch schon angewandt werden, wenn man die Unterstufe beherrscht. Beispiel für einen formelhaften Vorsatz: *Ich bleibe ruhig und gelassen in allen Klassen*. Durch bewusste Konzentration erfolgt eine Umschaltung von Anspannung zu Entspannung durch bestimmte Körpererlebnisse wie Schwere, Wärme, ruhiger Herzschlag und harmonische Atmung in tiefer Ruhe.

Das autogene Training ist gut in einer Gruppe zu erlernen. Die Kurse dauern etwa sechs Wochen. In der Zeit übt man täglich drei Mal einige Minuten. Sobald man es beherrscht, reicht auch eine fünfminütige Pause auf dem stillen Örtchen, um sich damit zu entspannen und zu erholen.

Eine schnelle Entspannung bekommen wir auch durch bewusstes Lockern des Kiefers und der Schultern, durch Schütteln des Körpers und das gedankliche »Hineingehen in die Füße«. Sie sind vom Kopf am weitesten entfernt. Die Konzentration auf sie löst daher Spannungen weiter oben. Hilfreich ist es auch, wenn wir dabei lächeln und uns sagen: »Na und! Es ist, wie es ist!«

Schnell und effektiv geht es auch mit dem Lächeltraining von Vera Birkenbihl (2001). Wir brauchen dazu eine Minute. Da Lächeln der körperliche Ausdruck von mentalem Wohlbefinden ist, kann Letzteres auch durch absichtliches Lächeln erzeugt werden. Nach einer Stresssituation sorgen wir dafür, eine Minute allein zu sein, und lächeln dabei ununterbrochen. Auch wenn es nur eine Grimasse ist, hilft es, da die Lächelmuskeln auf das mentale Befinden einwirken. Das muss anfangs mit einem kleinen Taschenspiegel kontrolliert werden. Wenn nach einer Minute die Welt vielleicht noch nicht richtig in Ordnung ist, so fühlt sie sich doch viel besser an. Um das zu erleben, muss man es ausprobieren. Es klappt schon beim ersten Mal!

In den Abschnitten über Achtsamkeit (▶ Abschn. 3.3) und mentales Training (▶ Kap. 6) haben wir schon etwas erfahren, was auch bei der *Meditation* wichtig ist. Auch diese ist zunächst einmal eine Form der Entspannung, wobei die körperliche Entspannung mit der geistigen einhergeht. Das kann zum Beispiel beim Sitzen in der Stille geschehen. Wir schließen die Augen oder sehen nur auf eine bestimmte Stelle oder ein bestimmtes Objekt. Auch ein Klangbild, ein sogenanntes Mantra, kann dabei helfen. Ein sehr bekanntes ist das Mantra Om-ah-hum, wobei die erste Silbe beim Einatmen, die zweite beim Ausatmen und die dritte in der lösenden Atempause gedacht werden. Unsere Gehirnwellen verändern sich von Betawellen, die zu unserem vollen Wachbewusstsein gehören, zu Alphawellen, die unser Gehirn kurz vor dem Einschlafen

◘ Tab. 7.1 Mein persönliches soziales Netz

Partner	Familie	Verwandte	Freunde	Kollegen

aufweist. Gedanken lassen wir vorbeiziehen wie Wolken. Auch diese Methode eignet sich als Kurzentspannung zur Erfrischung zwischendurch. Auf jeden Fall ist das Finden der eigenen Mitte die Voraussetzung für den Zugang zu allen unseren Möglichkeiten.

Alle Entspannungsverfahren haben gemeinsam, dass man tief und natürlich atmet. In schwierigen Situationen ist das äußerst hilfreich. Viele von uns neigen dazu, bei Aufregung ganz flach zu atmen, schlimmstenfalls sogar die Luft anzuhalten. Hier kann die besprochene Achtsamkeit helfen. Wie soll unser Gehirn Probleme lösen, wenn wir seine Sauerstoffzufuhr drosseln? Wenn wir wieder gut durchatmen, fallen uns auch gute Lösungen ein. Eine wirksame Kurzentspannung ist auch, den ganzen Körper durchzuschütteln und dabei Verspannungen körperlicher und mentaler Art quasi von sich zu werfen. Da Entspannung etwas mit Loslassen zu tun hat, kann man sie nicht erzwingen. Zwang würde die Spannung noch ansteigen lassen. Hier hilft *Gedankenstopp* und ein beruhigendes Bild (am sonnigen Meeresstrand, im duftenden Wald etc.).

7.3.2 Mein soziales Netz

Zu unserer Lebensbalance und damit zu unserem Wohlbefinden gehört ein stabiles soziales Netz. Wir sind soziale Wesen und haben alle schon die sprichwörtliche Erfahrung gemacht, dass geteiltes Leid halbes Leid ist und geteilte Freude doppelt erlebt wird. Allein das Gespräch mit anderen Menschen wirkt oft schon stressreduzierend. Unser Ziel wird also sein, stabile Beziehungen in Partnerschaft, Familie und Verwandtschaft, Freundes- und Kollegenkreis aufzubauen und zu erhalten. Das bedeutet natürlich auch, sich die Zeit zu nehmen, um sie zu pflegen.

Um uns einmal vor Augen zu führen, welche Menschen zu uns gehören und wie nahe sie uns stehen, tragen wir sie in ◘ Tab. 7.1 ein, und zwar in einer Rangreihe, die der Nähe zu uns entspricht, beginnend mit dem wichtigsten Menschen in jeder Spalte.

Die einfühlsame Zuwendung, die wir unseren Schülern geben, fällt uns umso leichter, je mehr wir sie selbst bekommen. Dies wiederum hängt von unserer Beziehungsfähigkeit ab, deren Grundstein im frühen Kindesalter gelegt wurde.

Sicher gebundene Kinder werden auch im späteren Leben vertrauensvoll auf andere Menschen zugehen und gute Beziehungen aufbauen können. Kindern, die dieses Urvertrauen nicht entwickeln konnten, fällt das im späteren Leben schwerer, da sie andere Menschen eher auf Abstand halten, um sich vor Enttäuschungen zu schützen. Darauf, inwieweit hier eine schwierige Kindheit Einfluss auf unser soziales Leben nimmt, können wir als Erwachsene einwirken. Wie stark unsere Abwehrmechanismen uns beeinträchtigen, können wir durch Selbstreflexion überprüfen.

Dazu untersuchen wir die Art, wie wir uns in Beziehungen verhalten:

- Halten wir andere auf Distanz, rücken wir ihnen zu sehr auf die Pelle oder ist beides im Gleichgewicht?
- Zeigen wir Empathie und Wertschätzung oder brauchen wir dies im Übermaß für uns selbst? Unsere Achtsamkeit wird uns das erkennen lassen.
- Können wir Dankbarkeit empfinden und zeigen?
- Versuchen wir die Oberhand in Beziehungen zu haben, verhalten wir uns unterwürfig oder sehen wir uns als gleichberechtigt an?
- Treten wir in Beziehungen selbstsicher auf oder verletzen wir die Grenzen anderer bzw. lassen zu, dass sie unsere Grenzen überschreiten?

Gerade für uns Lehrer ist es wichtig, die Klippen, die aus unseren frühesten Beziehungserfahrungen entstanden sind, zu kennen, um nicht immer wieder in die gleiche Falle zu tappen.

> *Lena ist ein freundlicher, hilfsbereiter Mensch und allgemein beliebt. Hilfsbereitschaft war in ihrer Kindheit die Eigenschaft für die sie Beachtung und Wertschätzung erhielt. Sie tut gern etwas für andere. Nun geht das aber so weit, dass sie sich leicht ausnutzen lässt. Sie tappt sozusagen in die Nettigkeitsfalle. Wenn sie das im Nachhinein feststellt, fühlt sie sich unzulänglich und schlecht. Wenn es ihr besser gehen soll, muss sie ihr Beziehungsverhalten überprüfen und ändern.*

Ebenso wichtig ist es, auf mögliche Übertragungen gefasst zu sein. Wie leicht ist uns ein Mensch spontan unsympathisch, weil er irgendeine kleine Ähnlichkeit mit jemandem hat, der uns früher mal verletzt hat. Das ist nicht schlimm, wenn wir uns und diesen anderen Menschen weiter beobachten und auch unerwartete, neue Erfahrungen zulassen. Unsere Achtsamkeit wird uns dabei sehr helfen. Auch eingeschliffene Abwehrmechanismen sind veränderbar.

Es ist nicht nur schön, unser eigener bester Freund zu sein, sondern alles, was wir tun, um die Stabilität unserer Familien- und Freundschaftsbeziehungen zu stärken und sie zu pflegen, steigert unser Wohlbefinden. Die Zeit, die wir uns dafür nehmen, ist nicht Zeit, in der wir faul und unproduktiv sind, sondern sehr gut investierte Zeit.

7.3.3 Quellen des Lebenssinns und der Lebensfreude

Unser Leben wäre nicht ausbalanciert, wenn wir uns nur um unsere Arbeit, unseren Körper und unsere Beziehungen kümmerten. Damit es uns wirklich gut geht, gehören die folgenden Bereiche auch zu unserem Fundament.

▪ Religion, Weltanschauung und Philosophie

Es ist die Frage nach dem Sinn des Lebens. Mancher findet diesen Sinn in seinem Glauben, seiner Religion. Wer sich hier engagiert, in welcher Religionsgemeinschaft auch immer, ist eingebettet in dieser Glaubensgemeinschaft, die dem Einzelnen Geborgenheit gibt.

◘ Tab. 7.2 Quellen meiner persönlichen Lebensfreude	
Was mir guttut und Freude macht	**Pläne, um mehr Lebensfreude zu erlangen**

Den Lebenssinn finden wir in den Weltanschauungen, die unseren Wertvorstellungen entsprechen. Da Krankheit und Erschöpfung zu Sinnkrisen führen können, müssen wir aktiv werden, um eine neue Sicht der eigenen Lage zu entwickeln. Wenn wir uns Aufgaben widmen, die wir selbst sinnvoll finden, können wir uns aus dem »Sinnlosigkeitsloch« herausholen. Wenn wir wichtig sind für andere Menschen, wenn wir neue Ziele und Zukunftsperspektiven entwickeln, wachsen uns auch neue Kräfte zu. Eine große Hilfe ist hierbei das schon besprochene mentale Training.

Es gibt vieles, was Menschen als Lebenssinn betrachten: Liebe, Fortpflanzung, Freiheit, Lernen und vieles mehr. Das hängt damit zusammen, dass nicht die Ereignisse selbst unsere Reaktion auslösen, sondern unsere Gefühle, die wir damit verbinden. Es sind zunächst unsere Gedanken über die Ereignisse und die sich daraus ergebende Bewertung, die Glücksgefühle, Gleichgültigkeit oder negative Gefühle erzeugen.

- **Lebensfreude**

Wir wollen nicht nur existieren, sondern wirklich leben! Dazu wenden wir unsere Aufmerksamkeit den Dingen zu, die uns Lebensfreude verschaffen.

Das kann ein geliebtes Hobby sein. Vor allem kreatives Tun, Malen, Musik Sport oder etwas ganz Neues auszuprobieren erzeugt bei vielen Menschen besondere Glücksgefühle. Es kann auch Stolz auf Erreichtes sein oder die Befriedigung, weil es uns gelungen ist, eine Beziehung wieder in Ordnung zu bringen, weil wir schließlich fähig waren, zu verzeihen. Oder wir konnten jemandem nachhaltig helfen. Oder, oder, oder … Einiges davon steht wahrscheinlich schon in Ihrer Lebensbalancemindmap.

Nun entspannen wir uns und lassen vor unserem inneren Auge die Dinge auftauchen, die uns selbst Lebensfreude schenken, und tragen unsere Ideen in ◘ Tab. 7.2 ein.

Wir kommen wieder auf den Anfang unseres neuen Denkens zurück. Wir wollen auch hier gut für uns selbst sorgen. Die gute Beziehung zu uns selbst, die getragen ist von positiver Selbstachtung und der Akzeptanz unserer Schwächen, ist die Grundlage für neuen Lebenssinn und Lebensfreude.

- **Frohsinn und Lachen**

Besonders für uns Lehrer ist Humor das Salz in der Suppe. Und die Grundschul- und Sonderschullehrer unter uns haben das Glück, dass Schüler ihnen immer wieder etwas Lustiges sagen oder im Kontakt mit den Kindern lustige Situationen entstehen. Manche Lehrer führen auch ein kleines Heftchen, in dem sie diese Anekdoten aufschreiben.

Dennoch kann es passieren, dass uns, wenn wir sehr erschöpft sind, der Humor ein bisschen abhandenkommt. Da er aber in hohem Maß zu unserer Lebensfreude beiträgt und zudem unsere Ärgerschwelle erheblich höher setzt, könnten wir unsere Humorfähigkeit stärken. Birkenbihl (2001) hat ein ganzes Buch darüber geschrieben. Sie beschreibt das Lachen als »inneres Jogging«. Sie folgert weiter, dass Humorfähigkeit trainierbar ist. Wir könnten lernen, Dinge, die wir bei anderen witzig finden, auch bei uns selbst witzig zu finden und darüber zu lachen. Wir könnten ebenso dann, wenn andere (z. B. unsere Schüler) über uns lachen, mitlachen. Auf diese Weise werden wir nicht ausgelacht. Schüler schätzen Lehrer, die über sich selbst und ihre Schwächen lachen können.

> *Christians Schüler hatten ihm unbemerkt einen Zettel auf den Rücken geklebt mit der Aufschrift: »Ich bin ein dummer Lehrer.« In der Klasse herrschte unterdrückte Heiterkeit. Christian beobachtete die Körpersprache seiner Schüler und kam darauf, dass etwas an seinem Rücken sein müsste. Er fand den Zettel und lachte laut: »Das ist wohl die Wahrheit. Ein schlauer Lehrer würde doch nicht mit so einem Aufkleber rumlaufen.« Die Klasse lachte auch. Die Stimmung war gut.*

Dass Lachen stressreduzierend und gesund ist, wissen wir. Es ist nicht nur die Aktivierung der Muskulatur, die Regulierung des Herzrhythmus und die Erhöhung der Atemkapazität. Auch unsere Lebensfreude steigt spürbar. Dadurch wird auch der Umgang mit schwierigen Situationen einfacher. Wir knüpfen leichter Kontakte und stärken unsere Beziehungen. Gemeinsam lachen wirkt sehr verbindend.

Wie entspannend allein das Lächeln sein kann, haben wir in ▶ Abschn. 7.3.1 über das Lächeltraining bereits erörtert. Wichtig dabei ist, dass wir es auch einsetzen können, um die eigene Stimmung zu heben. Jeder weiß, dass wir in guter Stimmung kraftvoller und optimistischer sind und mit anderen besser auskommen. Und obendrein kostet es kaum Zeit.

Literatur

Birkenbihl V (2001) Humor: An Ihrem Lachen soll man Sie erkennen. Moderne Verlagsgesellschaft, München
Koch R (2008) Das 80/20 Prinzip, Mehr Erfolg mit weniger Aufwand. Campus, Frankfurt a. M.
Seiwert L (2007) Das neue 1×1 des Zeitmanagements: Zeiteinteilung, Selbstbestimmung, Lebensbalance. Gräfe und Unzer, München

Weiterführende Literatur

Brose K, Pfaffe W (2009) Survival für Lehrer. Vandenhoeck & Ruprecht, Göttingen
Frank H (2010) Lehrer am Limit, Gegensteuern und durchstarten. Beltz, Weinheim
Gummesson E (2012) »Mir reicht's«. So befreist du dich aus Perfektionismus und Burnout. Beltz, Weinheim
Landmann M (2008) Entspannt durch den Schulalltag. Vandenhoeck & Ruprecht, Göttingen
Scharfer K (2001) So schaffen sie den Schulalltag, Ein Überlebenshandbuch für Lehrer, Zeitgestaltung, Arbeitstechnik, Seelische Gesundheit. Aschendorffsche Verlagsbuchhandlung, Münster
Simon W (2007) GABALS großer Methodenkoffer. Grundlagen der Arbeitsorganisation. Gabal, Offenbach

Anwendung in meinem Beruf

Aufgaben abseits vom Unterricht

D. Linde, *Burnout vermeiden - Berufsfreude gewinnen*,
DOI 10.1007/978-3-662-47006-0_8, © Springer-Verlag Berlin Heidelberg 2015

8.1   Unterrichtsvorbereitung und Korrekturen

8.1.1   Der häusliche Arbeitsplatz

An unseren häuslichen Arbeitsplatz sollten wir uns selbst zuliebe hohe Anforderungen stellen. Wir sollten uns an ihm vor allem wohlfühlen, denn das steigert die Arbeitsfreude. Er ist dazu da, dass wir dort unsere Vorbereitungen und Korrekturen effektiv erledigen können. Dazu brauchen wir einen bequemen, ergonomisch gestalteten Arbeitsstuhl, gute Beleuchtung und unseren PC. Zudem sollten sich alle benötigten Büromaterialien in Griffweite befinden.

Eine große Tischplatte erleichtert die Arbeit – aber nur, wenn wir sie für den jeweiligen Vorgang freihalten. Liegen dort noch andere Unterlagen, Fachzeitschriften, Arbeitsblätter oder unerledigte, private Post, so verschaffen wir dem Zeitdieb »Suchen« ungehinderten Einlass. Umgekehrt liegt eine große Zeitersparnis in einem professionellen Ordnungssystem am Arbeitsplatz.

Hilfreich ist es, auch für private Schreibtischarbeiten wie Steuerunterlagen, Rechnungen, Krankenkassenbescheinigungen, Urlaubskataloge, Angebote, Garantiezertifikate etc. eine Hängeregistratur nahe am Schreibtisch zu haben, in die alles schnell verschwinden kann. Was noch zu erledigen ist, kann in einem Bürokorb abseits der Arbeitsplatte abgelegt werden, sollte dann aber zu einem geplanten Zeitpunkt auch abgearbeitet werden. Mit einem freien Schreibtisch wird auch der Kopf freier für unsere momentane Arbeit.

Alle für Vorbereitung und Korrekturen benötigten Materialien sollten entsprechend der Häufigkeit ihrer Verwendung angeordnet sein. Dabei befinden sich oft gebrauchte Hilfsmittel in Griffweite, Hängeregistraturen, Ordner, Handbücher Schulbücher usw. möglichst nah am Arbeitsplatz. Obendrein empfiehlt es sich, zu Beginn einer Aufgabe alle Arbeitsmittel zum Schreibtisch zu bringen, um unnötige Verzögerungen, die den Fluss unserer Gedanken stören, zu vermeiden. Eine gute Hausfrau legt sich vor dem Backen auch die Zutaten zurecht und läuft nicht für Backpulver, Aroma oder Sahnesteif jedes Mal in den Keller.

> *Wenn Tanja müde aus der Schule kommt, setzt sie sich doch möglichst bald an ihre Vorbereitung. Auf dem Schreibtisch liegen neben Fachzeitschriften, übrig gebliebenen Arbeitsblättern und Büchern von der gestrigen Vorbereitung noch unbezahlte Rechnungen. Schnell schreibt sie die Überweisungen aus. Da gibt es Zettel mit Unerledigtem. Ach ja, diese Firma sollte sie sofort anrufen. Da erreicht sie später niemanden mehr. Schließlich öffnet sie ihren Schulplaner. Morgen in der fünften und sechsten Stunde unterrichtet sie die 5a in Sport. Den Schülern dieser Klasse hatte sie doch Zirkeltraining mit ganz neuen Elementen versprochen. Sie hat da so ein Buch. Aber wo? Sie fängt an zu suchen.*

Unser Zeitmanagement bei der häuslichen Berufsarbeit sollten wir so gestalten, dass nicht nur für unsere Regeneration und die nötigen Haushaltsarbeiten, sondern auch für andere Menschen und Freude bringende Freizeitgestaltung Zeit vorhanden ist. Je erschöpfter Menschen sind, desto leichter geraten auch die Gegenstände in ihrer Umgebung in Unordnung. Umgekehrt hat Ausmisten und Ordnung herstellen eine antidepressive Wirkung. Es muss auch nicht alles auf einmal sein. Wir könnten einen Plan aufstellen, was wir tun wollen, diese Aufgaben dann in eine Rangreihe stellen und anschließend alles nach und nach abarbeiten.

Der erste Schritt ist das äußerliche Trennen von privaten und beruflichen Unterlagen. Auch für berufliche Papiere ist eine Hängeregistratur sinnvoll. Sie ist natürlich nur eine Durchgangsstation bis alles in Ordner eingeheftet ist oder ins Altpapier kommt. So können wir den Schreibtisch von seinen seitlichen Türmen befreien. Hierzu gehört auch das Entsorgen der Fachzeitschriften. Die Artikel, die noch von Interesse sind (dann aber leider lange gesucht werden müssten), können herausgenommen und in dem entsprechenden Fachordner bzw. in dem Ordner »Unterrichtseinheiten« abgeheftet werden (oder in dem Ordner »Sonstiges«, wenn der Artikel nicht eindeutig zugeordnet werden kann). Damit wir sie später schnell zur Hand haben, müssen sie kurz in ein Ordnerarchiv (am einfachsten im PC) aufgenommen werden. Ein Ordner empfiehlt sich auch für »Schulinterne Kommunikation« und ggf. für »Elternkorrespondenz«. Selbstverständlich können alle Ordner auch im PC gespeichert sein.

Da das Durchforsten und Ausmisten von Ordnern mit alten Materialien nicht so viel Aufmerksamkeit beansprucht, können wir dies vielleicht auch nach und nach neben einem angenehmen, anspruchslosen Fernsehprogramm erledigen. Je besser unser Material geordnet und archiviert ist, desto mehr Möglichkeiten haben wir, es (ggf. modifiziert) wiederzuverwenden. So haben wir dann auch genug Zusatzmaterial für schnell arbeitende Schüler vorrätig. Die Schulbuchverlage bieten eine Menge nützlicher Bücher, Mappen usw. an. Es erleichtert die Arbeit, sich hier etwas zu »gönnen«.

Haben wir unser Arbeitszimmer, besonders unseren Schreibtisch erst einmal optimal organisiert, müssen wir die Entscheidung treffen, am Ende der Vorbereitung, wenn wir auch unsere Schultasche packen, aufzuräumen. Arbeitsblätter sollten wir sofort am selben Tag einordnen. Das kann zur guten Gewohnheit werden mit dem Selbststarter »Tu es gleich!«. Diesen Selbststarter können wir auch für ganz kurze Arbeiten, wie z. B. das Abheften von Kontoauszügen und Rechnungen, einsetzen. Als »Hintertür« könnten wir uns ggf. noch bis zum Wochenende Zeit lassen. Aufräumen ist, wie wir in ▶ Kap. 7 erörtert haben, eine C-Aufgabe, gehört also zur Routine und darf aufgeschoben werden. Tun wir das jedoch zu lang, so werden die Stapel zu hoch und zu unübersichtlich. So kann sich die gleiche Arbeit zur B- und am Ende zur A-Aufgabe entwickeln. Das ist dann mit vermeidbarem Disstress verbunden.

Wir verwöhnen uns als unseren eigenen besten Freund mit einem professionell und ästhetisch gestalteten Arbeitsplatz, der uns die Arbeit sehr erleichtert und viel Zeit für Entspannung und Lebensfreude lässt.

8.1.2 Zeit sparen durch effektivere Arbeit am Schreibtisch

- **Unterrichtsvorbereitung**

Viele von uns können den Vorteil, die Arbeit an ihrem Arbeitsplatz zu Hause individuell gestalten zu können, nicht genießen, sondern leiden darunter, nie ganz fertig zu sein. Aus dieser Falle müssen wir heraus! Da ein großer Teil unserer Arbeitszeit nicht auf bestimmte Stunden festgelegt ist, brauchen wir einen Tagesplan. Dieser sollte alles enthalten, was wir am Tag tun müssen und wollen. So wie im Schulplaner der Unterricht notiert ist, verschaffen wir uns für die übrige Zeit ebenso einen Überblick.

Gerade erschöpfte Lehrer, die im Unterricht meist ihre Kräfte schon verausgabt haben, sollten zwei Dinge beachten. Erstens sollte vor der Schreibtischarbeit unbedingt eine Entspannungsphase eingelegt werden, sei es sich 20 min hinlegen, ein Entspannungstraining durchführen (▶ Abschn. 7.3.1), ruhige Musik hören o. Ä. Zweitens sollte für die Zeit zur Vorbereitung ein Zeitlimit festgelegt werden. Wenn wir uns hier disziplinieren und in die Pflicht nehmen, werden wir nicht halb ziellos in unseren Materialien herumsuchen, sondern unser Pensum straffer durchziehen. Wir beachten dabei unsere Lebensbalance und die 80:20-Regel: 20 % der Vorbereitung genügen für 80 % Effekt. Es ruiniert uns, wenn fast der ganze Tag vom Schulalltag aufgebraucht wird und wir ausgelaugt am nächsten Tag wieder zur Arbeit gehen. Damit tun wir unseren Schülern auch keinen Gefallen. Die Investition sollte immer in einem angemessenen Verhältnis zum Ergebnis stehen.

Es ist ineffektiv, den Unterricht für jede Stunde ausführlich zu planen. Da viele von uns es im Vorbereitungsdienst so gelernt haben und in manchen Studienseminaren sehr ausführliche, schriftliche Stundenvorbereitungen verlangt werden, haben viele von uns ein schlechtes Gewissen, wenn ihre Planungen viel kürzer ausfallen. Hospitationsstunden werden ja tagelang, Prüfungsstunden manchmal sogar wochenlang vorbereitet. Dieses Verfahren ist nicht einmal bei reduziertem Stundendeputat durchführbar! Es wäre nicht alltagstauglich, dächten wir für jede Stunde über alle von den Schülern zu erreichenden Kompetenzen nach. In jedem Fall überlegen wir uns Lern- und Handlungsziele, Unterrichtsschritte, Hilfsmittel und Organisation. Als erfahrene Lehrer wissen wir, wie ein gutes Tafelbild aussehen soll. Die Gestaltung bekommen wir im Unterricht spontan hin. Wir können bei der Planung (schriftlich in unserem Schulplaner) unsere eigenen Kürzel verwenden. Die Hauptsache ist, wir behalten den Überblick. So sind wir im Unterricht entspannter.

Die Zeit am Schreibtisch sollte also in unserem Tagesplan vorgesehen sein. Um unser Zeitlimit einhalten zu können, müssen wir uns vor Störungen schützen. Haben wir eine Familie mit Kindern, müssen wir gut überlegen, welche Zeit für die Schreibtischarbeit am besten geeignet ist. Dann wird das Telefon auf Anrufbeantworter geschaltet und die Arbeitszimmertür geschlossen. So können wir zügig und effektiv arbeiten.

Genauso wichtig wie ein professionell eingerichteter Arbeitsplatz ist das zielorientierte Arbeiten. Das bedeutet, unsere Arbeit schriftlich zu planen: Stundenziele (Lernziele, Handlungsziele), Ablauf, Sozialformen, Zielkontrolle, Medien und benötigtes Material. Auch die Einplanung von Zeitpuffern nimmt Druck heraus. Die Möglichkeiten, etwas zu vergessen, werden weniger, und wir haben das befriedigende Gefühl, Erledigtes abhaken zu können. Auch wenn sich das Gefühl einschleicht, alles auf einmal tun zu müssen, so wissen wir doch, dass das nicht möglich ist. Es kann immer nur eines nach dem anderen erledigt werden! Lehrern, die dazu neigen, sich am Schreibtisch zu verzetteln, kann auch ein Kurzzeitwecker oder eine Eieruhr helfen, stringenter zu arbeiten.

In fast allen Fächern hilft ein Stoffverteilungsplan für das Schuljahr oder zumindest für das Schulhalbjahr. Dieser kann zwar (und muss oft) modifiziert werden, aber er gibt uns den richtigen Überblick und dadurch Sicherheit. Wir wissen rechtzeitig, wann wir welche Unterrichtseinheit vorhaben, und können in Ruhe das Material zusammentragen. Wir haben dadurch Zeit, auch Kopien und Gegenstände z. B. für das Stationslernen mit Kollegen auszutauschen oder Unterrichtsfilme zu bestellen, die dann zum passenden Zeitpunkt in der Schule sind. Wenden wir zu Beginn einer Unterrichtseinheit genug Zeit auf, um differenziert zu planen, gehen die Vorbereitungen für die einzelnen Unterrichtsstunden relativ schnell. Natürlich werden wir mehr Zeit in Material investieren, wenn wir es mehrfach nutzen können.

Wir werden in ▶ Abschn. 8.3 die kollegiale Zusammenarbeit näher betrachten. Zur Planung von Stoffverteilungsplänen, Unterrichtseinheiten, Vergleichsarbeiten usw. ist sie von unschätzbarem Wert.

Bei so adäquater Vorausplanung sparen wir uns die Vorbereitungen »auf den letzten Drücker«. Wir haben sicher alle schon die Erfahrung gemacht, dass das besonders aufreibend ist. Das sollten wir uns nicht mehr antun. Wir haben eine bessere Lebensqualität verdient.

Wenn wir nach der Vorbereitung unsere Tasche für den nächsten Tag packen, vergleichen wir noch einmal mit dem Schulplaner, ob wir nichts vergessen haben, auch nicht das Buch, das wir der Kollegin versprochen haben. Verlässlichkeit fällt uns leicht, weil alles notiert ist.

Verwaltungsaufgaben erledigen wir so, dass sie uns möglichst wenig belasten. Wir schieben sie nicht auf, denn dann blähen sie sich auf und rauben uns ein Stück Lebensfreude. Wir arbeiten mit Checklisten und Vordrucken, die uns die Arbeit verkürzen und erleichtern. Am Ende legen wir alles ordnungsgemäß ab. Das befreit.

- **Korrekturen**

Korrekturen bleiben für viele Lehrer die unangenehmste und lästigste Pflicht. Sie kosten viel Zeit und sind außerdem mit Bewerten und Beurteilen verbunden. Manche Lehrer neigen daher zum Aufschieben. Aber damit ist es so, wie mit einer Last, die man trägt: Sie wird von Schritt zu Schritt schwerer. Sobald wir anfangen, beginnt das befreiende Gefühl der Ent*last*ung. Je eher daran – je eher davon!

Bei der Stoffverteilung für das Schuljahr legen wir gleichzeitig die Termine für die Klassenarbeiten fest. So können wir sie gut über das Schuljahr verteilen und ersticken später nicht in Korrekturstapeln. Sollten sich doch mehrere angehäuft haben, so beginnen wir mit dem, der am schnellsten abzuarbeiten ist. So verschaffen wir uns ein Erfolgserlebnis.

> *Wenn Tabea Aufsätze korrigiert, liest sie erst einmal alle durch. Beim zweiten Durchgang macht sie Randnotizen mit Bleistift. Wenn sie sich den Stapel mit den 29 Arbeiten ein drittes Mal vornimmt, korrigiert sie mit Tinte. Dabei ordnet sie die Arbeiten nach geplanten Zensuren. Aus Gerechtigkeitsgründen setzt sie erst nach dem Durchsehen aller gleich zu zensierenden Arbeiten die Noten endgültig fest. Nun können wir leicht hochrechnen, wie lange sie dazu braucht.*

Auch bei Korrekturen muss wie bei der Unterrichtsvorbereitung der Aufwand im Verhältnis zum Effekt stimmen! Auch wenn der Druck durch die Eltern groß ist, tun wir uns und niemand anderem mit einem zu hohen Perfektionsanspruch einen Gefallen. Das heißt, wir sollten so effektiv wie möglich korrigieren. Selbstverständlich tun wir das bei Abschlussarbeiten noch sorgfältiger, obwohl wir einen Zweitkorrektor haben.

Um uns die spätere Korrekturarbeit zu erleichtern, legen wir für Tests in allen Fächern bereits bei der Konzeption den Erwartungshorizont, die Kriterien und ggf. die mögliche Punktzahl fest. Am einfachsten ist das bei Multiple-Choice-Aufgaben, die sich vor allem auch für Kurzarbeiten zwischendurch eignen und sehr schnell zu korrigieren sind. Klare Kriterien wie »Inhalt« und »sprachlicher Ausdruck« sind aber auch bei Texten in Deutsch oder Fremdsprachen möglich. Dies erläutern dann die Randnotizen. Korrekturblätter, die alle Bewertungskriterien zusammen mit Punktzahlen oder Prozentanteilen enthalten, helfen jede Arbeit schneller einzuschätzen. Dieses Vorgehen hat obendrein den Vorteil, für Schüler und Eltern transparent zu sein. Wir kommen nie in Erklärungsnöte, wenn wir eine Note begründen sollen. Außerdem wissen wir alle, dass es hundertprozentige Gerechtigkeit nicht gibt. Daher sollten wir uns diesen Druck nicht machen, sondern uns dafür wertschätzen, dass wir unser Bestes geben. Indem wir unsere Bewertungskriterien für die Schüler offenlegen, haben wir eine Gesprächsgrundlage, wenn sie sich ungerecht behandelt fühlen.

Wurden bei Aufsätzen mehrere Themen angeboten, so empfiehlt es sich selbstverständlich, bei der Korrektur nach diesen zu trennen. Bei Arbeiten, die aus mehreren Teilen bestehen, ist es sinnvoll, diese Teile bei allen jeweils nacheinander zu korrigieren und Punktzahlen oder Teilnoten gleich festzulegen.

Bevor wir unsere Zeit verschwenden, unleserliche Handschriften mühsam zu entziffern, empfehlen manche Kollegen, die Arbeit zu kopieren und den Schreiber dazu zu veranlassen, das Ganze in gut leserlicher Schrift abzuschreiben.

Wir wollen auch bei der Korrekturarbeit optimal mit unserer Zeit umgehen. Manchen Kolleginnen und Kollegen hilft es, sich selbst unter Zeitdruck zu setzen, entweder indem sie den Schülern versprechen, die Arbeit in kürzester Zeit zu erledigen, oder indem sie bis auf den letzten Drücker warten mit dem Problem, die Last länger mit sich herumzuschleppen. Der Vorteil beim selbst erzeugten Zeitdruck ist, dass nicht getrödelt, sondern sehr zeitbewusst korrigiert wird.

Eine weniger aufreibende Methode ist es, jeden Tag eine vorher bestimmte Anzahl von Arbeiten bzw. Arbeitsteilen zu korrigieren. Man kann nach den ersten Arbeiten hochrechnen, wie viel Zeit die gesamte Korrektur benötigen wird, und kann so errechnen, was jeden Tag zu schaffen ist, und dies auch konsequent im entsprechenden Zeitrahmen erledigen. Sollte man an einem Tag die Zeit und besonders viel Elan haben, kann man ja mehr arbeiten und sich an einem anderen mehr Muße gönnen.

Es gibt Lehrer, die korrigieren mit Freude immer die besten Arbeiten zuerst, weil sie das am meisten motiviert. Man kann jedoch nach den fünf besten Arbeiten keine zeitliche Hochrechnung für den ganzen Stapel machen. Jeder muss für sich abwägen, was er am angenehmsten findet.

Jeder sollte auch für sich herausfinden, womit er es sich leichter machen kann. Manchem hilft sein Lieblingstee auf dem Schreibtisch. Mancher wechselt den Korrekturort und bevorzugt bei schönem Wetter den Garten oder Balkon. Und mancher gönnt sich anschließend kleine Belohnungen, z. B. einen Film oder ein Entspannungsbad.

8.1.3 Den Aufwand für schülerzentriertes Lernen minimieren

Wie wir alle wissen, ist die Selbsttätigkeit der Schüler im Unterricht entscheidend für Motivation und Arbeitsdisziplin (▶ Kap. 9).

Die Grundschullehrerin Birgit ist verzweifelt. Sie erzählt ihrer Freundin von den neuen Anforderungen, die ihr Schulleiter nun an die Kollegen hat: »Stell dir vor, nun ist alles, was wir machen, nicht mehr gut genug. Es wird auf selbstverantworteten Unterricht umgestellt. Bis die Schüler die Regeln dafür intus haben, bin ich schon in der Klapse. Dann müssen wir Kompetenzraster entwickeln und massenhaft Lernmaterial heranschleppen. Wann soll ich denn das noch tun?« Die Freundin tröstet: »Es passt ja auch gar nicht für alle Fächer, und du stehst nicht allein davor. Wenn ihr gut zusammenarbeitet und euch die Arbeit teilt, kann es doch auch Spaß machen, oder? Und während des Unterrichts hast du mehr Möglichkeiten, Einzelnen zu helfen.«

Wir Lehrer sprechen zu viel (und oft auch zu laut). Im herkömmlichen Unterricht sind es ca. 70 % Redeanteil. Man kann sich ausrechnen, wie viel Redezeit da für den einzelnen Schüler bleibt. Das soll nicht heißen, dass wir z. B. in Geschichte nicht mehr spannend erzählen sollen. Aber wir streben danach, dass die aktive Beteiligung der Schüler am Unterricht immer weiter zunimmt. Die gesamte Schulentwicklung arbeitet daran.

Für uns persönlich ergibt sich daraus eine Entlastung, die unserer angestrengten Stimme gut bekommt. Sobald die Schüler die Regeln verstanden haben, reduziert das schülerzentrierte Lernen auch unseren Stress. Als »Lernbegleiter« ist unser Kräfteaufwand in der Unterrichtsstunde etwas geringer, aber sie muss gut strukturiert und organisiert sein, was mit erhöhtem Vorbereitungsaufwand verbunden ist.

Würden wir diesen Aufwand wieder als Einzelkämpfer erledigen wollen, so nähme unsere Erschöpfung weiter zu, und unsere Schüler hätten wenig davon. Hier müssen wir, wie die arbeitsteilige Wirtschaft, zusammenarbeiten. Es ist nicht anders machbar. Da der Unterricht für die Schüler individualisiert wird, brauchen sie in manchen Fächern *Kompetenzraster*, die manchmal durch den Lehrplan vorgegeben sind, um ein Feedback zu bekommen, was jeder Einzelne schon kann und was sein nächstes Kompetenzziel ist. Auch diese Raster, denen der Stoffplan zugrunde liegt, können nur in kollegialer Gemeinsamkeit erstellt werden. Sind sie einmal fertig, so ist ihre Aktualisierung nicht mehr viel Arbeit.

Für *chalk and talk* sowie die entsprechenden Bücher, Hefte und Schreibutensilien sind die Anforderungen an das *Unterrichtsmaterial* nicht groß. Je mehr die Schüleraktivitäten im Unterricht zunehmen sollen, desto aufwendigeres Unterrichtsmaterial ist nötig.

Um hier den Vorbereitungsaufwand effektiv zu gestalten, ist die besprochene längerfristige Planung ein großer Vorteil. Wir können ohne Zeitdruck sammeln. Außerdem teilen wir uns auch hier die Arbeit mit Kolleginnen und Kollegen mit gleichen Fächern und Klassenstufen und geben uns Tipps.

Es gibt viele Möglichkeiten, an kostenloses Experimentiermaterial zu kommen. Hier einige Beispiele: Lehrerfortbildungsinstitute und manche Pädagogische Hochschulen verleihen Experimentierkisten, z. B. für Physik, an Schulen. Auch bei kinderforscher.de kann man welche bekommen. Für die Leseförderung ist der Bücherkistenverleih öffentlicher Bibliotheken meist gratis.

Vieles muss nicht mit großer Mühe selbst erstellt werden. Von der Bundeszentrale für politische Bildung und den Gesundheitsämtern kann man Unterrichtsmaterial bekommen, ebenso von der Post, der Sparkasse, der Handwerkskammer, um nur einige zu nennen. Landkarten und nützliche Prospekte verschiedener Länder erhält man von Reisebüros. Darüber hinaus geben viele Firmen Warenproben und Materialpakete für Schulen. Auch Werbegeschenke können sehr nützlich sein. Eine wahre Fundgrube sind Schulmessen wie die didacta.

Abfälle von Baumärkten, Tischlereien und Raumausstattern leisten gute Dienste z. B. beim Instrumentenbau, Basteln und Blumenpressen.

Außerdem bietet ja auch das Internet viele Möglichkeiten, an fertige Arbeitsblätter in den verschiedensten Bereichen zu kommen. Diese für die Bedürfnisse der eigenen Schüler entsprechend zu modifizieren, macht viel weniger Arbeit, als selbst jedes Mal das Rad neu zu erfinden.

Besonders für Grundschullehrer empfiehlt es sich, alles Mögliche zu sammeln, um einen Klassensatz im Vorrat zu haben: Papierrollen, Korken, Walnussschalen, Woll- und Stoffreste, ausgediente Geräte, deren »Innenleben« erforscht werden kann, und vieles mehr.

Bei rechtzeitiger Planung müssen wir auch nicht auf den letzten Drücker von unserem eigenen Geld noch benötigte Utensilien kaufen, sondern können einen Antrag stellen, um das Geld dafür zu bekommen.

Wenn Peter die Zeitung liest, hat er meist daneben eine Schere liegen, um Artikel, die für seinen Politik-Unterricht nützlich sind, gleich auszuschneiden. Dabei hat er doch eigentlich gerade Freizeit.

Dieses Immer-im-Dienst-Sein ist für viele von uns anstrengend. Daher ist es gerade für gestresste Lehrer wichtig, Freizeit und Beruf klar zu trennen. Um gesund und zufrieden zu sein, muss auch in der Freizeit jeder für sich und sein Wohlbefinden sorgen.

8.2   Weitere Verpflichtungen

8.2.1   Konferenzen besser nutzen

»Am Mittwoch ist schon wieder Konferenz«, jammert Alex. »Da wird uns der Peter wieder sein Talent zu sinnlosen Monologen vorführen. Er muss doch auch nicht in jeder Sitzung mehrmals sagen, dass wir das älteste und erfolgreichste Gymnasium in dieser Stadt sind«, erwidert Max. »Wir müssten ihn unbedingt zu einer strafferen Konferenzführung bringen.« »Ja, lass uns überlegen, wie wir in kürzerer Zeit sinnvollere Ergebnisse erreichen.« »Okay, wenn wir ihm ein konkretes Konzept vorschlagen, es an die anderen verteilen und die meisten von uns dafür stimmen, müsste das doch gehen.«

Gesamtkonferenzen gehören zu unseren Dienstverpflichtungen und werden von den meisten abgelehnt. Wir fürchten die Weitschweifigkeit von Leitung und Kollegen, versteckte Machtkämpfe und untergründigen oder offenen Ärger. Dazu kommt, dass Konferenzen für manche sogar ohne richtige Pause im Anschluss an einen anstrengenden Unterrichtsvormittag stattfinden, und wir daher müde sind. Daraus folgt oft eine geringere Toleranz. Andererseits bekommen wir in Konferenzen Informationen, die wir brauchen, und es werden Themen diskutiert und Entscheidungen getroffen, die Konsequenzen für uns haben.

Für unser Wohlbefinden können wir für passende Rahmenbedingungen sorgen: Wir sollten all unseren Einfluss (am besten gemeinsam) geltend machen, damit Konferenzen *kürzer* und *effektiver* werden. Größere Effektivität kann erreicht und gähnende Langeweile vermieden werden, wenn so viele Teilnehmer wie möglich sich aktiv beteiligen.

- **Zeitdauer**

Die Konferenz sollte zweieinhalb Stunden nicht überschreiten. Andernfalls ist unsere Aufmerksamkeitsspanne nach einem Schulvormittag zu gering. Dafür bekommt jeder TOP einen Zeitrahmen zugeteilt. Ein »Zeitwächter« behält diesen im Auge und weist die Moderatoren des jeweiligen TOPs darauf hin, wenn die Zeitgrenze erreicht ist.

- **Vorbereitung**

Im Vorfeld müssen die Themen und Tagesordnungspunkte festgelegt werden. Informationen von der Schulleitung können als Tischvorlage für alle kopiert und verteilt werden. Von Kollegen gewünschte Themen sind in einem Themenspeicher nach Prioritäten geordnet. Die wichtigsten können als TOP mit Zeitschätzung und -zuteilung aufgenommen werden. Es ist nicht nötig, dass jedes schulische Gremium zu jeder Konferenz einen TOP erhält, nur um zu fragen, ob es etwas Wichtiges zu sagen gibt. Manchem Mitglied fällt dann noch etwas ein, was sich als unwichtig herausstellt und bei uns Überdruss erzeugt. Beispielsweise können auch endlose Diskussionen, ob, wo und wie eine Weihnachtsfeier gestaltet werden soll, durch schriftlich eingereichte Vorschläge eines »Festkomitees« radikal abgekürzt werden. Der klare Ablaufplan mit den formalen (wie haushaltsrelevanten Anträgen!) und pädagogischen TOPs hängt dann für alle eine Woche vorher aus. Auch für das leibliche Wohl sollten wir sorgen.

- **Ablauf**

Bei jedem TOP sollte das Ziel für uns alle klar sein, damit er auch ergebnisorientiert erarbeitet wird. In der Regel wird mit der Information, visualisiert auf Folie oder Flipchart, begonnen. Je einfacher, kürzer, klarer und humorvoller sie dargestellt wird, desto motivierender wirkt sie. Es folgt ein Meinungsbild, wobei der »Zeitwächter« besonders aufmerksam sein muss, denn manche von uns neigen dann zu Weitschweifigkeit. Wortmeldungen wie »Ich möchte noch einmal unterstützen, was X gesagt hat« sind nicht zielorientiert, rauben Zeit und nerven deshalb viele Mitglieder. Das Meinungsbild kann vor der Diskussion kurz durch Handzeichen erstellt werden. Auf das Ziel, eine Entscheidung zu treffen, sollten wir diszipliniert hinsteuern. In manchen Firmen werden kleinere Meetings im Stehen abgehalten, was sie kürzer, effektiver und effizienter machen soll. Vielleicht würden sich manche Teilnehmer kürzer fassen, müssten sie bei ihren Konferenzbeiträgen aufstehen? Für unsere Beiträge gelten die gleichen Regeln wie für die Information.

- **Protokoll**

Im Protokoll werden die Ergebnisse dokumentiert. Wenn wir selbst Protokoll führen müssen, erspart es uns Zeit und Arbeit, wenn wir es während der Sitzung direkt in unseren Laptop schreiben. Statt alles hinterher abzutippen, brauchen wir es nur noch zu korrigieren.

- **Gute Stimmung**

Die Konferenzleitung behält im Auge, dass pünktlich zu beginnen die Disziplin und pünktlich zu schließen die Beliebtheit fördern. Als Mitglieder können wir reihum für das leibliche Wohl sorgen, damit keiner hungrig und daher schlecht gelaunt ist. Eine kleine (!) Pause, in der man sich vom Platz bewegt, tut auch gut.

- **Umgang mit uns selbst**

Ein weiterer Gesichtspunkt ist der Umgang mit uns selbst während der Konferenz. Wir achten, gerade, wenn wir genervt sind, auf unsere ruhige, entspannende Atmung und denken an unsere Achtsamkeit (▶ Abschn. 3.3). Wie fühle ich mich gerade? Welche Stimmen melden sich in mir? Will ich mich einfach entspannen oder aktiv werden? Ein solches Verhalten nimmt uns das Gefühl, ausgeliefert und machtlos zu sein, und es geht uns besser. Wenn Nebenbeschäftigungen (wie Stricken, Arbeitskärtchen ausschneiden, Bastelarbeiten vorbereiten etc.) möglich sind und wir sie angenehm finden, bereiten wir sie für den Tag mit vor.

- **Klassen- und Zeugniskonferenzen**

Diese Regeln für effektiv gestaltete Konferenzen gelten natürlich auch für Klassen- und Zeugniskonferenzen. Letztere gliedern sich in allgemeine Informationen und die Notengebung.

Dabei wäre es zeitraubend und ineffektiv, jede Note für jeden Schüler zu besprechen. Es geht immer nur um die Zweifelsfälle, auch und vor allem im Bereich »noch ausreichend« und schon »mangelhaft«.

In Klassenkonferenzen handelt es sich meist um Probleme, wie z. B. Kevin ist einer Mitschülerin auf die Mädchentoilette gefolgt und hat sie dort massiv belästigt. Die Klassenkonferenz muss entscheiden, was nun geschehen soll. Die genaue Problem- und Zielanalyse wird am Flipchart visualisiert. Mit Hilfe von Brainstorming suchen die Lehrer nach einer Lösung, die allen gerecht wird. Auch dabei kann eine Zeitplanung von großem Vorteil sein.

8.2.2 Sinnvolle Fortbildung

Fortbildung dient der eigenen Weiterentwicklung. Sie ist kompetenzorientiert und soll neue Perspektiven eröffnen. Im besten Fall ist sie also mit Freude verbunden.

In den einzelnen Bundesländern sind Fortbildungsverpflichtungen unterschiedlich geregelt. In Hamburg z. B. müssen im Schuljahr 30 Stunden abgeleistet werden. Die Wahl der Veranstaltungen folgt jedoch individuellen Auswahlkriterien.

Keine Wahl haben wir bei schulinternen Fortbildungen, dem pädagogischen Tag oder der pädagogischen Jahreskonferenz. Diese werden auch oft in einer anderen Tagungsstätte von Außenmoderatoren durchgeführt. Hier gilt es, dabei so viel Spaß und Lernerfolg wie möglich zu genießen. Ist beides nicht der Fall, so gilt wieder, was uns über den Umgang mit uns selbst in Konferenzen vorgenommen haben.

Für die Veranstaltungen der Lehrerfortbildungsinstitute gibt es zu Beginn des Schulhalbjahres ein Programm, aus dem wir auswählen können. Bei diesen Angeboten sollten wir aufmerksam lesen, für welche Zielgruppe sie sind. So fühlt sich z. B. Steffi von der Schule für Lernbehinderte wie im falschen Film unter lauter Gymnasiallehrern im Seminar über Aufsatzerziehung. Wichtig sind weiterhin Inhalte und Methoden. Dann können wir entscheiden, ob wir zu Rollenspielen, kreativen Methoden oder Aufgaben mit Videokontrolle Lust haben.

Auch für uns Lehrer gilt natürlich lebenslanges Lernen. Es geht also um die eigene Kompetenzverbesserung, um mehr Wissen und um mögliche Verhaltensänderungen. Gibt es entscheidende schulpolitische Neuerungen, so hilft eine Fortbildung, damit wir uns die Erwartungen, die an uns konkret in der Praxis gestellt werden, vorstellen zu können. Sonst verbirgt sich hier wieder die Gefahr von neuem Stress. Wie soll z. B. die Inklusion in den verschiedenen Fächern umgesetzt werden? Diesen Bereich gab es in unserem Studium noch nicht. Jetzt wird er gefordert. Da gibt auch der kollegiale Austausch bei den Fortbildungen zusätzliche Sicherheit.

Kolleginnen und Kollegen, die sich erschöpft und überfordert fühlen, werden nur bei großer Neigung Zusatzqualifikationen wie den Schwimmlehrerschein, den Maschinenschein für Werken oder den Trampolinschein anstreben. Wenn das aber Eustress erzeugt, nur zu!

Anders ist es mit dem Umgang mit neuen Medien. In vielen Klassenräumen gibt es die neuen interaktiven Whiteboards. Ob verpflichtet oder nicht, wir kommen nicht umhin, uns hier fortzubilden. Nicht nur weil Schulleitung und Schüler den Einsatz im Unterricht wünschen, er eröffnet uns auch Möglichkeiten, die, wenn sie nicht überstrapaziert werden, die Schüler sehr motivieren.

Entscheidendes Auswahlkriterium für unsere Fortbildungsseminare ist unser persönlicher Bedarf. Bekommen wir alltagstaugliche Hilfen für unsere Unterrichtspraxis? Gibt es eventuell nützliche Unterrichtsmaterialien? Erhöht das Seminar unsere professionelle Sicherheit inhaltlich und methodisch? Wird das Seminar eventuell von Kollegen empfohlen?

In jedem Fall gilt, die eigene Motivation achtsam zu untersuchen. Extrinsisch motivierte Fortbildungen besuchen wir nur, wenn wir dienstlich dazu verpflichtet sind. Begeistern wir uns jedoch für ein Thema, so birgt das Seminar einen Aspekt von Lebensfreude und tut unserer Lebensbalance gut.

8.3   Umgang mit Kollegen

8.3.1   Nützliche Teamarbeit

Wir Lehrer haben uns in unserer beruflichen Sozialisation als Einzelkämpfer entwickelt. Wir kochten unser eigenes Süppchen hinter geschlossenen Türen und waren auch mit der ganzen Arbeit allein. Und nun sollen wir in Teams arbeiten? Das erfüllt manchen mit Misstrauen, zumal es anscheinend mit noch mehr Zeitaufwand für die Schule verbunden ist. Besonders viele ältere Kolleginnen und Kollegen fühlen sich durch Teamarbeit überfordert. Wird die Teambildung »von oben« angeordnet, ist die Abwehr noch größer. Manche Teams gibt es schon sehr lange. Da sind z. B. die Fachkonferenzen, in denen z. B. über den Lehrplan und die damit verbundenen Anforderungen gesprochen wird, und die Klassenkonferenz, die Entscheidungen über einzelne Schüler trifft.

Haben wir hier negative Erfahrungen gemacht, so lag das oft an fehlenden oder nicht eingehaltenen Teamregeln. Natürlich sind wir auch für selbst gebildete Teams motivierter, als für angeordnete. Dennoch können auch die Letzteren für uns sinnvoll sein. Bevor wir also den wirklich großen Nutzen, den wir aus unseren Teams ziehen können, betrachten, fassen wir hier die dafür nötigen Gruppenregeln zusammen.

Ein Erfolg versprechendes Team besteht aus etwa drei bis acht Mitgliedern. Es wählt eine Leitung, die verantwortlich ist für die Organisation. Dazu gehören die Termine, der Raum, die Hilfsmittel, die Verwaltung der Protokolle und die leiblichen Genüsse. Natürlich kann die Leitung einiges delegieren. Sie achtet auf die gerechte Arbeitsverteilung.

Erfolgsentscheidend für die gesamte Arbeit ist, dass das Team effektiv, d. h. ergebnisorientiert arbeitet. Dazu gehört viel Disziplin, denn die Sitzungen finden ja meist nach dem Unterricht statt. Vieles, was wir bei der Gestaltung der Konferenzen schon erörtert haben, gilt auch hier.

> *Sophia macht einer Kollegin gegenüber ihrem Herzen Luft: »Heute wieder Team. Die Hälfte kommt zu spät. Dann erzählt Niels wieder von seiner tollen Arbeitsgruppe, die den gesamten Matheunterricht runderneuert und Annegret labert uns voll mit den Anekdötchen ihrer Schüler. Alles echt verschwendete Zeit! Und ich bin müde.«*

Um sinnvoll zu arbeiten, sodass alle einen Nutzen davon haben, der die investierte Zeit rechtfertigt, ist Disziplin unerlässlich. Dazu gehören pünktliche und zuverlässige Teilnahme, gute Vorbereitung und vor allem zielstrebiges Arbeiten. Natürlich ist es menschlich verständlich, wenn man müde aus dem Unterricht kommt, von zielführenden Beiträgen abzuschweifen. Aber es ist wie bei der Arbeit am Schreibtisch: Je effektiver wir arbeiten, desto mehr Zeit bleibt für die anderen Dinge des Lebens.

Um uns bei der Teamarbeit wohlzufühlen, sorgen wir für eine angenehme Atmosphäre. Dazu trägt z. B. bei, wenn immer für ein paar Kleinigkeiten zu essen gesorgt wird. Das Entscheidende ist jedoch eine gute Kommunikation, also das, was wir auch versuchen, unseren Schülern beizubringen. Wir hören zu, lassen einander ausreden, fragen nach, wenn wir etwas nicht verstanden haben, formulieren Widersprüche offen und sachlich und lösen unsere Konflikte entsprechend. Sich bei Konflikten zurückzuziehen, ist am Ende unbefriedigend. Die Leitung oder ein Mitglied als Moderator achtet auf die Beteiligung aller.

> *»Der doofe Eberhard macht doch alle Vorschläge mit seinen Killerphrasen zunichte«, schimpft Petra. »Immer brummt er dazwischen: ‚Das ging doch bis jetzt auch so. Das haben wir schon immer gemacht. Haben wir alles schon ausprobiert. Das bringt nichts‘ usw. usf. Da hat man gar keine Lust mehr.«*

Hier sollte angewendet werden, was wir über erfolgreiche Konfliktlösung wissen (▶ Kap. 5).

Betrachten wir nun, wie uns die vermeintlich zusätzliche Teamarbeit hilft, unseren Stress zu reduzieren. Statt einsam am heimischen Schreibtisch zu grübeln, welche Themen ich auf welche Weise teils sehr unmotivierten Schülern nahebringe, wird diese Last in Fach- und Stufenteams gemeinsam getragen. Schon die Stoffverteilung fällt uns gemeinsam leichter. Die Planung wird durch den Synergieeffekt einfacher.

Im Team bringt jeder eigene Erfahrungen und Kompetenzen ein, die sich dann ergänzen. Es sitzen unterschiedliche Lehrertypen zusammen, z. B. ein Beratertyp, der besonders viele Informationen hat, ein Macher, der sich über die Umsetzung schon Gedanken gemacht hat, vielleicht ein Kreativer, der außergewöhnliche Einfälle hat, und natürlich ein Organisator (die Leitungsaufgabe), der dafür sorgt, dass die Ziele ergebnisorientiert erarbeitet und in angemessener Zeit erreicht werden. Dabei können die Älteren ihre größere Erfahrung einbringen. Die Jüngeren haben oft mehr Kenntnisse über die neueren Unterrichtsmethoden. Wir können Unterrichtseinheiten arbeitsteilig vorbereiten einschließlich fertiger Stundenbilder mit Material und Differenzierungsmöglichkeiten. Wir haben dann erheblich weniger Vorbereitungsarbeit, da wir die Entwürfe nur noch etwas anpassen müssen. Auch eine praktikable Regelung für den Zugang zu den Unterrichtsmedien kann gemeinsam geschaffen werden

Selbst wenn die Anordnung von Teams im Rahmen der Schulentwicklung zur Verbesserung der Unterrichtsqualität auf manche, bereits gestresste Kolleginnen und Kollegen bedrohlich wirkt (»Haben wir denn früher alles falsch gemacht?«), so hilft es uns, dabei die Vorteile zu sehen, die uns Entlastung bringen. Der individualisierte Unterricht, der aufgrund der Inklusion von Behinderten in der allgemeinen Schule immer bedeutsamer wird, ist so aufwendig, dass es uns viel Stress nimmt, wenn diese Arbeit in den Teams geteilt wird. Wir können uns abstimmen über Lernziele, innovative Unterrichtsformen und Materialien. Vergleichsarbeiten entwerfen wir gemeinsam, wobei die Vorschläge dem Team schriftlich vorgelegt werden. Sie enthalten auch Korrekturhilfen. Daraus folgt eine einheitliche Leistungsbewertung. So sind die Noten im Rahmen einer Schule vergleichbar und transparent für Schüler und Eltern.

Durch die Verteilung von Vorbereitung wird ein Pool von Lernaufgaben und Unterrichtsmaterial geschaffen, den dann alle nutzen können. Gerade im Hinblick auf z. B. das arbeitsintensive Stationslernen ist es hilfreich, gemeinsame Arbeitsmittel benutzen zu können, für die auch schon Erfahrungen bezüglich ihrer Praxistauglichkeit gemacht wurden. Es schafft Sicherheit und gibt uns Bestätigung oder Anregungen zu wissen, wie es andere machen.

Ein weiterer Vorteil von Teamarbeit ist die Erstellung gemeinsamer Rituale und Regeln für die Schüler mit den entsprechenden Sanktionen bei Regelverletzungen. Schülervorwürfe wie »Bei Herrn Moser dürfen wir das aber« entfallen.

> *Karin, eine ehemalige Einzelkämpferin, ist von der Gemeinsamkeit in ihrem Team richtiggehend begeistert: »Es tut gut, zu erleben, wie wir alle im gleichen Boot sitzen und den gleichen Schwierigkeiten begegnen. Ich grüble viel weniger darüber nach, was ich wohl wieder falsch gemacht habe, wenn ein Schüler ausflippt. Beim Einführen von neuen Unterrichtsformen fühle ich mich nicht mehr so unter Druck. Wir haben sie ja gemeinsam erarbeitet und beschlossen. Wenn ich bedrückt oder genervt bin, bekomme ich Zuwendung, manchmal auch gute Tipps. Das alles erhöht mein Wohlbefinden und mindert meinen Stress.«*

Der zeitliche Preis, den wir für die Teamsitzungen bezahlen, wird in effektiv arbeitenden Gruppen um vieles wettgemacht. Winkt auch hier mehr Lebensfreude für uns?

8.3.2 Loyalität und Selbstbehauptung

Was für Firmen die Kunden, sind für uns Lehrer, Schüler und ihre Eltern. Was auch immer ein Kollegium oder Kolleginnen und Kollegen untereinander belastet – es geht Schüler und Eltern nichts an. Die Möglichkeit, dass wir gegeneinander ausgespielt werden, kann zu größeren, aber vermeidbaren Konflikten führen.

> *Die kleine Sarah kommt weinend zu Anke, ihrer Klassenlehrerin. »Herr Maier hat mich nicht zur Toilette gelassen, und jetzt ist meine Hose nass. Er ist so gemein.« Auf die letzte Bemerkung geht Anke nicht ein, sondern verhilft Sarah zu einem trockenen Höschen und tröstet sie. Dem Kollegen berichtet sie über den Vorfall nur die Tatsachen und fügt hinzu, dass die Schulanfänger manchmal noch keine Schulstunde durchhalten können.*

Auf Beschwerden von Schülern oder Eltern über Kollegen ist es ratsam zu beruhigen, indem wir sagen, wir würden mit der Kollegin oder dem Kollegen sprechen. Wir kennen ja die Hintergründe noch nicht. Die Kinder sind meist zufrieden, dass wir etwas für sie tun werden.

Das heißt nicht, dass wir unsere eigenen Werte und Ansichten unterdrücken sollen. Wir sind uns ihrer bewusst und stehen dazu. Durch unser Berufsethos haben wir zwar gemeinsame höhere Ziele, sie werden jedoch individuell verschieden verfolgt. Wir akzeptieren unser eigenes Vorgehen und sind anderen gegenüber tolerant. Ein Klima von Offenheit und gegenseitiger Unterstützung hilft dem ganzen Kollegium. Jeder kann dazu beitragen. Dazu gehört auch, sich spontan gegenseitig zu helfen, wenn wir Konflikte z. B. bei der Aufsicht wahrnehmen oder bemerken, wenn es jemandem schlecht geht.

> *Als Doris in ihrer Freistunde über den Flur ging, sah sie ihre Kollegin Christina zusammengekauert auf der Treppe sitzen. Fast weinend klagte Christina, sie könne nicht mehr. In der Klasse tobte das Chaos. Doris schickte sie ins Lehrerzimmer: »Du gehst jetzt, machst dir eine Tasse Tee und entspannst dich ein bisschen. Ich versorge deine Klasse.«*

Unserem Beruf wohnt eine Menge Konfliktpotential inne: Permanenter Druck und wenig Bestätigung von außen, Arbeitsüberlastung, häufige Veränderungen, die meist auf unsere Kosten eingeführt werden sollen, und vieles mehr. Eine positive Atmosphäre sowie Achtsamkeit und Wertschätzung im Umgang miteinander tragen viel zum Wohlbefinden bei. Hilfreich ist auch die kollegiale Fallberatung z. B. im Rahmen der Klassenkonferenz.

Eine sehr große Bedeutung für das soziale Klima hat die Schulleitung. Kommuniziert sie offen und ehrlich und macht ihre Entscheidungen transparent, so ist für kleine Intrigen kaum Platz. Ihre Wertschätzung für jeden einzelnen im Kollegium trägt zu positiver Stimmung entscheidend bei. Natürlich gibt es auch andere Schulleitungen, z. B. solche, die aus erhofftem Machterhalt das Kollegium spalten. Daraus entstehen dann Gruppen von »Königstreuen«, die womöglich die Gespräche aus dem Lehrerzimmer weiterleiten, um sich Privilegien zu sichern, und »Rebellen«. Wenn wir erschöpft sind, tun wir gut daran, uns nicht in solche Kämpfe einzulassen. Neutralität kostet weniger Kraft. In manchen Fällen muss man natürlich Position beziehen. Da könnten wir uns ggf. Unterstützung vom Personalrat holen.

Ist die Situation in einer Schule sehr belastend, haben wir, um uns selbst zu behaupten, zwei Möglichkeiten. Wir können uns um Versetzung an eine andere Schule bemühen, oder wir wollen das aus guten Gründen nicht tun. In dem Fall sollten wir auch innerlich zu unserer Entscheidung stehen und daran arbeiten, uns mit Gelassenheit und Achtsamkeit zu schützen. Wir denken an den alten Spruch: »*Großer Geist, gib mit Kraft, die Dinge zu ändern, die ich ändern kann. Gib mir Gelassenheit, die Dinge hinzunehmen, die ich nicht ändern kann, und die Weisheit, das eine vom anderen zu unterscheiden.*«

In fast jedem Kollegium gibt es auch eine Gruppe, die sich grundsätzlich gegen Veränderungen stellt. Oft sind das die Nörgler, die an allem etwas auszusetzen haben. Dahinter steht einerseits oft die Angst, das Geforderte nicht bewältigen zu können, andererseits das Gefühl, schlecht behandelt und ausgenutzt zu werden. Wenn wir mit dieser Gruppe zu viel Kontakt haben, zieht sie uns mit in ihre pessimistische Sicht der Schulsituation. Das tut uns nicht gut. Im Gespräch bleiben wir sachlich und weisen auch auf die Vorteile unseres Berufes hin. Zur Selbstbehauptung gehört hier ein Stück Abgrenzung und Distanz. Unsere Achtsamkeit hilft uns dabei.

Auch Supervision kann schwierige Situationen verbessern, sowohl für das Kollegium als auch als Coaching für den Einzelnen. Beides klärt das eigene Denken und gibt Anstöße zur leichteren Bewältigung von Schwierigkeiten. Beim Umgang mit Kolleginnen und Kollegen machen wir uns bewusst, wo wir uns einbringen wollen und wo professionelle Distanz sinnvoller ist. Wir achten auf unsere eigenen Bedürfnisse, denn wenn wir sie zu oft unterdrücken, führt uns das nur in Richtung Burnout.

8.4   Umgang mit Eltern

8.4.1   Die Position der Eltern

Damit der Umgang mit Eltern nicht zu einem Stressfaktor wird, sollten wir zunächst ihre Position unter die Lupe nehmen. Nur wenn wir verstehen, was in den Eltern vorgeht, bleiben wir Herr der Lage. Es tröstet uns nicht, dass z. B. in Norwegen ein Buch mit dem Titel *Das Lehrerhasserbuch* kaum einen Verlag gefunden hätte, geschweige denn zum Bestseller avanciert wäre. Es ist aber gut zu wissen, was Eltern denken. Das, was wir hier etwas pauschalisiert betrachten, trifft natürlich nicht auf jeden einzelnen Fall zu. Es ist sinnvoll, verschiedene Möglichkeiten in Betracht zu ziehen, um nicht spontan in bereitgestellte Fallen zu tappen.

Die meisten Eltern stehen der Schule mit mehr oder weniger Skepsis gegenüber. Sie waren selbst einmal Schüler und haben dort, wenn sie nicht die Spitzen des Gymnasiums waren, auch sehr negative Erfahrungen gemacht. Viele erinnern sich an ungerechte Lehrer, den Kampf um Zensuren und Abschlüsse. Alte Ängste können wieder hochkommen. An jedem Nichtgelingen hatten in der Erinnerung die Lehrer zumindest einen Teil der Schuld. Lehrer konnten nicht gut genug erklären oder hatten undifferenzierte, ungeeignete Unterrichtsmethoden usw. Nun stehen diese Eltern »zum Kampf« bereit, ihr Kind vor solchen Erfahrungen zu beschützen.

Als Lehrer verbringen wir viel Zeit mit den Kindern. Besonders in der Grundschule kann es da zu Eifersucht kommen: »Mami, Herr Schulz hat aber gesagt, dass Sonne auf Englisch ‚san‘ heißt und nicht ‚sön‘.« Da wird z. B. der Grundschullehrerin leicht unterstellt, sie wäre emotional bedürftig und versuche daher, die Kinder an sich zu binden. Männer geraten weniger unter einen solchen »Verdacht«. Kinder, die in der Schule schwieriges Verhalten zeigen, sind angeblich zu Hause ganz anders. Die Regelverletzungen müssen also an der Schule liegen. Und last, but not least verteilt der Lehrer Sozialchancen durch die Zensurengebung und gibt die Empfehlungen für weiterführende Schulen. Insgesamt kann zwischen Eltern und Lehrern eine Menge Konfliktpotential liegen. Für unser eigenes Wohlbefinden und auch für das der Eltern sollten wir dieses so weit wie möglich entschärfen.

8.4.2 Souverän bei Elternabenden und Einzelgesprächen

Beim Umgang mit Eltern sollten wir uns stets bewusst sein, dass wir die Profis sind, sowohl was Kommunikation als auch was den gesamten Bereich Schule betrifft. Wir sind diejenigen, die fähig sind, eine Situation aus der Metaposition zu betrachten. Das verleiht uns die Souveränität. Im Übrigen gibt uns die sachgerechte Vorbereitung Sicherheit. Bei der Kommunikation mit den Eltern können Schnellhefter oder auch das Hausaufgabenheft der Schüler gute Dienste leisten. Bei einer »Papierflut« geht zu viel verloren.

Zu *Elternabenden* laden wir zwei Wochen vorher schriftlich und mit Rückmeldungsabschnitt ein, zu einem Termin, an dem nicht etwa ein wichtiges Fußballspiel o. Ä. stattfindet. Die Einladung, für ausländische Eltern übersetzt, ist möglichst motivierend gestaltet und enthält natürlich die Tagesordnung. Den Raum bereiten wir mit Hilfe von Schülern vor: Sitzordnung im Kreis oder Hufeisen und Namensschilder für die Eltern, die auch den Namen ihres Kindes enthalten. Grundschulkinder gestalten sie gerne mit Verzierungen, ältere fertigen die Aufkleber mit dem Computer. Wenn Getränke und Knabberzeug vorhanden sind, tut das der Atmosphäre gut. Auch eine Ausstellung von Schülerarbeiten erfreut Eltern. Der Elternabend kann mit einer kurzen Kennenlernrunde beginnen. Dabei geht die Anwesenheitsliste herum.

Inhaltlich geht es darum, die Tagesordnungspunkte zielorientiert zu bearbeiten. Die Themen hängen natürlich von der Klassenstufe ab. Hier einige Beispiele:

- Information der Eltern über die an der Schule geltenden Regeln,
- Lerninhalte und -ziele am Beginn des Schul(halb)jahres,
- Wahlpflichtbereich,
- Besonderheiten des Schuljahres (Radfahrprüfung, Mofakurs, Erste-Hilfe-Kurs),
- Erfahrungsaustausch zu bestimmten Themen (z. B. neue Medien, Freizeit, Taschengeld usw.),
- Wahl der Elternvertreter,
- Diskussion und Entscheidungen, z. B. ob, wohin und wie lange eine Klassenreise stattfinden soll, Finanzierung, Taschengeldgrenzen usw.,

— ggf. besondere Vorfälle z. B. Mobbing, die alle angehen,
— Wahl der Elternvertreter bzw. Berichte der Elternvertreter aus den Gremien,
— sonstiges.

Bei den *Elternsprechtagen* geht es in zeitlich relativ engen Einzelgesprächen um die Lernstanderhebungen bzw. den Leistungsstand, ggf. um den Übergang in weiterführende Schulen oder Berufsberatung. Sie können mit oder ohne Schüler stattfinden. Eingeladen wird mit einer Terminübersicht, in der die Eltern alle Termine ankreuzen sollen, die für sie möglich sind. Daraus können wir dann eine Ablaufliste herstellen, die außen an der Klassentür hängt, und jedes Kind bekommt die Terminübersicht, in der der Termin für seine Eltern markiert ist.

Natürlich sorgen wir wieder mit Getränken, Knabbersachen und Stühlen für Erwachsene für eine angenehme Atmosphäre. Wenn nötig, bestellen wir auch nach Möglichkeit einen Dolmetscher. Grundlage des Gespräches ist das Feedback zum Leistungs- und Entwicklungsstand der Schüler, dargestellt an den vorliegenden Kompetenzrastern, Zielvereinbarungen und dem Notenbuch. Anhand dessen werden gemeinsam Maßnahmen besprochen. Dabei vermitteln wir den Eltern durch Wertschätzung und einfühlendes Verstehen Ruhe und Verständnis. Beim Zuhören sind wir auch achtsam bei uns selbst und unserer Atmung. So erfahren wir, wie sich die Situation zu Hause darstellt, und erarbeiten gemeinsam für alle Teile akzeptable Lösungen. Am Ende schreiben wir ein kurzes Protokoll des Gesprächsergebnisses mit, was die Eltern, die ggf. anwesenden Schüler und wir unterschreiben.

Für Konfliktlösungen reicht der Zeitrahmen nicht aus! Sollten Konflikte auftreten, verweisen wir ganz ruhig auf unsere Sprechstunde und vereinbaren dafür einen Termin. Wir wissen, wie anstrengend Elternsprechtage sind, wenn wir uns im 20-Minuten-Takt immer wieder auf verschiedene Menschen einstellen müssen. Da vermeiden wir Stress, indem Konfliktgespräche verschoben werden. Außerdem wissen wir dann schon vorher, worum es geht, und können uns darauf vorbereiten.

Ähnliches gilt für Telefonate. Wir sollten sie kurz gestalten, den Eltern vermitteln, dass wir ihr Anliegen ernst nehmen, uns ggf. Notizen machen und Problemlösungen, die sich nicht in fünf Minuten erledigen lassen, in die Sprechstunde verlegen. Manche Lehrer geben ihre private Telefonnummer nicht an Eltern oder Schüler. Unsere Erreichbarkeit signalisiert den Eltern jedoch, dass wir (fast) immer für ihre Kinder da sind. Dass wir den Anrufbeantworter einschalten, wenn wir nicht gestört werden wollen, ist dabei selbstverständlich – ebenso der Rückruf! Auch Eltern müssen akzeptieren, dass wir unsere Schreibtischarbeit konzentriert und ungestört verrichten wollen.

8.4.3   Konflikte mit Eltern lösen

Konflikte werden grundsätzlich in der Sprechstunde behandelt. Die Eltern melden sich an und bekommen einen Termin. In der Sprechstunde nehmen wir uns Zeit bzw. legen von vornherein einen Zeitrahmen fest und schaffen eine angenehme Atmosphäre, indem wir uns entspannen und genau zuhören. Das tut uns selbst gut, und auch wütende und aufgeregte Eltern beruhigen sich dabei. Wir müssen ja zunächst verstehen, worum es eigentlich geht. Mit Hilfe gezielter Nachfragen und mit der Technik des aktiven Zuhörens (▶ Abschn. 5.4.1) wird das noch präzisiert. So bekommen wir ein Bild von den Gesprächserwartungen. Dabei behalten wir auch die Körpersprache der Eltern im Auge.

Wir sind uns bewusst, dass zu unserem Berufsbild auch das »Sündenbockphänomen« gehört. Hier hilft uns bei Beschuldigungen nur die *professionelle Distanz*. Wir lernen uns selbst zuliebe, uns nicht mehr betroffen zu fühlen, wenn wir für die beklagte Situation nichts können. Manchmal hilft auch eine humorvolle Bemerkung. Keinesfalls sollten wir der Versuchung erliegen, Verständnis für unsere eigene schwierige Situation zu erwarten. Zu tief steckt in unserer Bevölkerung das Vorurteil, dass wir gut bezahlte Halbtagsjobber sind. Klagen bei Eltern sind tabu! Sie werden uns von vielen nur als Armutszeugnis ausgelegt und nehmen uns die Souveränität. Wir können mit der Situation umgehen, weil wir die Profis sind. Aufgrund dieser fast therapeutischen Haltung sind wir in der Lage, mit den Eltern gemeinsam nach Lösungen zu suchen.

Sind z. B. die Leistungen eines Viertklässlers zu schwach, um eine positive Prognose für den Übertritt ins Gymnasium zu stellen, so ist es hilfreicher, wenn die Eltern in Ruhe und Verantwortung darüber nachdenken können, als mit uns zu streiten und ihr Kind mit Hilfe von Anwälten ins Gymnasium zu klagen. Es gelingt uns besser, die Eltern zu überzeugen, dass sie und wir im gleichen Boot sitzen, wenn wir vermitteln, dass auch wir das Beste für ihr Kind wollen. Gemeinsam können wir nach Gründen für die unzureichenden Leistungen und nach praktikablen Lösungen suchen. Bei einer völlig verfahrenen Situation könnten wir auch eine Kollegin oder eine Kollegen hinzuziehen.

Weiterführende Literatur

Brose K, Pfaffe W (2009) Survival für Lehrer. Vandenhoeck & Ruprecht, Göttingen
Frank H (2010) Lehrer am Limit, Gegensteuern und durchstarten. Beltz, Weinheim
Koch R (2008) Das 80/20 Prinzip. Mehr Erfolg mit weniger Aufwand. Campus, Frankfurt a. M.
Miller R (2011) Als Lehrer souverän sein. Von der Hilflosigkeit zur Autonomie. Beltz, Weinheim
Scharfer K (2001) So schaffen sie den Schulalltag. Ein Überlebenshandbuch für Lehrer, Zeitgestaltung,
    Arbeitstechnik, Seelische Gesundheit. Aschendorffsche Verlagsbuchhandlung, Münster
Simon W (2007) GABALS großer Methodenkoffer. Grundlagen der Arbeitsorganisation. Gabal, Offenbach

Motivation als Schlüssel zu Erfolg und Freude

D. Linde, *Burnout vermeiden - Berufsfreude gewinnen*,
DOI 10.1007/978-3-662-47006-0_9, © Springer-Verlag Berlin Heidelberg 2015

9.1 Grundlagen der Motivation

Alles, was wir tun und lassen, ist durch Motive begründet, auch wenn sie uns oft nicht bewusst sind. Ob wir abends müde im Sessel sitzen bleiben, statt schlafen zu gehen, oder ein Schüler massiv den Unterricht stört – es gibt dafür immer Beweggründe. Manchen liegen körperliche Bedürfnisse zugrunde, wie z. B. Hunger, Schlaf, Sex usw., manchen Beweggründe wie Neugier, Kontakt, Leistungsstreben und viele mehr. Je besser wir unsere eigenen Motive und die unserer Schüler kennen, desto größer sind unsere Veränderungsmöglichkeiten.

9.1.1 Die Bedürfnispyramide im Hinblick auf Lehrer und Schüler

Auch wenn die Bedürfnispyramide von Maslow schon mehr als ein halbes Jahrhundert alt ist, so ist sie nicht nur das bekannteste, sondern meines Erachtens auch das umfassendste Modell. Wir betrachten die fünf Stufen im Hinblick auf uns selbst und im Hinblick auf unsere Schüler.

Die unterste Ebene sind die *physiologischen Bedürfnisse*, die unser Überleben sichern – also Hunger, Durst, Schlaf, Sex und der Schutz vor Bedrohung. Davon kann man sich vieles mit Geld kaufen. Menschen, die ausschließlich wegen des Geldverdienens arbeiten, tun das auf der untersten Motivstufe. Das ist jedoch selten, denn auch deren Arbeit befriedigt noch höhere Motive. Sie verhindert z. B. Langeweile, ermöglicht Kontakte usw.

Unser Empfinden richtet sich immer dann auf unsere physiologischen Bedürfnisse, wenn sie gerade nicht befriedigt sind. Wenn wir als Lehrer ein größeres Schlafdefizit empfinden, ohne Frühstück in die Schule eilen, so kommen höhere Motive zu kurz. Da wir mit uns selbst besser umgehen wollen, schenken wir hier unserem Wohlbefinden mehr Aufmerksamkeit. Auch von müden, hungrigen oder durstigen Schülern ist keine Leistung zu erwarten. Vor allem im Grundschulbereich gibt das gemeinsame Frühstück eine gute Grundlage für den Schultag. Zuerst erfordert es Arbeit, alle Eltern dazu zu bringen, dass sie ihren Kindern etwas Gesundes zu essen und eine Trinkflasche mitgeben, aber diese Investition zahlt sich schnell aus. Der Zusammenhang zwischen ausreichend Schlaf und Schulleistungen muss manchen Eltern auch immer wieder deutlich gemacht werden. Bei Müdigkeit leidet unsere eigene Konzentrationsfähigkeit und die der Kinder. Besonders bei jüngeren Schülern gehört auch die Befriedigung des Bewegungsdranges zu den körperlichen Grundbedürfnissen. Bauen wir also möglichst viele entsprechende Möglichkeiten in den Unterricht ein.

Die zweite Ebene ist das *Bedürfnis nach Sicherheit*. Dazu gehört die körperliche Unversehrtheit, die Orientierung in Zeit und Raum, die Absicherung vor den Wechselfällen des Lebens und der Zukunft (für manchen Lehrer ist die unkündbare Beamtenstellung eines der Motive für die Berufswahl) sowie die Kenntnis der ungeschriebenen Gesetze u. Ä. Als Lehrer in einem neuen Kollegium bemühen wir uns schnell alle Räume zu finden, alle Schlüssel und Zuständigkeiten zu kennen und zu wissen, woher wir alle nötigen Informationen bekommen können. Sind wir neu im Kollegium, sorgen wir gut für uns, indem wir aktiv werden, um unser Sicherheitsbedürfnis zu befriedigen. Neue Schüler dagegen können das oft noch nicht selbst. Wir helfen ihnen, indem wir ihnen entweder einen freiwilligen »Paten« an die Seite stellen oder immer wieder Schüler auffordern, dem Neuen dies und jenes zu zeigen. Wir selbst erklären die Regeln, auf die sich die Klasse geeinigt hat. Das ist auch eine gute Wiederholung für die anderen und stärkt das Wir-Gefühl der Schüler. Dieses ist das nächsthöhere Bedürfnis. Zur Stufe 2 gehört auch noch, auf die körperliche Unversehrtheit der Schüler zu achten. Kinder,

Motivation

Unter Motivation ist die Handlungsbereitschaft zu verstehen, mit der Beweggründe, also Motive, in Handlung umgesetzt werden. Motivation hängt vom Wert der erwarteten Belohnung und von der eingeschätzten Erfolgswahrscheinlichkeit ab. **Volition** ist die selbst gesteuerte Umsetzung von Motiven in Handlungen. Dabei löst intrinsische Motivation ein Verhalten aus, das man nur deshalb zeigt, weil man Freude daran hat, und durch das man Flow erleben kann. Extrinsische Motivation dagegen wird genährt durch äußere Belohnungen, durch Erwartungen anderer (Zugehörigkeitsmotiv) oder internalisierter Ziele (Zugehörigkeits- und Leistungsmotiv). Es gibt verschiedene Motivationsmodelle. Das älteste ist die Bedürfnispyramide von Maslow. Die Grundmotive nach D. C. McClelland (1987) sind Zugehörigkeit, Macht und Leistung (bezogen auf die eigenen Ansprüche) sowie die Vermeidungsmotive Wertlosigkeit, Ohnmacht und Versagen. Insbesondere bei der **Leistungsmotivation** geht es darum, Erfolg zu haben und Misserfolg zu vermeiden. Dabei sind die Bezugsnormen des Kleinkindes individuelle. Erst das Schulkind entwickelt soziale Bezugsnormen. Bei der Auswahl von Aufgaben wählen erfolgsorientierte Schüler mittelschwere Aufgaben, die sie bewältigen können. Misserfolgsorientierte dagegen suchen sich entweder zu leichte, die sie mühelos schaffen, oder zu schwere, bei denen sie quasi unschuldig am Misserfolg sind. Den **Lehrereinfluss** auf die Leistungsmotivation von Schülern untersuchte F. Rheinberg (2004). Er stellte fest, dass die Bezugsnorm des Lehrers wesentlich ist für die Motivation und die Leistungen seiner Schüler. Er unterscheidet Lehrer mit individueller von solchen mit sozialer Bezugsnorm. Die ersteren fördern interne Faktoren wie Fleiß und Kompetenz und stellen individuelle Anforderungen an ihre Schüler. Fallen die Ergebnisse der Leistungsstarken ab, ermahnt der Lehrer sie. Er gibt leistungsschwachen Schülern besondere Anerkennung, wenn sie ihre Ergebnisse verbessern. Seinen Unterricht gestaltet er individualisierter, was die Erfolgsorientiertheit der Schüler fördert. Beim Lehrer mit sozialer Bezugsnorm dagegen bekommen leistungsstarke Schüler generell mehr Anerkennung. Eine Rückmeldung bekommen die Schüler immer erst am Ende der Aufgabe. Die Schüler arbeiten misserfolgsorientiert, was tendenziell negative Auswirkungen auf ihr Selbstbild hat. Bei ihnen ist auch die Schulunlust größer.

die körperlicher Bedrohung, Mobbing und Bullying ausgesetzt sind, haben Angst und keine Kapazitäten frei, um zu lernen (▶ Abschn. 11.2, Aggressionen).

Die dritte Ebene ist das *Bedürfnis nach Zugehörigkeit*. Wir leben in einem Kontext mit anderen Menschen, in der Familie, in der Schule, im Freundeskreis und allen möglichen Gruppen, denen wir uns zugehörig fühlen. Als Lehrer befriedigen wir dieses Bedürfnis, indem wir gut mit anderen zusammenarbeiten und uns gegenseitig helfen. Freundschaften, die sich darüber hinaus noch entwickeln, tun unserer Seele gut. Diese dritte Motivationsstufe umfasst auch das menschliche Bedürfnis nach Kommunikation. (Beispiel: Als Mias Mutter sie am letzten Ferientag fragte, ob sie sich auf die Schule freue, antwortete sie: »Ja, Mami, ich freu mich so auf die anderen Kinder.«) Geben wir in unserem Unterricht zu wenige Kommunikationsmöglichkeiten für die Schüler (z. B. durch Partner- und Gruppenarbeit), erfüllen diese sich ihre Gesprächswünsche dennoch, was wiederum unseren Unterricht stört.

Die vierte Motivationsstufe ist das *Bedürfnis nach Macht, Status und Anerkennung*. Einerseits wollen wir Menschen dazugehören, andererseits wollen wir besser sein als andere. Dieser Ehrgeiz ist individuell unterschiedlich ausgeprägt und zeigt sich bei Wettbewerben aller Art. Viele Menschen haben auch aus der Kindheit Einschärfungen mitbekommen, die besagen, man müsse perfekt und immer besser sein als andere. Alles, was wir tun, um es anderen »zu zeigen«, tun wir nicht um der Sache selbst willen. Wir haben andere Ziele. Eine Besonderheit dieser Stufe ist, dass sie die Kompensationsstufe für Defizite auf den Stufen 2 und 3 ist.

(Beispiel: »Niemand in der Nachbarschaft mag mich, aber ich bin stolz, das größte Auto zu haben.«) Ein schwaches Selbstwertgefühl lässt sich durch besondere Leistungen, Statussymbole und Machtdemonstrationen etwas ausgleichen. Lehrer mit einem stark entwickelten, kompensatorischen Stufe-4-Bewusstsein berufen sich gerne auf ihre Amtsautorität. Wie wir alle wissen, brauchen Kinder Lob und Anerkennung. Sie lieben aber auch Wettspiele aller Art. Ein altersgemäßes Quiz kann manche Vertretungsstunde retten, und das »Abfragen« mit Hilfe des »Tafelfußballs« und ähnlicher Spiele wird zum Vergnügen. Die andere Seite sind die »Hahnenkämpfe« auf dem Schulhof um die Rangordnung in der Klasse.

Die fünfte und oberste Motivationsstufe ist die Stufe der *Selbstverwirklichung*. Wir tun hier die Dinge um ihrer selbst willen, weil wir Interesse haben und weil es uns Freude macht. Auf dieser Stufe sind wir wirklich intrinsisch motiviert. Diese Motivationsstufe kommt auch in der Schule nicht selten vor. Grundsätzlich können wir Begeisterung erzeugen für das Lesenlernen, aber auch für jeden anderen Lernstoff wie Erkenntnisse aus der Biologie. Das gelingt uns umso leichter, je begeisterter wir selbst von der Sache sind. Das Feuer springt sozusagen über. Und natürlich werden wir unseren Stoff so auswählen und aufbereiten, dass möglichst viele Schüler sich dafür interessieren.

Der Idealfall der Begeisterung, den sicher alle von uns schon erlebt haben, kann jedoch keinesfalls als postulierter Regelfall erwartet werden. Auch wenn die Pädagogik uns an vielen Stellen dazu auffordert, den Unterricht so zu gestalten, dass die Schüler intrinsisch motiviert sind, widerspricht das jeder schulischen Praxis. Wenn unsere Schüler sich für Lerninhalte aus Motivationsgründen der Stufe 4 engagieren, also aus ehrgeizigen Gründen, so ist das auf jeden Fall auch in Ordnung. Wie viele Dinge tun wir Erwachsenen jeden Tag, weil sie getan werden müssen, um bestimmte Ziele zu erreichen? Da sind wir auch extrinsisch motiviert. Wir bringen die Klasse in Ordnung, nicht weil uns das soviel Spaß macht, sondern um die Vorteile der guten Organisation zu genießen.

9.1.2 Die Lehrer-Schüler-Beziehung als entscheidendes Motivationskriterium

Trotz aller Reformen und Veränderungen hat sich seit dem Altertum an der Bedeutung der Beziehung zwischen Lehrer und Schüler für das Lernen nichts geändert. Sie ist dabei ein besonders wesentlicher Faktor für die Motivation. Fragt man Erwachsene nach Erinnerungen aus ihrer Schulzeit, sind das nicht Berichte davon, wie sie z. B. die Integralrechnung verstanden haben, sondern immer wieder positive oder negative Erzählungen von Lehrern. Sie haben tiefe Eindrücke hinterlassen. Sogar einzelne Äußerungen behalten wir im Gedächtnis (Beispiele: »Ich will nun nie mehr hören, dass du für irgendetwas nicht intelligent genug bist!«, »Eine gebildete Frau hat immer etwas zum Schreiben bei sich«, »Du hast einfach keinen gesunden Menschenverstand!«) So können Lehrer in manchen Bereichen für das ganze Leben wirksam sein. In der Grundschule lieben viele Kinder ihren Lehrer oder ihre Lehrerin, und auch in späteren Jahren kann der Klassenlehrer oder Tutor als eine besondere Vertrauensperson geschätzt werden.

Die gute Beziehung ist für beide Seiten, sowohl für die Schüler als auch für uns nicht nur motivierend, sondern auch eine Grundlage für Gesundheit und Wohlbefinden. Dazu bedarf es einiger Voraussetzungen. Die Schüler wissen, dass wir ihnen vieles an Kenntnissen und Erfahrung voraus haben. Dennoch möchten sie als Person anerkannt und wertgeschätzt werden. Sie möchten uns vertrauen können, sie wünschen sich Lehrer, die sie durch immerwährende

Zuversicht aufbauen und für Ordnung sorgen können. Darüber hinaus sind wir, ob wir es wollen oder nicht, Vorbilder bzw. Verhaltensmodelle. Als solche ist unsere wichtigste Eigenschaft Ehrlichkeit. Erleben uns die Schüler als authentisch, haben wir große Einflussmöglichkeiten. Natürlich möchten wir auch stets geduldig, humorvoll, gelassen und verständnisvoll sein. Aber wir sind Menschen und machen Fehler. Wenn es uns dann gelingt, unsere eigene Menschlichkeit zu akzeptieren und nicht perfektionistisch an uns herumzunörgeln, sondern den Fehler zu reflektieren, sind wir auch in der Lage, uns bei Schülern zu entschuldigen.

> *Annegret wollte ihrer 10. Klasse über das Whiteboard einen Geschichtsfilm zeigen. Ihr Schüler Andy saß am Rechner und stellte den Film ein. Leider ließ sich der Ton nicht laut genug stellen, und Andy probierte es immer wieder von vorn. Die Klasse wurde sehr unruhig, und Annegret fuhr Andy an, warum es nicht klappte. Andy schrie erbittert »Machen Sie doch Ihren Scheiß alleine!« und ging zu seinem Platz. Aber Annegret merkte, dass der Fehler nicht zu beheben war und dass sie ungerecht zu Andy gewesen war. So ging sie am Ende der Stunde zu ihm und entschuldigte sich. Andy schien sehr erstaunt und antwortete: »Mir tut auch leid, was ich gesagt habe.« Das Lehrervorbild hatte Andy zu einer Entschuldigung (die nicht eingefordert war) ermutigt.*

Gehen wir achtsam mit uns um (▶ Kap. 3), so erhöht das unsere Selbstwahrnehmung, und wir können unser Verhalten verändern. Die Lehrer-Schüler-Beziehung hat eine emotionale Komponente und wirkt in beide Richtungen, so wie auch die persönliche Anerkennung. Dieser Respekt baut das Selbstwertgefühl der Schüler auf und schafft eine angstfreie Lernatmosphäre. Sie fühlen sich sicher, nicht bloßgestellt oder beschämt zu werden. Die Motivation, eine schwierige Aufgabe anzugehen, erhöht sich sehr, wenn Schüler begriffen haben, dass Fehler zum Lernprozess gehören und daher »erlaubt« sind. Dass Schulangst das Ergebnis von Leistungs- oder sozialem Druck ist, wissen wir alle. Eine gute Beziehung kann beides mindern, den Leistungsdruck durch genügend Zeit und individuell angemessene Anforderungen und den sozialen Druck durch Zuwendung und Vertrauen.

Die Lehrer-Schüler-Beziehung ist kein Selbstzweck, sondern dazu da, Kindern und Jugendlichen zu Kenntnissen und Fertigkeiten zu verhelfen und sie im weitesten Sinne auf das Leben vorzubereiten. Als Lehrer bemühen wir uns, Erfolge zu sichern, die dann den Schülern – und uns selbst – Freude bereiten. Die gemeinsam zu erarbeitenden Regeln geben uns und den Schülern die Struktur.

Eine besondere Herausforderung kann es werden, wenn es für uns schwierig ist, zu bestimmten Schülern Zugang zu finden. Wir konnten uns sie nicht aussuchen, genauso wenig wie sie uns. Dennoch ist es für Motivation, Leistung und Freude an der Arbeit wichtig, auch zu ihnen eine gute Beziehung aufzubauen. Diese Aufgabe teilen wir mit allen Berufen, die mit Menschen zu tun haben, seien sie Patienten, Mandanten, Gäste oder Kunden. Hier gilt es einerseits, unsere empathischen Fähigkeiten zu entwickeln, die Welt bzw. die Situation mit den Augen des schwierigen Schülers zu betrachten und ihn dadurch besser zu verstehen. Das bringt uns bereits eine gewisse Erleichterung, weil wir die Ablehnung weniger spüren. Andererseits müssen wir nicht jeden »lieben«, sondern uns »nur« professionell richtig verhalten. Dabei hilft uns wieder das Zauberwort von der *professionellen Distanz*, denn die persönliche Betroffenheit müssen wir mit uns selbst ausmachen, nicht mit dem Schüler. Darauf kommen wir bei der Erörterung von Disziplinkonflikten, Aggressionen usw. zurück.

Auch wenn die gegenwärtige Entwicklung zum Lehrer als »Bildungsbegleiter« und »Lernhelfer« hin geht, der passende Lernumgebungen und -angebote herstellen und den Schüler ansonsten selbst verantwortlich arbeiten lassen soll, so ändert das nichts daran, dass schulisches Lernen in einer Lehrer-Schüler-Beziehung stattfindet. Dabei ist diese Beziehung auf die zu erlernenden Inhalte gerichtet. Wenn auch manche davon träumen, so kann der PC den Lehrer nicht ersetzen! Wir kommen aus der Verantwortung nicht heraus, und wir wollen auch unseren Schülern die fachlichen und persönlichen Hilfen geben, die sie brauchen, um schulische Erfolge zu erreichen. Unsere Motivation und die der Schüler treten in eine positive Wechselwirkung. Wir sollten uns stets unserer Kompetenz und Professionalität bewusst sein, um Schwierigkeiten mit Schülern innerlich gelassen begegnen zu können.

9.1.3   Anerkennung und Kritik motivierend einsetzen

Anerkennung und Kritik sind zunächst Rückmeldungen, die sowohl motivierend als auch demotivierend wirken können. Betrachten wir zunächst die Wirkungsweise der Anerkennung. Dazu unterscheiden wir Anerkennung von Lob. Dabei meint Lob mehr die Person und Anerkennung die Sache. Beispiele für Lob:»Ich bin froh, einen Schüler wie dich in der Klasse zu haben« oder »Dies ist ein sehr schönes Bild, was du da gemalt hast«. Der Schüler weiß nicht genau, welches Verhalten den Lehrer zu diesem Lob veranlasst hat, noch, was er tun muss, um diese positive Einschätzung zu erhalten. Eine Anerkennung dagegen hieße: »Vielen Dank für deine Hilfe. Du hast das hier sehr übersichtlich geordnet« oder »Die Anordnung auf deinem Bild ist gut verteilt und die Farben passend ausgewählt«. Der Schüler weiß genau, welches Verhalten die Anerkennung hervorgerufen hat.

Wenn es auch kein Verhalten modifiziert, so kann Lob doch erfreuen, wenn der Gelobte den Lobenden mag und respektiert. Da es die Person meint, ist es höchstens dann angebracht, wenn wir mit dem Schüler allein sind. Sonst stört es die Beziehung zu den anderen Schülern. Sein Wert für die Motivation ist eher gering. Anders verhält es sich, wenn wir uns selbst loben, denn wir wissen genau, welches Verhalten wir dabei meinen. Wir sollten uns so häufig wie möglich selbst loben und anerkennen. Das reduziert Stress, tut uns gut, und es fällt uns leicht, die Leistungen und das Verhalten anderer anzuerkennen.

Anerkennung wirkt umso intensiver auf Verhaltensverstärkung und Motivation bei Schülern, je präziser das Verhalten dabei beschrieben wird, z. B.: »Du hast diese ganze Seite ohne einen Flüchtigkeitsfehler gerechnet. Fein, dass du dich jetzt so konzentrieren kannst.«

Wir kennen noch eine dritte Möglichkeit der positiven Rückmeldung: das Spiegeln. Das ist die Rückmeldung ohne persönliche Bewertung, z. B.: »Auf dieser Seite sind alle Aufgaben richtig.« Der Vorteil dieser Gesprächstechnik ist die Unabhängigkeit von der Beziehung, in unserem Fall vom Lehrer. Auch wenn die Beziehung gerade etwas schwierig ist und der Schüler von diesem Lehrer nichts Lobendes hören will, wirkt das Spiegeln positiver Ergebnisse sehr motivierend. Wir kennen auch Schüler, die aufgrund ihrer Biographie gar nicht mit Lob und Anerkennung umgehen können. Je sachlicher wir ihnen eine richtige Leistung bestätigen, desto wirkungsvoller ist es.

So wie wir Lob von Anerkennung unterschieden haben, so tun wir das auch mit Kritik und Tadel. Tadel meint die Person, z. B.: »Von dir habe ich auch nichts Besseres erwartet.« Es liegt auf der Hand, dass so etwas demotivierend wirkt und die Beziehung belastet. Auch wenn viele von uns in ihrer Schulzeit Lehrer hatten, die auf diese Weise tadelten, so können wir uns, indem wir unsere diesbezügliche Biographie reflektieren, von ihrem negativen Einfluss lösen. Das fällt uns umso leichter, je mehr wir es uns abgewöhnen, uns selbst zu tadeln. Sätze wie »Geschieht mir recht. Warum bin ich nur so ein Chaot« oder »Ich würde noch meinen Kopf vergessen, wenn er nicht angewachsen wäre« sind nicht unterstützend. Wie schon in Teil II besprochen, wollen wir wertschätzender werden im Umgang mit uns selbst.

Kritik im besten Sinne wirkt dagegen verhaltenssteuernd und motivierend. Sie hilft, indem das Verhalten korrigiert wird, wobei der Schwerpunkt weniger auf dem Fehlverhalten als auf der verbessernden Anweisung liegt. Ein Paradebeispiel ist hier der Sport. Je besser der Trainer die Korrekturen des Bewegungsablaufes gibt, desto schneller kommt der Sportler vorwärts. Auch als Lehrer sind wir Trainer, die Schülern helfen, leichter zu lernen und zu besseren Ergebnissen zu kommen. Die motivierende Wirkung ist offensichtlich. Mischt der Trainer hingegen wertende Elemente in die Kritik, fühlt sich der Schüler angegriffen und kann die Korrektur nicht mehr richtig umsetzen. Die Wirkung wäre wieder demotivierend.

Auch bei einer negativen Rückmeldung hat das Spiegeln die oben angeführten Vorteile und ist eng verwandt mit der nicht abwertenden Kritik, z. B.: »Wenn du die Zahlen nicht genau untereinander schreibst, erkennst du nicht, welche du zusammenzählen musst, und bekommst ein falsches Ergebnis, obwohl du richtig rechnest.« Das hat motivierende Wirkung, denn der Schüler erfährt genau, was er tun muss, um seine Aufgaben besser bewältigen zu können.

9.1.4 Belohnungssysteme motivierend einsetzen

Im normalen Schulalltag haben weder Lehrer noch Schüler immer zu allen Dingen Lust, die sie tun müssen, und sind intrinsisch motiviert. Wir wissen alle, dass das realitätsfern wäre. Dazu passt der Spruch: »Wenn du keine Lust hast, mach dir welche!« Wir Erwachsenen haben den Vorteil, dass wir wissen, dass wir unseren Pflichten nachkommen müssen. Aber auch wir fühlen uns besser, wenn wir uns belohnen, für die Erledigungen, die uns schwerfallen. Wir können für uns selbst auch materielle oder Verhaltensverstärker einsetzen. Erstere könnten z. B. ein besonderer Tee (zu trinken während des Korrigierens), ein spannendes Buch, die Lieblingssüßigkeit sein oder z. B. für die Fertigstellung der Zeugnisse etwas, was wir uns sonst »gönnen« wollen. Verhaltensverstärker wären z. B. ein Kinobesuch, lesen, ein gemütliches Bad oder ein Saunabesuch. Allein die Einstellung, uns belohnen zu wollen, tut uns gut.

Da das, was jeder von uns als Belohnung empfindet, sehr verschieden ist, denken wir in ◘ Tab. 9.1 über eigene Verstärkermöglichkeiten nach.

Haben wir die Übung für uns selbst gemacht, fördert das unsere Kreativität für die Verstärkermöglichkeiten für die Schüler. Wenn wir ein Verhalten bei den Schülern aufbauen wollen, z. B. zuverlässig die Hausaufgaben zu erledigen, kann es sehr helfen, mit Belohnungen zu

◘ **Tab. 9.1** Welche Verstärkermöglichkeiten kenne ich für mich?

Meine persönlichen materiellen Verstärker	Meine persönlichen Verhaltensverstärker

arbeiten (z. B. Comicstempel oder Smileystempel auf einer aushängenden Liste, die als Token dienen können).

> *Kopfrechnen ist für viele von Miras Schülern kein Vergnügen. Daher hat sie sich ein System überlegt, was genügend differenziert, um für alle motivierend zu sein. Sie lässt Kettenaufgaben lösen, um den Umgang mit dem kleinen Einmaleins zu festigen. Die guten Rechner (Note 1 und 2) schreiben nur das Endergebnis auf, die durchschnittlichen auch alle Zwischenergebnisse, und die Schwachen dürfen die Einmaleinstabelle benutzen. Alle bekommen für das richtige Ergebnis einen süßen Teufel, der auf dem Tisch liegen bleibt, damit jeder am Ende zählen kann, wie viele Aufgaben er geschafft hat. Miras Klasse bettelt sogar um das Kopfrechnen.*

Es soll hier nicht die ernährungsmäßig fragwürdige »Bonbonpädagogik« hoch gelobt werden. Tokensysteme nützen sich nicht ab und sind erfolgreich, wenn das Token sofort und eindeutig nachvollziehbar gegeben wird. Einzutauschen sind die Holzmünzen (Belohnungskarten oder Entsprechendes) dann in Verhaltensverstärker wie Spiele, Vorlesen oder (wenn entsprechend viele Tokens verdient wurden) in eine Klassenparty. Je abwechslungsreicher die Verstärkungen, desto erfolgreicher das Tokensystem.

Belohnungssysteme dienen dem Aufbau von nicht intrinsisch motiviertem Verhalten, vor allem bei jungen Schülern mit Lernschwierigkeiten, deren Spannungsbogen noch zu kurz ist, um sich für ein entfernteres Ziel zu engagieren.

> *In Svens Klasse erhalten die Kinder Klebepunkte für ausgeführte Hausaufgaben, d. h., den Punkt gibt es klar definiert, für die vollständige Hausaufgabe. Fehler oder schlechte Schrift sind hier nicht relevant. Fehlende Hausaufgaben erhalten den Punkt, wenn sie nachgemacht werden.*

Sobald ein Verhalten dann quasi mühelos zum Verhaltensrepertoire (z. B. das sofortige Abheften von Arbeitsblättern in den richtigen Ordner) gehört, können die Tokens für andere, aufzubauende und genau festgelegte Verhaltensweisen erworben werden. Das müssen nicht für alle Schüler die gleichen sein. Kinder begreifen schon früh, dass Gerechtigkeit nicht unbedingt »Jedem das Gleiche«, sondern auch »Jedem das Seine« bedeuten kann. Soll bei einem einzelnen Schüler ein neues Verhalten durch Verstärkung aufgebaut werden, kann er auch Punkte für eine Belohnung der ganzen Klasse »verdienen«.

Mancher Kollegin, manchem Kollegen widerstreben solche Maßnahmen. Dabei sind wir uns manchmal gar nicht bewusst, wie stark wir allein mit Zustimmungssignalen lenken.

> *Um Beeinflussung durch Zustimmungssignale zu demonstrieren, ließ ein Pädagogik-Professor in einer Vorlesung fünf Studenten vor die Tür gehen. Er erklärte dem Plenum das Experiment. Er werde die Probanden auffordern, beliebige Substantive zu nennen. Bei jedem Pluralwort würde er dann nicken. Die Studenten wurden einzeln hereingerufen, und wie erwartet, erhöhte sich die Zahl der genannten Pluralwörter so signifikant, dass sich das Plenum amüsierte.*

Unter diesem Gesichtspunkt könnten wir unsere Verstärkungspraxis noch einmal neu überdenken und vielleicht modifizieren. Die Begeisterung vor allem junger Schüler, mit der sie sich für Tokens aller Art anstrengen, kann auch unser Wohlbefinden fördern. Es ist für uns selbst und die Schüler hilfreich, wenn wir uns bewusst sind, dass regelkonformes Schülerverhalten erst nach und nach gelernt werden muss. Daher werden wir auch »normales«, angemessenes Verhalten immer wieder loben, z. B.: »Schön, dass ihr alle pünktlich aus der Pause gekommen seid.«

9.2 Wie Schüler und Lehrer sich gegenseitig motivieren

Im Laufe der Berufsjahre passiert es uns leicht, dass wir so auf die Schüler und ihre Leistungsmotivation konzentriert sind, dass wir unsere eigene dabei vergessen. Manchmal tut es uns gut, uns zu erinnern, mit welchen Ideen, Vorstellungen und Wünschen wir Lehrer geworden sind, um wieder an unsere eigene damalige Begeisterungsfähigkeit anzuknüpfen und unsere Erfolge nicht als Selbstverständlichkeit abtun. Es besteht eine Wechselwirkung zwischen Schüler- und Lehrerverhalten – auch bei der Motivation. Wir können die Schüler – wenn auch leider nicht immer – mitreißen, aber die Schüler uns auch. Es tut uns gut, wenn wir uns das in den entsprechenden Situationen bewusst machen und es genießen.

9.2.1 Die kindliche Neugier auf die Welt fördern und erhalten

Wir werden mit einem immensen Interesse an unserer Welt geboren. Bereits Babys haben Freude an einem Effekt, den sie hervorrufen, z. B. ihre Rassel immer wieder auf den Boden zu werfen. Sobald ihr kleiner Körper dazu in der Lage ist, erobern sie sich die Umgebung durch Greifen, Krabbeln, sich Aufrichten und Laufen. Sie zeigen dabei enorme Ausdauer und geben nicht auf. Beim Laufenlernen fällt ein Kind pausenlos hin und steht wieder auf. Kein Kleinkind wäre je liegen geblieben nach dem Motto: »Es ist mir zu schwierig. Ich lasse das.« Etwa ab dem zweiten Lebensjahr wollen sie alles selbst tun. Erst im Laufe des vierten Lebensjahres begreifen sie den Zusammenhang zwischen eigenem Können und dem Ergebnis. Dabei brauchen Kinder Bindung und Sicherheit, um ihr Grundbedürfnis, sich die Welt zu erobern, zu befriedigen. Sie wollen mutig ausprobieren und die eigenen Grenzen erforschen.

Kinder haben Interesse an ihrer Umwelt, an Tätigkeiten und an Gegenständen mit Aufforderungscharakter. Sie wollen auch können, was die Großen tun. Zunächst finden sie alles spannend, was ihnen begegnet. Später werden die Interessen spezifischer. Die Grundschule hindurch entwickeln Kinder im Sachunterricht nach einer spannenden Einstiegsphase, den Drang die Fragestellung zu lösen, sofern anderweitig keine Hindernisse im Weg stehen. Genießen wir das ganz bewusst!

Natürlich sind wir mit unseren Schülern im Gespräch über ihre Wünsche und Ideen und integrieren diese soweit wie nur möglich. Bei der Umsetzung ihrer Vorschläge steigt auch ihre Motivation.

In der Sekundarstufe kommt es sehr darauf an, ob entweder das Interesse geweckt werden kann oder die Einsicht, weshalb bestimmte Themen erarbeitet werden. Primär muss der Unterricht Erfolg bringen. Wenn er außerdem noch Spaß macht, umso besser. Das fördert auch den Erfolg.

Es besteht ein Zusammenhang zwischen Interessen und einem erfolgszuversichtlichen Selbstkonzept. Die Leistungsmotivation hängt beim Einzelnen auch von seinem Bezugsrahmen ab. Bei einigen ist die Normorientierung mehr individuell, d. h. dass das Kind seine gegenwärtigen Leistungen mit früher erbrachten vergleicht, bei anderen ist sie mehr sozial, d. h. dass das Kind sich vorwiegend an seiner Bezugsgruppe misst. Davon werden auch Erfolgszuversichtlichkeit bzw. Misserfolgsängstlichkeit beeinflusst, wie wir im Folgenden sehen werden.

Bei uns Lehrern ist das genauso. Deshalb tun wir uns einen großen Gefallen, wenn wir auch bei uns nicht nur die äußeren Voraussetzungen für den Erfolg schaffen, sondern unser inneres Selbstgespräch (▶ Kap. 6) daraufhin programmieren. Je besser uns das gelingt, desto besser können wir es unseren Schülern vermitteln. Dazu gehört, dass wir auch bei uns selbst auf körperliche und psychische Gesundheit achten, die eine Voraussetzung für Leistungsmotivation ist.

9.2.2   Hindernisse der Leistungsbereitschaft abbauen

Viele unserer Schüler werden im Elternhaus kaum durch Anteilnahme und realistische Erwartungen unterstützt. Statt Leistungsstärke durch Erfolgserwartung zu entwickeln, haben sie vor allem Angst vor Misserfolg. Dieser ist peinlich. Man schämt sich dafür und meidet oder verweigert infolgedessen bestimmte Aufgaben. So werden die Probleme dieser Kinder zu unseren.

Falls leistungsstarke und erfolgsmotivierte Schüler einen Misserfolg haben, betrachten sie das als »Pech«. Wenn sie sich Aufgaben aussuchen dürfen, wählen sie mittelschwere, die sie noch lösen können. Sie setzen sich mit Fleiß und Ausdauer ein und brauchen nur für herausragende Leistungen besondere Anerkennung vom Lehrer. Ihre Bezugsnorm sind frühere, eigene Leistungen.

Leistungsschwache und misserfolgsängstliche Schüler dagegen bewerten einen Erfolg nur als »Glück« und bevorzugen entweder leichte Aufgaben, die sicher zu bewältigen sind, oder zu schwere, damit sie nichts dafür können, wenn sie nicht gelingen. Diese Kinder sehen nicht ihren eigenen Leistungsfortschritt, sondern vergleichen sich mit den Leistungen ihrer Mitschüler. Dadurch sinken ihr Selbstwertgefühl und damit natürlich die Motivation.

Wir können solche Hindernisse allmählich abbauen, wenn wir besonders für schwache Schüler Erfolge sichern: mit differenzierten Arbeitsmitteln, häufiger Ermutigung, Anerkennung der geleisteten Arbeit und indem wir dafür sorgen, dass der Schüler seine Erfolge auch als solche wahrnimmt.

Wenn Udo einem einzelnen Schüler etwas erklärte, fragte er am Ende stets, ob der Schüler es nun verstanden habe und wisse, wie er vorgehen müsste. Wurde das bejaht, forderte er das Kind auf, zu sagen: »Ich kann das.« Das erforderte einige Übung bei seinen Schülern, stärkte jedoch ihren Lernprozess und die Wahrnehmung der Fortschritte.

Unsere positiven Rückmeldungen und wertschätzenden Korrekturen können nach und nach das negative Selbstbild unsicherer Schüler verbessern und die Misserfolgserwartungen langsam durch Erfolgszuversicht ersetzen.

9.2.3 Unterstützung durch Entwicklungspädagogik (ETEP)

Einer der wichtigsten Gründe für Schulunlust, der Unsrigen und der der Schüler, liegt in der Konzentration auf die Defizite, die Fehler, alles das, was Schüler eigentlich können bzw. tun sollten. Das frustriert! ETEP, ein entwicklungstherapeutisches, entwicklungspädagogisches Programm, das von Mary Wood in den USA für Kinder mit Verhaltensauffälligkeiten entwickelt wurde, führten Marita Bergsson und Heide Luckfield (2012) in Deutschland ein (s. ETEP Europe e. V.). Wir betrachten das Programm hier, weil seine Grundideen uns und die Schüler motivieren können.

Mit ETEP richtet sich der Blick nicht mehr auf die Defizite, sondern die Stärken. Nicht: »Was sollte das Kind können?«, sondern »Was kann das Kind schon?«. Als Grundlage dienen die fünf Entwicklungsstufen des Kindes. Zu jeder Entwicklungsstufe gehören bestimmte Ziele, Bedürfnisse und Ängste. Die Bedürfnisse der Grundschulkinder z. B. sind Anerkennung von den Mitschülern, Verbergen von Unzulänglichkeiten und Streben nach Selbstachtung. Entsprechend sind die Ängste: Schuldgefühle wegen Versagens, Sorge, dass Fehler ans Licht kommen, und die Befürchtung, selbst nicht anerkannt zu werden.

Um jedes Kind einzuschätzen, wurde ein Diagnosebogen erarbeitet mit den jeder Entwicklungsstufe entsprechenden Items in Bezug auf die Ziele: Verhalten, Kommunikation, Sozialisation und Kognition. Für jedes einzelne Item wird festgestellt, ob das Kind das schon kann, ob es das manchmal kann oder noch nie konnte. Die Verhaltensweisen, die ein Kind manchmal beherrscht, werden sogenannte Förderziele, an denen die Kinder arbeiten. Sie kennen ihre Ziele und bekommen Rückmeldung, wenn ihnen das erwünschte Verhalten gerade gelingt. Sind die Ziele erreicht, bekommen die Kinder neue. Der Unterricht wird so gestaltet, dass die Kinder an ihren jeweiligen Zielen arbeiten können. Es ist ja das Paradoxon an der Schule, dass Unterricht ein Schülerverhalten bereits voraussetzt, was die Kinder jedoch erst lernen müssen. Das wird vor allem unseren Kolleginnen und Kollegen der ersten Grundschulklasse ständig bewusst. Das ETEP-Programm näher auszuführen, würde den Rahmen dieses Buches sprengen, aber die Beschäftigung damit ist meines Erachtens für jeden von uns gewinnbringend.

Vor allem anderen ist uns die Blickrichtung wichtig. Was kann das Kind? Wo liegen seine Stärken? Woran kann es gerade arbeiten? Was wäre eine völlige Überforderung? Dieses Bewusstsein erleichtert uns eine wertschätzende und gelassene Haltung. Wir interpretieren dann Wutanfälle, Arbeitsverweigerung u. Ä. nicht mehr als gegen uns gerichtet, sondern als Versuch, ein Problem zu bewältigen. Natürlich werden wir nicht alles akzeptieren, aber wir sind professioneller, wenn die persönliche Betroffenheit fehlt.

Literatur

Bergsson M, Luckfield H (2012) Umgang mit »schwierigen« Kindern. Cornelsen, Berlin
Rheinberg F (2004) Motivation. Kohlhammer, Stuttgart

Weiterführende Literatur
Gordon T (1977) Lehrer-Schüler-Konferenz. Heyne, München
Meyer W (2002) Lernen lassen: Überlegungen für selbstverantwortetes und wirksames Lernen in der Schule nach Pisa. Verlag für akademische Schriften, Frankfurt a. M.
Rogers CR (1974) Lernen in Freiheit. Kösel Verlag, München
Smolka D (Hrsg) (2004) Schülermotivation – Konzepte und Anregungen für die Praxis. Luchterhand, München Neuwied

Leistungsmotivation und Arbeitsdisziplin im Unterricht

D. Linde, *Burnout vermeiden - Berufsfreude gewinnen*,
DOI 10.1007/978-3-662-47006-0_10, © Springer-Verlag Berlin Heidelberg 2015

Wir alle machen täglich die Erfahrung, wie interessiert und fleißig unsere Schüler bei der Sache sind, wenn sie motiviert sind. Wir wissen auch, dass sie am besten lernen, wenn sie einen direkten Bezug zum Stoff haben. Dennoch kann auch dann das Lernen beeinträchtigt werden, wenn kein günstiges Umfeld vorhanden ist. In diesem Kapitel geht es daher um effektive Unterrichtsgestaltung. Mit ihr beugen wir vielen Disziplinschwierigkeiten vor.

10.1   Klassenklima und Klassenführung

10.1.1   Mit Regeln und Ritualen fühlen Schüler und Lehrer sich wohl

Von einem harmonischen Klassenklima profitieren immer beide Seiten, die Schüler und wir. Deshalb arbeiten wir auch daran. Der erste Schritt dorthin heißt, dass die Schüler sich mit ihrer Klasse identifizieren.

> *In einer Stadtteilschule ergab es sich, dass eine 5. Klasse aus Schülern aus zwei »verfeindeten« 4. Grundschulklassen zusammengesetzt wurde. Das Chaos tobte natürlich. Die neue Klassenlehrerin Maja war sehr mutig und setzte so schnell wie möglich eine Klassenreise an. Die gemeinsamen Erlebnisse auf dieser Fahrt bewirkten, dass die Schüler ein Wir-Gefühl in der neuen Klasse entwickelten.*

Als Klassenlehrerin oder Tutor, eine Klasse zu übernehmen, ist immer eine neue Herausforderung. Als Erstes lernen die Schüler, wer der »Boss« ist. Wenn wir nicht bereit sind, das deutlich zu machen, wird der Klassenstar diese Rolle übernehmen. Wir sind gerade in der Phase der Gruppenbildung der Kristallisationspunkt und zeigen uns hier als zuverlässige, authentische Lehrer, deren Verhalten für die Schüler transparent ist. Verhält sich der Lehrer unberechenbar, folgt daraus eine Menge Schulfrust.

Es lohnt sich, eine *Gesprächskultur* aufzubauen. In der Grundschule gibt es den Morgenkreis, in dem Kinder ihre Erlebnisse erzählen und Wünsche formulieren. Auch das gemeinsame Frühstück in den Grundschulklassen gibt dazu Gelegenheit. Gemeinsam werden auch die *Klassenregeln* erarbeitet, um die Arbeit in der Schule für alle zu erleichtern. Diese hängen dann gut sichtbar im Klassenraum. Alle Regeln sollen positiv formuliert sein (»Wir sprechen freundlich miteinander«), um in den Schülern ein klares Bild des richtigen Verhaltens zu erzeugen. Gelingt es ihnen, sich an die Regel zu halten, werden wir das verstärken, besonders während des Prozesses, in dem eine Regel zur Gewohnheit wird. Negativ formulierte Regeln (»Es ist verboten …«) erfordern bei Übertretung einerseits eine Form von Strafe, andererseits ist ein solcher Negativkatalog eine Art Angebot, was man alles anstellen kann. In der Sekundarstufe lernen die Schüler, den Sinn jeder Regel zu diskutieren und Abläufe auch von der Metaposition aus zu betrachten. Regelverstöße müssen klare Konsequenzen haben, die sich auf das Verhalten beziehen, damit die Regeln wirksam bleiben. Moralische Normverletzungen wie Lügen und Stehlen sind keine einfachen Verstöße. Um hier ein Stück Gewissensbildung zu unterstützen, können wir das im Ethikunterricht thematisieren.

Die Schul- und Klassenregeln geben den Schülern einen stützenden Rahmen, der ihnen Halt und Sicherheit gibt. Kinder brauchen diese Verlässlichkeit, um innerhalb der gegebenen

Grenzen Freiheit ohne Orientierungslosigkeit zu erleben. Sie reduziert Schülerängste und ist auch für Jugendliche noch wichtig. Vor allem die gemeinsam besprochenen Klassenregeln fördern das Gemeinschaftsgefühl. Vielen Kindern müssen auch einfache Benimmregeln wie Grüßen, Bitte und Danke sagen, keine Schimpfwörter benutzen usw. erst anerzogen werden. Wir als Lehrer tun uns keinen Gefallen, wenn wir das von selbst erwarten. Es geht uns besser, wenn wir uns klarmachen, dass es nicht die Schuld der Kinder ist, wenn sie diese Dinge im Elternhaus nicht gelernt haben. Höflichkeit zu erlernen ist notwendig, damit die Kinder die für das Leben notwendige Sozialkompetenz erwerben.

Klassenregeln, die den Unterricht erleichtern bzw. erst möglich machen, wie z. B. die Melderegel, das Verhalten bei der Gruppenarbeit, beim Stationslernen und dem selbst verantworteten Unterricht, müssen geübt und mit viel Verstärkung aufgebaut werden. Es ist paradox, dass diese Verhaltensweisen einerseits Voraussetzung für den Unterricht sind, andererseits aber erst gelernt werden müssen. Wesentlich für den Erfolg ist dabei auch, dass die Schüler den Sinn jeder einzelnen Regel verstanden und eingesehen haben, d. h. dass sie so weit wie möglich an der Aufstellung der Klassenregeln beteiligt werden. Es sind dann »ihre« Regeln, die sie besser akzeptieren als von außen aufgesetzte. Wir können die Einhaltung ggf. auch durch Verstärker unterstützen.

Zu den *Klassenritualen* gehören nicht nur die Gestaltung der Jahresfeste und Geburtstage, sondern auch die kleinen und großen Zeichen, die den Tages- und Unterrichtsablauf für uns und die Schüler erleichtern. Gemeinsame Rituale schaffen ein Gefühl der Zugehörigkeit. Natürlich verändern sie sich mit dem Alter der Schüler. Es beginnt mit Begrüßungsritualen. Bei Grundschulkindern ist die Begrüßung mit Handschlag und Verabschiedung am Ende des Schultages angebracht. Wir können jedem Kind eine Verstärkung mitgeben, zu dem, was es an diesem Tag besonders gut gemacht hat, und eine Ermutigung für weniger Gelungenes. So haben wir auch sichergestellt, dass jedes Kind sich wahrgenommen fühlen kann. Besondere Begrüßungsabläufe in den Fremdsprachen fördern die Einstimmung auf die Stunde. Auch der Sprechstein oder Sprechball, der im Gesprächskreis weitergegeben wird, gehört zu den wertvollen Ritualen für eine sinnvolle Gesprächserziehung.

Rituale helfen auch den Stunden-, Tages- und Wochenrhythmus zu strukturieren. Es beginnt mit dem *Stillezeichen*, wobei wir selbst unbeweglich stehen und eine bestimmte Handhaltung einnehmen. Eine Klangschale, ein Regenstab, ein Gong oder eine kleine Glocke geben Unterstützung. Wir sind achtsam mit uns selbst und unterrichten nicht in einer unruhigen Klasse.

Der *Tagesplan* steht an der Tafel und wird kurz erläutert, ebenso der geplante Stundenablauf. Die Kinder sind motivierter, wenn sie wissen, worum es geht und was auf sie zukommt. Ein roter Magnetpfeil kann dann während der Stunde mitlaufen und anzeigen, was erledigt ist und was als Nächstes kommt. Nützlich sind auch Piktogramme oder Impulskarten. Jedes Kind hat eine magnetische *Namenskarte* für die Tafel und eine Namensklammer (bzw. einen Magnet). Statt bei der Stillarbeit laut nach dem Lehrer zu rufen oder sich heftig zu melden, heftet das Kind seinen Namen neben das Schild »Ich brauche Hilfe«.

Zu den Klassenritualen gehören auch die *Klassendienste*, wer fegt am Ende, wer gießt die Blumen, putzt die Tafel, sorgt dafür, dass alle Stühle hochgestellt sind usw.

Bewegungsmöglichkeiten und *Entspannungsübungen* (▶ Abschn. 3.3) sollten einen festen Platz im Schulalltag haben.

10.1.2 Wie gute Unterrichtsorganisation die Arbeitsdisziplin fördert

Ohne Frage hängt guter Unterricht ab von motivierenden Themen, die die Schüler wirklich interessieren bzw. für die wir sie interessieren können. Dennoch haben wir einiges in der Unterrichtsorganisation zu berücksichtigen, damit unsere Stunden so erfolgreich sind, wie wir sie geplant haben.

Wir erörtern hier die Techniken der Klassenführung nach Kounin, der seine Untersuchungen erstmals 1970 in den USA veröffentlicht hat, auf den sich jedoch viele neuere Werke stützen. Seine Techniken fördern eine hohe Mitarbeit und vermindern Regelverstöße. Wir wissen, dass Managementfehler, besonders in schwierigen Klassen, den Unterricht massiv stören können.

> *Im Geometrieunterricht wollte Peter allerlei Gegenstände ausmessen lassen und verteilte dazu bereits am Anfang der Stunde die 30 cm langen Lineale. Er hatte dann große Probleme, da die Schüler die Lineale am Tischrand immer wieder in Schwingungen versetzten und andere damit kleine Fechtkämpfe veranstalteten. Natürlich brauchten die Schüler dieses Arbeitsmittel, jedoch erst zu einem späteren Zeitpunkt. Am Anfang der Stunde lud es nur zu Regelverstößen ein.*

Folgendes sind die vier Faktoren einer erfolgreichen Unterrichtsführung in den lehrerzentrierten Phasen von Kounin (2006). Ihre Beachtung erleichtert uns auch heute noch den Unterricht bzw. hilft uns, zu erkennen, was wir falsch gemacht haben.

■ **1. Allgegenwärtigkeit und Überlappung**

Dies bedeutet, dass wir genau wissen, was in der Klasse vorgeht, also »hinten« Augen zu haben und auch den »richtigen« Schüler zu ermahnen. Überlappung würden wir heute eher als Multitasking bezeichnen. Wenn wir z. B. einem Schüler etwas erklären, haben wir die anderen trotzdem im Auge. Schüler, die sich gesehen fühlen, zeigen mehr Arbeitsdisziplin.

■ **2. Steuerung von Unterrichtsabläufen durch Reibungslosigkeit und Schwung**

Dies meint unsere Fähigkeit, den Unterricht kontinuierlich in einem Fluss verlaufen zu lassen ohne momentane Ablenkungen und Sprunghaftigkeit. Wenn einer Lehrerin während der Stillarbeitsphase plötzlich einfällt, die Kinder an das Geld für den Ausflug zu erinnern, muss sie sich nicht wundern, was danach statt Stillarbeit passiert. Zu dieser »Reibungslosigkeit« gehören auch genaue und verständliche Arbeitsanweisungen, damit jeder Schüler weiß, was er zu tun hat, sowie die Vorbereitung des Raumes vor dem Unterricht. Alle Materialien sind vorhanden, und die Methoden sind klar strukturiert. Es läuft ein Pfeil am Tagesplan mit. So sind die Übergänge zwischen den Unterrichtsphasen deutlich sichtbar.

■ **3. Gruppenmobilisierung und Rechenschaftsprinzip**

Dies heißt, es gelingt uns, dass möglichst alle Schüler beim Unterrichtsthema mitarbeiten und damit der Beschäftigungsradius hoch ist. Rechenschaftsprinzip bedeutet, dass die Schüler über ihre Mitarbeit »Rechenschaft ablegen« und wir zeigen, dass wir darüber Bescheid wissen, was jeder gerade tut.

- **4. Überdrussvermeidung und Herausforderung**

Hier geht es wieder um Motivation durch intellektuelle Herausforderung und die Vermeidung von Langeweile. Wir erfahren täglich, dass gerade bei Themen, die länger behandelt werden, das Interesse und damit die Herausforderung immer wieder durch möglichst spannende Aufgabenstellung geweckt werden muss. Das ist besonders auch bei Übungsphasen zu beachten, die wir so differenziert gestalten, dass jeder gefordert und niemand überfordert ist. Abwechslung ist nicht nur in der Grundschule ein wichtiger Grundsatz.

Zur Gestaltung von gutem Unterricht gehört darüber hinaus ein Wechsel der Sozialformen – und damit auch der Sitzordnung –, ohne die wir soziale Erziehung nicht verwirklichen könnten. Im Rahmen der Gruppenarbeit und des selbst verantworteten Lernens sind Kounins Prinzipien nur teilweise anwendbar. Sie helfen uns dennoch, einen stringenten und klaren Unterrichtsstil zu praktizieren.

Auch wenn es nicht direkt zum Thema Unterrichtsorganisation gehört, so sollte das häufige, konstruktive und positive Feedback zu unseren eigenen Regeln gehören. Diese Art der Wertschätzung von Schülerarbeit motiviert auch uns selbst und fördert die Motivation der Schüler: »Mein Lehrer nimmt mich wahr, zeigt mir meine Leistungsfortschritte und hilft, wenn ich nicht weiter komme.«

10.2 Selbstverantwortliches Lernen (SVL) und Motivation

Jeder Mensch macht die Erfahrung, dass er die Dinge, für die er sich selbst entscheidet, viel lieber tut, als solche, die von außen aufgezwungen werden. Auch empfinden wir Wahlmöglichkeiten als deutlich motivierender, als keine Wahl zu haben. Die eigene Arbeit selbst kontrollieren zu können bis hin zur Selbstbewertung erspart Peinlichkeit und ist sehr viel angenehmer, als von anderen kontrolliert und bewertet zu werden. So kann das selbst- oder eigenverantwortete Lernen in der Schule durch die erlebte Selbstwirksamkeit die Motivation der Schüler und damit auch die unsere verstärken. Dies kann zu mehr Selbstvertrauen und Freude an der Schule beitragen und Disziplinkonflikte verringern. Es soll hier nicht die öfter anzutreffende Schwarz-Weiß-Malerei (lehrerzentriert = altmodisch und falsch, schülerzentriert = modern und richtig) unterstützt werden, sondern wir betrachten zunächst die Möglichkeiten und Vorteile offener Unterrichtsformen und wenden uns dann Einschränkungen und Modifizierungen zu.

10.2.1 Möglichkeiten und Vorteile des selbstverantwortlichen Lernens

Wir Lehrer sind uns schmerzlich bewusst, dass wir nicht »machen« können, dass ein Schüler lernt. Der Lernprozess findet im Individuum statt und kann daher von außen nur angeregt und unterstützt werden (Rogers 1974). SVL ist in hohem Maße individualisierend und differenzierend. Darauf wird auch im klassischen Unterricht mit Differenzierungsangeboten geachtet. Dürfen Schüler an selbst gewählten Projekten arbeiten, bei denen sie selbstständig planen dürfen, ist das für die meisten hoch motivierend.

Im SVL ist es unsere Aufgabe, die notwendigen förderlichen und motivierenden Bedingungen herzustellen. Dann hängt es von jedem einzelnen Schüler ab, ob und wie viel er lernt. Unsere Lehrerrolle wandelt sich zum Lernbegleiter oder Lerncoach, der Hilfen anbietet, berät, Austausch und Teamarbeit anregt, um die sozialen Handlungskompetenzen zu fördern,

Arbeitsmaterial mit Selbstkontrollen und Kompetenzraster bereitstellt. Wir geben Tipps, Hilfe zur Selbsthilfe und Feedback. Auch im SVL hat die gute Lehrer-Schüler-Beziehung einen sehr hohen Stellenwert.

Um SVL zu ermöglichen, sind einige Voraussetzungen nötig. Es muss eine gute Lernumgebung geschaffen werden, d. h. genug Platz vorhanden sein, um Arbeitsmaterialien übersichtlich zu ordnen. Die Schüler brauchen Platz für Einzel- und Gruppenarbeit, für manche Arbeiten, wie Projekte, auch zusätzliche Räume. Unser Materialangebot muss in verschiedenen Schwierigkeitsgraden weit gefächert sein, was einen großen Aufwand an Vorbereitung erfordert. Die dafür unabdingbare Zusammenarbeit mit Kollegen wurde bereits in ▶ Abschn. 8.3.1 erörtert.

Ganz wesentlich für das Gelingen von SVL ist die Förderung der Lernkompetenzen der Schüler, denn wir sollen ja unsere Verantwortung dem Schüler selbst übertragen. Eine Hamburger Schule drückt es sogar folgendermaßen aus: *Wir legen die Verantwortung des Lernens in die Hände der Schüler.* Die Voraussetzung für das Gelingen sind bestimmte Kompetenzen. Die Schüler müssen vorher lernen zu planen, zu strukturieren, ihre Zeit einzuteilen, zu kommunizieren und zu recherchieren. Auch Lernstrategien wie der Umgang mit PC und Internet, der Leseecke und dem gesamten Materialangebot sollten beherrscht werden, wenn Schüler ihren Lernprozess selbst organisieren sollen. Diese Kompetenzen müssen nach und nach erworben werden, damit SVL nicht in Frustration und Verweigerung endet.

SVL-Stunden bedeuten Autonomie innerhalb eines vorgegebenen Rahmens. Dafür müssen Regeln vereinbart werden, z. B. Schüler kleben ihr Namensschild an die Tafel unter das Fragezeichen für Lehrerhilfe, sie sprechen im Flüsterton miteinander, die individuell gestalteten Pausen müssen geregelt sein usw.

Die offenen Unterrichtsformen beherbergen verschiedene Schwierigkeitsgrade. So kann SVL, wie andere Lerninhalte auch, vom Leichten zum Schwierigen aufgebaut werden. Allen Möglichkeiten gemeinsam ist, dass die Schüler eigene Ziele verfolgen und eigene Entscheidungen treffen. Eine einfache Form ist hier der Wochenplan, der verschiedene Aufgaben in verschiedenen Fächern enthält, die am Ende der Woche erledigt sein müssen. Die Kinder können wählen, welche Arbeit sie zu welcher Zeit ausführen. Dabei haben sie gegenüber den Hausaufgaben, in den für den Wochenplan vorgesehenen Schulstunden den Vorteil, dass der Arbeitsplatz, das Material und die eventuell nötige Lehrerhilfe zur Verfügung stehen. Der Wochenplan enthält Pflicht- und Extraaufgaben, die selbst kontrolliert, abgehakt und beurteilt werden.

Das Stationslernen ist durch die vorgegebenen Stationen, wie eine Art Zirkeltraining, zwar eine durch den Lehrer vorgegebene, aber doch offenere Unterrichtsform, weil die Schüler sich von einer Lernaufgabe zur anderen bewegen und mit Mitschülern kommunizieren. Sie können handeln, dabei etwas herausfinden, und es werden mehrere Sinne angesprochen. Auch hier gibt es Differenzierungsmöglichkeiten. Zu Beginn müssen die Stationen natürlich eingeführt und die Ergebnisse im Plenum anschließend besprochen werden. So ist der Lehrer während der Erarbeitung von neuen Inhalten Begleiter. Stationslernen eignet sich jedoch auch zum Üben bestimmter Fertigkeiten.

Eine weitere Möglichkeit ist das SVL mit Kompetenzrastern und Lernzielübersichten. Jeder Schüler hat z. B. in Mathematik sein Kompetenzraster, auf dem eingetragen ist, was er schon beherrscht in der operational definierten Form: »Ich kann ...« Wenn er sich bei der Freiarbeit für Mathe entscheidet, holt er sich für die zu lernende Kompetenz das entsprechende Material sowie Hilfe von anderen oder dem Lehrer, wenn er etwas nicht versteht, und arbeitet an der nächsten Kompetenz, die er dann zu einem Zeitpunkt seiner Wahl mit einem kleinen Test abschließt. Entsprechend kann mit Plänen für andere Fächer verfahren werden. Die beherrschten Kompetenzen sind dann die Grundlage für Lernstandsgespräche mit Schülern und Eltern sowie für die Berichtszeugnisse in der Grundschule. Daraus können dann neue Lernverträge entwickelt werden. Das SVL eignet sich auch besonders für das regelmäßige, nicht zu lang dauernde Üben, das oft als langweilig empfunden wird, in Partnergruppen. Das macht Schülern meist mehr Spaß und bringt daher größere Lernerfolge.

Sobald Klassen geübt sind in diesen offenen Unterrichtsformen können sie anfangen, Projekte selbstverantwortlich zu gestalten. Dabei liegt ein besonderer Schwerpunkt auf der Zusammenarbeit. Die Arbeit muss gemeinsam geplant und dann muss geklärt werden, wer, bis wann was erledigt und in das gemeinsame Projekt integriert. Je jünger die Schüler sind, desto mehr Unterstützung brauchen sie von uns. Dennoch ist dieses Selbst-Tun und Entscheiden-Dürfen sehr motivierend, und die Präsentation eines gelungenen Projektes erfüllt die Kinder mit Stolz. Bei der Arbeit an Themen, die die Schüler selbst vorschlagen, weil sie ihnen wichtig sind, engagieren sie sich besonders und zeigen sich hoch motiviert.

10.2.2 Grenzen und Modifizierungen offener Unterrichtsformen

Offene Unterrichtsformen werden oft als das Allheilmittel zur Schulentwicklung und für alle Schulprobleme schlechthin dargestellt. Es wird so getan, als ob der lehrerzentrierte Unterricht einherging mit autoritärem Lehrerverhalten, geprägt von Leistungsdruck, Kritik und Strafen. Dagegen ist der neue Lernbegleiter ein Lehrer, der Schülern hilft, sie wertschätzend und freundlich behandelt, sie motiviert und ermutigt. Diese Schwarz-Weiß-Malerei hat manchen erfahrenen Kollegen vor den Kopf gestoßen. Dabei wissen wir alle, dass unsere Zuwendung, unser Verhalten und der Aufbau unserer Lehrer-Schüler-Beziehung nicht von der Lehrmethode abhängen. Seit vielen Jahrzehnten gibt es Partner- und Gruppenarbeit sowie innere Differenzierung. Anders hätten die damaligen Landschulen mit mehreren Jahrgangsstufen in einer Klasse gar nicht arbeiten können.

Die zu den offenen Unterrichtsformen zählenden Methoden »Wochenplanarbeit« und »Stationslernen« sind nur bedingt schülerzentriert. Beim Wochenplan, selbst wenn differenzierte, individuelle Aufgaben gestellt werden, können die Schüler lediglich entscheiden, in welcher Reihenfolge sie sie erledigen. Tatsächlich selbst verantwortet werden nur die Zusatzaufgaben. Das Stationslernen lockert den Unterricht auf und wirkt motivierend. Die engen Handlungsvorgaben bei den Stationen sind jedoch auch nicht wirklich schülerzentriert. Die Einführung in die Stationen und die Plenumsgespräche danach sind in der Regel lehrergeleitet. Dagegen ist Projektunterricht gut schülerzentriert zu gestalten, da es dabei nicht in erster Linie um einen Zuwachs an Wissen geht, sondern um Anwendung von Gelerntem in praktischen Zusammenhängen und Erweiterung von Kompetenzen, insbesondere auch Sozialkompetenz. Die Schüler machen die Erfahrung, dass Projekte einem Team umso besser gelingen, je effektiver die Zusammenarbeit gestaltet wird.

Die »Freiarbeit«, bei der die Schüler sich frei entscheiden können, an welchen Materialien sie arbeiten, eignet sich nur für interessierte und intrinsisch motivierte Schüler. Auch nach einer intensiven Einführung in die entsprechenden Arbeitsmethoden steht bei einem, je nach Schule kleineren oder größeren, Teil der Klasse nicht die Entdeckerfreude im Vordergrund, sondern die Freiheit, tun zu können, was man möchte. Manche beschäftigen sich mit schulfremden Dingen, stören oft die Arbeitenden und müssen dann wieder vom Lehrer angeleitet werden.

Problematisch ist meines Erachtens auch die (z. B. in Hamburg) in allen Schularten geltende allgemeine Regel: »Frage zuerst zwei deiner Mitschüler, bevor du den Lehrer fragst.« Wir fördern selbstverständlich die Hilfe, die stärkere Schüler Schwächeren zukommen lassen. Dabei findet wichtiges soziales Lernen statt. Ob aber zwei Schüler in ihrer Arbeit gestört werden müssen, bevor man sich an den Lehrer wenden darf, dessen eigentliche Aufgabe das Erklären ist, kann man kritisch sehen.

Im Anschluss ein Interview zum SVL mit einem Abiturienten.

L:
»Wie lief das in eurer Klasse mit dem SVL?«
S:
»Das war ganz gut. Wir haben Module abgearbeitet. Am Anfang (11. Klasse) haben wir Materialien für Mathe und Englisch bekommen. In Deutsch konnte man selbst nötige Module nacharbeiten, wie z. B. Rechtschreibung. In der 12. und 13. Klasse sollten wir das alles individuell gestalten, immer wenn etwas ausgefallen ist, was für uns dann meistens gleichbedeutend war mit »frei«. Es war ja kein Lehrer dabei.«
L:
»Wie wirkte sich die Regel aus, dass man erst zwei Mitschüler fragen muss, bevor man zum Lehrer geht?«
S:
»Wir hatten zwei Einser-Abiturienten, die wurden dauernd gefragt. Sie kamen zu keiner eigenen Arbeit, weil sie nur für die anderen da waren. Wenn man zwei Mal komplett aus seinem Thema rausgerissen wird, hat man keine Lust mehr. Manches wusste man auch nicht. Das hätte der Lehrer erklären müssen. Wir bleiben ahnungslos. Manche Lehrer haben sich sehr gekümmert, andere nicht.«
L:
»Wie ist das mit der individuellen Lernzeit?«
S:
»Das ist Schwachsinn. Im Grundkurs schmort man im eigenen Saft, rafft sowieso nichts. Sobald der Lehrer den Raum verließ, gingen wir essen.«
L:
»Wie war das mit der Bewertung?«
S:
»Die Bewertung erfolgte über Masse und Richtigkeit. Man musste viel abgeben. Also hat man viel von anderen kopiert. Wenn man z. B. alle Rechtschreibblätter durchgearbeitet hat, hat man zwar viel gewonnen, kriegte aber trotzdem eine schlechte Note, weil man keine Masse produziert hat. Also keine Grammatik usw.«
L:
»Wie war das mit den Kompetenzrastern?«
S:
»Das war gut. Die Lernziele waren klar. Man erstellte ein inhaltliches Portfolio, in dem auch Anmerkungen und Zeichnungen waren, was wir in der Klausur verwenden durften.«

Für uns Lehrer gilt es also, Möglichkeiten zu finden, die Vorteile des SVL zu nutzen und die Nachteile zu minimieren. Stärkere Schüler bei der Arbeit zu stören und aus ihrer Konzentration zu reißen, weil wir unseren Job nicht machen dürfen, entspricht meines Erachtens nicht der Förderung aller. Für manche Kolleginnen und Kollegen ist diese Situation so demotivierend, dass sie sich dann im Unterricht mit eigenen Dingen beschäftigen. Auch die »Freiheit« muss behutsam nach und nach eingeführt werden. Kinder und Jugendliche, die sie noch nicht zum Lernen nutzen können, sollten wir weiter anleiten.

10.3   Klassenatmosphäre und Entspannungsmöglichkeiten

Es wirkt bereits entspannend für uns selbst und die Schüler, wenn wir für eine gute Klassenatmosphäre sorgen. Nicht nur unsere Regeln und Rituale sorgen dafür, sondern auch eine schöne Umgebung durch die gemeinsame Gestaltung des Raumes. Dazu gehören Pflanzen, wechselnde Dekorationen zu verschiedenen Themen, Ordnung, eine Ruheinsel usw.

Wir sind uns bewusst, dass Entspannung für die Arbeit nötig ist. Sie fördert die Konzentrationsfähigkeit und damit die Leistung, wodurch wiederum die Motivation steigt.

Wie uns selbst, so hilft kleinen und großen Schülern das *tiefe Atmen* bis in den Bauch und die Flanken. Um das Ritual der »Atempause« einzuführen, können wir die Kinder vorher die Luft anhalten lassen. Ein nettes Spiel, von der Stoppuhr begleitet, richtet die Aufmerksamkeit der Kinder auf ihren Atem. So lernen sie, ihn wahrzunehmen. Um Schülern das tiefe Atmen nahe zu bringen, fordern wir sie dann auf, zu beobachten, wie der Atem durch die Nase ein- und durch den Mund wieder ausströmt. Dann weisen wir sie auf die drei Atemphasen hin: Einatmung – Ausatmung – Pause (vor der nächsten Einatmung). Gerade diese Pause ist eine sehr entspannende Zäsur. Eine Stimmbildnerin nannte sie »sich auf das innere Stühlchen setzen«. Vor Klassenarbeiten z. B. können wir den Schülern dafür Raum geben. Auch sehr aufgeregte Kinder, die z. B. gerade eine Schlägerei hinter sich haben, können wir vorsichtig berühren und sie mit sehr ruhiger Stimme zum tiefen Atmen auffordern.

Musik kann sehr entspannend wirken, vor allem wenn sie den Herzrhythmus beruhigt, also 60 Taktschläge pro Minute enthält – eine große Hilfe für hyperaktive Kinder. Der Lehrer schlägt die Musik vor, die Schüler suchen sie aus.

Nicht nur Grundschülern fällt das Stillsitzen in der Schule schwer. Entspannend und Störungen vorbeugend wirken da auch Bewegungsübungen. Fenster auf, Aufstehen, sich Strecken und Räkeln hilft auch uns in Konferenzpausen. Aufstehen und Schütteln tut auch gut. Wenn wir mitmachen, haben auch die Schüler der Sekundarstufe weniger Hemmungen. Wenn wir es regelmäßig praktizieren, klappt es immer selbstverständlicher. Grundschüler haben einen großen Bewegungsdrang. Deshalb sollten in jeder Stunde Bewegungsmöglichkeiten eingebaut sein. Einmal als gestaltete Bewegungspause mit entsprechenden Spielen, aber auch in den Lernphasen, in denen sie etwas an die Tafel schreiben, Herumgehen beim Stationslernen oder beim beliebten »Eckenrechnen«.

Bei den folgenden Entspannungsmöglichkeiten ist es wichtig, dass sich niemand dazu gezwungen fühlt. Die persönlichen Grenzen, z. B. bei Berührungen, müssen respektiert werden. Wer nicht mitmachen möchte, darf jedoch andere auf keinen Fall stören. Als Lehrer haben wir alle im Blick, und anschließend sprechen wir mit den Schülern über ihre Erfahrungen. Das ist besonders bei neuen Übungen wichtig.

Ein entspannendes Wohlgefühl geben auch *Massagespiele*. Zwar sind sie anfangs manchmal gewöhnungsbedürftig, jedoch lohnt sich ihre Einführung. Beispiele: einen Kreis bilden, und jeder massiert dem Vordermann den Nacken. Partnerspiele sind Rückenmassagen mit dem Igelball. Es gibt auch ganze Massagegeschichten, z. B.: Wir belegen ein Brötchen oder eine Pizza nacheinander mit den verschiedenen Belägen oder geben einen »Wetterbericht« mit Tröpfeln, starkem Regen etc. auf den Rücken des Partners. Nach Klassenarbeiten oder besonders anstrengenden Stunden freuen sich die Schüler darüber und sind danach wieder leichter zur Arbeit zu motivieren. Obendrein fördern solche Spiele die Gemeinschaft.

Viele Kinder genießen auch das Vorlesen oder Erzählen von Geschichten. Manchen fällt dabei das ruhige Zuhören schwer. Wir können es ihnen erleichtern, wenn wir sie dabei Mandalas ausmalen lassen.

Bei den folgenden Entspannungsübungen ist es günstig, Matten oder Decken zur Verfügung zu haben. Wer nicht liegen möchte, darf es auch im Sitzen machen.

Besonders bei Grundschülern beliebt sind Phantasiereisen aus ihrer Erlebnis- und Phantasiewelt oder auch zu dem gerade behandelten Thema. Sehr bekannt sind die Geschichten von Kapitän Nemo. Wir können uns entsprechende CDs besorgen oder selbst vorlesen. Wichtig ist, dass dabei möglichst viele Sinneskanäle angesprochen werden. Das erfolgt mit ruhiger Stimme, langsam und mit großen Pausen, in denen die Kinder innerlich mitgehen können. Aber auch bei älteren Schülern können wir damit arbeiten. Wir nennen es dann Entspannungsmeditation. Es gibt Literatur dazu, aber wir können uns auch selbst eine Ruheszene ausdenken. Zum Beispiel führen wir sie einen Weg entlang zu einer Lichtung im Wald, wo sie es sich auf dem weichen Moos gemütlich machen, oder sie liegen am Strand im warmen Sand und hören das Meer rauschen. Wichtig ist, sie anzuleiten, die Situation mit allen Sinnen wahrzunehmen: »Du siehst die Helligkeit der Sonne durch deine geschlossenen Augen – fühlst die Wärme – der Sand ist warm und weich –, du spürst, wie dein Körper auf dem Boden aufliegt und hörst die Wellen rauschen.« Während wir eine solche Geschichte anleiten, entspannen wir uns fast zwangsläufig auch selbst. Der Schulstress rückt in weite Ferne. Es ist Geschmackssache, ob man dabei eine Entspannungsmusik laufen lassen möchte. Wir können auch Geschichten erfinden, in denen Probleme eingebracht werden, die von Phantasiegestalten gelöst werden. Außerdem ergänzen wir die Geschichten durch vorgegebene Bewegungsmeditationen, wobei die Schüler sich mit geschlossenen Augen langsam bewegen. Inwieweit das möglich und sinnvoll ist, müssen wir von Klasse zu Klasse entscheiden.

Es gibt von den in ▶ Abschn. 7.3.1 dargestellten Entspannungstechniken auch spezielle Fassungen für Kinder, z. B. des autogenen Trainings. Diese zu vermitteln kostet viel Zeit, ließe sich aber ggf. im Rahmen eines Projektes verwirklichen.

Je tiefer wir die Schüler in die Entspannung geführt haben, desto wichtiger ist die *Rücknahme*. Wir lenken sie gedanklich am Ende wieder zurück in den Klassenraum, zählen dabei von 1 bis 5, sagen dann: »Du bist jetzt hellwach, sehr zufrieden und fühlst dich besser als zuvor.« Nun können die Schüler sich räkeln, anspannen und loslassen. Vergessen wir die Rücknahme, so bleiben sie schläfrig und verträumt und sind kaum wieder zur Arbeit zu bringen. Nützlich ist auch, wenn danach eine Hofpause stattfindet.

Literatur

Kounin JS (2006) Techniken der Klassenführung. Waxmann, Münster
Rogers CR (1974) Lernen in Freiheit. Kösel, München

Weiterführende Literatur

Becker GE (2007) Durchführung von Unterricht, Handlungsorientierte Didaktik. Beltz, Weinheim
Becker G, Heisterberg W, Höfer C, Tymister H-J, Werming R (Hrsg) (2002) Sinn schaffen – Rahmen geben – Konflikte bearbeiten. Friedrichs Jahresheft XX. Velber, Freiburg

Frank H (2010) Lehrer am Limit, Gegensteuern und durchstarten. Beltz, Weinheim

Jürgens B, Krause G (Hrsg) (2009) Pädagogische Kompetenz trainieren. Shaker, Aachen

Landmann M (2008) Entspannt durch den Schulalltag. Vandenhoeck & Ruprecht, Göttingen

Lindemann H (2009) Autogenes Training: Der bewährte Weg zur Entspannung. Goldmann, München

Miller R (2011) Als Lehrer souverän sein. Von der Hilflosigkeit zur Autonomie. Beltz, Weinheim

Mittelstädt H, Mittelstädt R (2012) 99 Tipps für Klassenlehrer, Praxisratgeber Schule. Cornelsen, Berlin

Roggendorf G (2003) Kann Bildung schaden? Ein Plädoyer für bessere Schulen und mehr Chancengleichheit für Kinder. Junfermann, Paderborn

Scharfer K (2001) So schaffen Sie den Schulalltag. Ein Überlebenshandbuch für Lehrer. Zeitgestaltung, Arbeitstechnik, Seelische Gesundheit. Aschendorffsche Verlagsbuchhandlung, Münster

Umgang mit Verhaltensproblemen

D. Linde, *Burnout vermeiden - Berufsfreude gewinnen*,
DOI 10.1007/978-3-662-47006-0_11, © Springer-Verlag Berlin Heidelberg 2015

Der Disziplinbegriff ist durch seinen Missbrauch in der Zeit des Nationalsozialismus sehr in Verruf gekommen. Die 68er-Generation sah Disziplin als Übel schlechthin an. So kam mit der Ablehnung der Disziplin als Gehorsam und widerspruchslose Unterordnung auch ihre positive Eigenschaft als hilfreiche Ordnung in Verruf. Inzwischen konnte ein Buch wie *Lob der Disziplin* von Bernhard Bueb (2006) zum Bestseller werden, der jedoch von verschiedenen Wissenschaftlern heftige Kritik erhielt, da der Schwerpunkt auf dem Drill liege und dem Erziehungsziel einer verantwortungsbewussten Persönlichkeit widerspräche.

Wir können Disziplin heute definieren als das Einhalten von Regeln mit klarem Zweck und Ziel. Ohne sie kann eine Gemeinschaft nicht funktionieren. Auch Jugendliche halten sich in ihren Gruppen an festgelegte Regeln. In Sport und anderen Freizeitaktivitäten ist ebenfalls Disziplin gefordert.

Selbstdisziplin bedeutet, spontane Bedürfnisse zurückzustellen, also seinen Spannungsbogen zu verlängern für ein angestrebtes Ziel. Dies zu erlernen gehört mit zu den Erziehungszielen in der Schule. Änderung von behindernden Gewohnheiten ist ohne Selbstdisziplin nicht möglich. Auch wir als Lehrer üben uns täglich in Selbstdisziplin, um uns, unseren Ansprüchen an uns selbst gemäß, zu verhalten.

Die Schuldisziplin ist eine notwendige Voraussetzung, damit Schüler in Gruppen lernen können. Die vom Lehrer geforderte Disziplin durch Schul- und Klassenregeln, die erfolgreichen Unterricht erst möglich macht, sollte bei älteren Schülern immer mehr in Selbstdisziplin übergehen, verbunden mit einem Verhalten, das durch Einsichten gesteuert wird.

In ▶ Kap. 10 haben wir Gestaltungselemente des »guten« Unterrichts betrachtet, die ebenfalls sehr bedeutsam sind für die Einhaltung der Disziplin und die Vermeidung von Unterrichtsstörungen. In diesem Kapitel geht es darum, diesen bei ihrem Auftreten in effektiver Weise zu begegnen. Dabei richten wir den Blick einerseits auf uns selbst, unsere Befindlichkeit und die Erhaltung unserer Souveränität, andererseits auf unsere Reaktionsmöglichkeiten.

11.1 Unterrichtsstörungen

Unerwünschtes, gegen Normen verstoßendes Verhalten ist, auch wenn uns das selten bewusst wird, ein Verhalten, mit dem der Schüler subjektiv seine Lage verbessert. Es richtet sich, mit zwar kontraproduktiven Mitteln, auf Ziele, die der Schüler in diesem Moment erreichen will. Je besser wir das verstehen, desto leichter können wir ihm ermöglichen, sein Bedürfnis mit schuladäquaten Mitteln zu befriedigen.

> *Wenn Hannas Klasse mit Stillarbeit beschäftigt war, machte Maria gerne Tiergeräusche. Die anderen Kinder lachten oder riefen: »Halt die Klappe.« Hanna ermahnte sie. Auf jeden Fall bekam Maria viel, wenn auch teilweise mit Ablehnung verbundene Aufmerksamkeit. Da Hanna Marias dringendes Bedürfnis erkannte, versuchte sie, ihr im Unterricht möglichst viel Gelegenheit zu geben, auf erwünschte Weise Aufmerksamkeit zu bekommen. Im Übrigen vereinbarte sie mit der Klasse (in Abwesenheit von Maria), dass alle so tun sollten, als ob sie Marias Tiergeräusche nicht hörten, um ihr dadurch zu helfen. Das störende Verhalten verstärkte sich daraufhin kurz und verschwand dann völlig.*

11.1.1 Besser auf Verhaltensschwierigkeiten einstellen

Auch wenn es Lehrer geben soll, die angeblich keine Unterrichtsstörungen kennen, so verweisen solche Behauptungen ins Land der Märchen. Es gehört zu unserem Berufsbild, dass wir mit diesen Störungen umgehen müssen. Es ist also keine Frage, ob sie vorhanden sein dürfen, sondern eine Tatsache, dass es so ist. Diese Realität gilt es zunächst einfach zu akzeptieren. Die Gründe für Verhaltensschwierigkeiten sind uns nur zu bekannt. Die Schule stellt Forderungen an die Anstrengungsbereitschaft, aber die Kinder wollen lieber spielen, toben, sich unterhalten oder sich mit den Medien beschäftigen. Sie kommen oft aus zerrütteten Elternhäusern, manche werden vernachlässigt, andere besonders streng behandelt. Viele kommen unausgeschlafen, manchmal hungrig in die Schule. In sozialen Brennpunkten ist es besonders schwierig.

An diesen Hintergründen haben wir keine Schuld und die Schüler auch nicht, auch wenn einige Schüler, Eltern und sonstige Kreise gerne dem Lehrer die Schuld für die Folgen aufbürden möchten. Es ist gefährlich für uns, wenn wir das aufgrund unseres eigenen Perfektionsanspruchs mehr oder weniger bewusst akzeptieren.

Um mit stark Norm verletzendem Schülerverhalten professionell umgehen zu können, ist es enorm wichtig, wie wir uns selbst in solchen Situationen behandeln. Wir wissen, dass das Schülerverhalten nicht an sich »gestört« ist, sondern wir interpretieren es als »gestört«, weil es nicht in den schulischen Rahmen passt und Leistungsfortschritte verhindert. Wir reagieren dann aufgrund dieser Interpretation. Der Gedanke, was für ein Bedürfnis störende Schüler gerade haben, kann uns vom eigenen Ärger ablenken und unseren Handlungsspielraum erweitern. Sind wir dann noch achtsam mit uns selbst, spüren wir den Stress bewusst und können ihn durch Konzentration auf unsere Atmung vermindern. Wenn Stresshormone unser System und damit auch unser Gehirn belasten, können wir schlechter denken und uns kaum für ein sinnvolles Verhalten entscheiden. Auf jeden Fall gelingt es uns, wenn wir uns nur ein bisschen entspannen, ruhig zu sprechen, was auf uns selbst und einen erregten Schüler deeskalierend wirkt.

> *Murat war ein schwieriger Schüler, der es aber nicht aushalten konnte, zu spät zu kommen. Als er eines Tages von einem Kollegen auf dem Weg zur Klasse aufgehalten wurde, kam er erst nach dem Klingeln in den Klassenraum. Er schrie sofort los: »Ich bin gar nicht zu spät. Ich kann nichts dafür. Sie haben mich eingetragen. Sie sind ungerecht und gemein.« Dabei trat er heftig gegen einige Schülertische. Das veranlasste die Mitschüler gleichfalls wild herumzuschreien. Katharina, die Lehrerin, spürte, wie eine Stresswelle sie überrollte. Sie sagte zunächst nichts, atmete tief ein und entspannte sich. Dann beruhigte sie Murat: »Es ist noch nichts eingetragen. Außerdem weiß ich, dass du immer pünktlich bist.« Und zur Klasse gewandt: »Wir entspannen uns jetzt wieder und fangen an.«*

Das entscheidende Zauberwort für uns, besonders in Stresssituationen mit Schülern, heißt: *professionelle Distanz*. Auf den Vorwurf »ungerecht und gemein« zu sein, musste nicht eingegangen werden. Wir wissen, dass aufgeregte Kinder und Jugendliche schnell um sich schlagen. Das hat mit uns persönlich nichts zu tun. Daher besteht auch kein Anlass, persönlich darauf zu reagieren.

Wenn Schüler schreien und auch unverschämt werden, kann das leicht als eine Form von Angriff erlebt werden, worauf bei uns eine Kettenreaktion in Gang gesetzt werden könnte mit Gegenangriff oder Verteidigung, weil das unseren uralten Stammhirnreaktionen so entspricht.

Wir können nichts für das Entstehen dieser spontanen Aggressionen, aber wenn wir ihnen nachgeben, stehen wir uns und unseren Zielen damit im Weg. Je klarer wir diese Zusammenhänge sehen, desto besser können wir Herr der Lage bleiben. Die Voraussetzung, um dazu auch fähig zu sein, ist wieder die Achtsamkeit im Umgang mit uns selbst. Das hindert uns nicht, eigene Fehler zu erkennen und zu akzeptieren.

> *Marita Bergsson, die den ETEP-Unterricht für verhaltensgestörte Kinder in Deutschland einge-führt hat (Bergsson und Luckfield 2012, s. ▶ Abschn. 9.2.3), sagte einmal voller Humor: »Auf dem Heimweg von der Schule denke ich darüber nach: Wie habe ich heute wieder zur Verhaltensauf-fälligkeit meiner Schüler beigetragen?« Diese Äußerung hat vielen ihrer Studenten sehr wohl-getan.*

Auch wir dürfen Fehler machen und daraus lernen.

11.1.2   Wirksame Reaktionen auf Unterrichtsstörungen

Wir wissen alle, dass Unterrichtsstörungen auch mit dem Unterricht zusammenhängen kön-nen, den wir anbieten. Natürlich hat ein Lehrer, der als Alleinredner nur langweiligen Fron-talunterricht macht, der in seinen Reaktionen unberechenbar ist, seine Lieblinge hat usw. mehr Disziplinkonflikte als der Kollege, die Kollegin mit dem gut organisierten, motivieren-den Unterricht. Auch unsere Körpersprache, Haltung, Blickkontakt und Sprache haben einen großen Einfluss. Aber da die Störungen viele Ursachen haben können und nicht gemäß einem einfachen Reiz-Reaktions-Schema ablaufen »Lehrer agiert – Schüler reagiert«, erörtern wir nun wirksame Reaktionen.

Die Darstellung von Interventionsmöglichkeiten kann leider nicht als Rezeptsammlung verstanden werden, denn nicht jede Intervention hat in jeder Situation Erfolg. Gäbe es sichere Rezepte, so würde jeder von uns alle längst kennen. Dennoch kann es immer wieder hilfreich sein, sich zu vergegenwärtigen, welche Möglichkeiten uns zur Verfügung stehen.

Wenn *Regeln* und *Rituale* eingeführt sind, erfolgen auch unsere Interventionen auf vie-le Unterrichtsstörungen ritualisiert. Es ist hilfreich, wenn das bei Klassen- und Fachlehrern gleich gehandhabt wird. Zunächst muss die für uns und die Schüler erforderliche Arbeitsru-he hergestellt werden. Das geschieht durch Stillezeichen mit Klangschale, Klingel oder einer Geste. Bei Gesten müssen wir darauf achten, dass wir sie »einfrieren«, d. h. so lange unbeweg-lich zu bleiben, bis die Klasse ruhiger wird. Jeder Lehrer muss lernen, sich davon nicht unter Stress setzen zu lassen. Daher achten wir auf unsere Atmung und Entspannung. Das hindert uns daran, ungeduldig und womöglich unfreundlich zu werden. Wenn wir dann entscheiden, dass es nötig ist, kurz laut zu werden, warten wir danach wieder auf Ruhe. Keinesfalls sollten wir schreien! Damit würden wir unsere Erregung hochtreiben, unsere Stimme gefährden und bei den Schülern Unmut und Widerspenstigkeit erzeugen. Unsere wohlwollende Haltung und unsere gute Beziehung zu den Schülern macht unser Handeln erst wirksam.

Sollte es einmal nicht gelingen, mit dem Ritual oder der Erinnerung an die Regel die nötige Ruhe herzustellen, könnten wir die Schüler aufzählen, die arbeitsbereit sind (positives Feed-back), oder den Ablaufplan der Stunde an die Tafel schreiben und den roten Magnetpfeil an den Anfang setzen.

Bei kleinen Störungen ist *Ignorieren* angebracht, um die Unterbrechung zu vermeiden und zudem keine Verstärkung durch Zuwendung der Aufmerksamkeit zu bewirken. Es gibt auch das gezielte Ignorieren, um unerwünschtes Verhalten zu löschen. Dabei muss jedoch sichergestellt sein, dass auch die Klasse das bewusste Verhalten eines Einzelnen nicht beachtet.

> *Birgit hatte ihre Kunststunde sehr intensiv vorbereitet und viel Material mitgebracht. Aber die Klasse war sehr laut. Sie setzte die Stillzeichen, nichts an ihr bewegte sich außer ihren Augen, die alle Kinder erfassten. Es wurde immer leiser. In einer Ecke flüsterten noch zwei Mädchen miteinander, was die anderen aber nicht bemerkten. Birgit ermahnte nun diese beiden Mädchen, die sich verteidigten, dass sie gar nicht laut gewesen wären. Am Ende regten sich ganz viele Schüler auf, und die Klasse war lauter als zu Beginn. An Arbeit war in dieser Stunde nicht mehr zu denken.*

Sobald die Arbeitsdisziplin einigermaßen hergestellt ist, fangen wir an. Sonst entsteht Langeweile – ein Nährboden für Unterrichtsstörungen. Wir erinnern uns an dieser Stelle noch einmal an die gute Strukturierung (▶ Abschn. 10.1.2), die viele Störungen gar nicht erst entstehen lässt.

> *Dragan war ein schwer traumatisierter Junge, als er in eine 8. Förderschulklasse aufgenommen wurde. Während die Klasse bei der Stillarbeit war, kroch er auf allen Vieren durch die Klasse und bellte. Um dieses Verhalten zu löschen, erzählte die Lehrerin in Abwesenheit von Dragan der Klasse, dass er schlimme Sachen erlebt hätte und sich darum so verhielt. Alle könnten ihm am besten helfen, wenn sie so täten, als bemerkten sie das merkwürdige Verhalten nicht. Das gelang, sein Fehlverhalten wurde gelöscht, und Dragan fühlte sich in der Schule immer wohler.*

- **Zentrieren der Aufmerksamkeit**

Dies ist eine Möglichkeit, schon bei drohender Unaufmerksamkeit bzw. Beschäftigung mit anderen Dingen durch besondere Hinweise (»… und jetzt kommt der Super-Trick, mit dem ihr es alle könnt«) oder Aufforderungen (»Es meldet sich bitte jeder, der schon mal …«) auf den Unterricht zurückzuführen. Im Unterrichtsgespräch lenken wir Störer in der Stunde leicht von ihrem unerwünschten Verhalten ab, wenn wir ihren Namen in einem positiven Zusammenhang erwähnen (»… so wie Kevin uns das vorhin schon erklärt hat«).

- **Abwechslung**

Je jünger die Kinder sind, desto mehr werden wir wegen ihrer kürzeren Konzentrationsspanne für Abwechslung, kleine Spiele, Lieder und Bewegungsmöglichkeiten sorgen. Aber auch bei Jugendlichen hilft *Flexibilität* in der Unterrichtsgestaltung – manchmal sogar Wechsel des Themenschwerpunktes –, um sie wieder zur aktiven Mitarbeit zu motivieren.

- **Einschränken von Ablenkungen**

Zum Zentrieren der Aufmerksamkeit gehört auch das Vermeiden bzw. Einschränken von Ablenkungen. (Auf dem Tisch liegen nur die Sachen, die unmittelbar gebraucht werden.) Um Störungen zu vermindern, hilft es auch, Schüler, ggf. nur zeitweise, zu versetzen. (»Ich freue mich, dass ihr beide euch so gut versteht. Wenn ihr aber die anderen stört, müsst ihr in dieser Stunde getrennt sitzen.«)

- **Hilfe geben**

Droht eine Arbeitsverweigerung, weil sich ein Schüler die Aufgabe nicht zutraut, können wir ihn schon zu Beginn ermutigen und die nötigen Hilfen geben bzw. in Aussicht stellen. (»Wenn ich das fertig erklärt habe, komme ich zu dir und helfe dir. Du wirst sehen, dass du das kannst.«)

- **Ermutigung**

Ermutigung ist deshalb so wirksam, weil sie die Botschaft enthält, dass dem Schüler die Bewältigung der Aufgabe zugetraut wird. Wir müssen dann jedoch für den Erfolg sorgen – ggf. mit innerer Differenzierung. Wir können Schüler auch mit wichtigen Aufgaben betrauen, die sie von ihren Störungen ablenken.

- **Kleine Pausen oder Kurzentspannungsübungen**

Sie helfen nach Aufregungen aller Art (Hospitationsstunden, Aggressionen, Probleme in der Pause etc.) uns und den Schülern (▶ Abschn. 10.3). Bei einer aufgeheizten Stimmung das Unterrichtsprogramm unbedingt durchziehen zu wollen, ist in jeder Weise kontraproduktiv. Da müssen die Störungen den Vorrang haben. Später kann dann ein Gespräch über das Ereignis hilfreich sein.

- **Physischer Kontakt**

Auch physischer Kontakt, z. B. eine Berührung an der Schulter, kann, vor allem jüngere Kinder, an Störungen hindern.

- **Spiegeln**

Eine äußerst wirksame Interventionsstrategie ist das Spiegeln, dessen Bedeutung auch in dem bereits erwähnten ETEP-Unterricht eine entscheidende Rolle spielt. Spiegeln ist weder Lob noch Tadel, sondern eine beschreibende Rückmeldung ohne Bewertung, um dem Schüler bewusst zu machen, was er schon kann, und dass wir das wahrnehmen. (»Heute hast du es zum ersten Mal geschafft, dein Arbeitsergebnis vor der Klasse zu präsentieren.«) Wir können erfolgreiches Verhalten rückmelden, was verstärkend wirkt und Schüler damit auch von ihren Störungen ablenken. Im ETEP-Unterricht bekommen die Schüler möglichst oft gespiegelt, wenn sie sich ihren Zielen gemäß verhalten (»Du hast dich gemeldet und gewartet bis du drangekommen bist«). Auch Gefühle können wertfrei gespiegelt werden, sodass sich der andere damit angenommen und verstanden fühlt. (»Da hast du dich so geärgert, dass du richtig wütend geworden bist.«) Es erfordert von uns einige Übung bis wir die Spiegelungen kurz und natürlich formulieren können, ohne Wertung durch die Hintertür, wie »Hanna und Jens haben ihre Sachen schon auf dem Tisch« (was bedeutet: andere nicht).

- **Grenzsetzung**

Bei manchen Unterrichtsstörungen ist eine Grenzsetzung erforderlich. Schüler brauchen Grenzen, um Sicherheit und Orientierung zu erhalten. Fehlende Grenzen überfordern die Kinder. Dabei ist es besonders wichtig, dass beim Schüler ankommt, dass nicht seine gesamte Person, sondern nur sein gegenwärtiges Verhalten unakzeptabel ist. Dabei können die Folgen mit benannt werden. (»Wenn du dich nicht an die Melderegel hältst, können wir das Quiz nicht machen.«) Je früher die Grenzsetzung erfolgt, desto leichter wird sie akzeptiert. Ein einfaches, klares STOPP kann unerwünschtes Verhalten abbrechen. Auch für uns selbst sollten wir damit nicht warten, bis wir völlig genervt sind und unsere Fähigkeit zur professionellen Distanz leidet. Ohne Worte kann auch die gelbe oder rote Karte gezeigt werden. Dabei müssen die Konsequenzen klar geregelt sein. Die Grenzsetzung kann auch in Form einer Ich-Botschaft (▶ Abschn. 5.2) erfolgen. (»Wenn du so spät aus der Pause kommst, arbeiten wir schon, und ich muss unterbrechen, um dir zu erklären, was wir machen. Das stört mich dann sehr.«) Die Ich-Botschaft greift den Schüler nicht an, sondern konfrontiert ihn nur mit den Auswirkungen seines Verhaltens.

- **Hinausschicken**

Die schwierigste Reaktion auf Unterrichtsstörungen ist das Hinausschicken (Timeout) aus dem Klassenzimmer. Das gibt es zunächst als Angebot, dem der Schüler freiwillig nachkommen kann. (»Du kannst gerne vor die Türe gehen und da so lange lachen, wie du möchtest. Wenn du fertig bist und wieder arbeiten kannst, kommst du einfach wieder herein.«) Viele Schüler sagen dann, sie könnten auch sofort wieder arbeiten.

Manche Schulen haben auch eine »Insel« oder einen » Auszeitraum«, wohin den Unterricht massiv störende Schüler mit einer kurzen Nachricht (fertiges Formular zum Ankreuzen) für den dortigen Sozialpädagogen, eventuell auch mit einem Arbeitsblatt ausgestattet, geschickt werden. Beim Gespräch mit dem Sozialpädagogen, vielleicht auch bei einem warmen Tee, kann sich der Schüler beruhigen, seine Sicht der Dinge darstellen und im besten Fall zu einer neuen Einsicht gelangen. Besteht so eine Möglichkeit nicht, kann auch der Gruppenraum oder ein abgetrennter Bereich im Klassenraum diesem Rückzug dienen. Dort hängen die Auszeit-regeln aus, und es gibt u. a. Schreib- und Malutensilien, Geduldsspiele und eine gemütliche Sitzgelegenheit zum Entspannen.

Nützlich ist ein Angebot, z. B. als Ergebnis eines Einzelgesprächs mit älteren Schülern, die ihre Wutanfälle kaum kontrollieren können, die Klasse kurz verlassen zu dürfen, um über den Schulhof zu laufen. Wenn ihnen erlaubt ist, in so einer Situation aus dem Klassenraum zu gehen, bedeutet dieses Ausweichen für den Schüler einen ersten Schritt zur Kontrolle seiner Wut. Wegen der Aufsichtspflicht könnte so eine Maßnahme mit der Schulleitung abgesprochen werden. Ansonsten bietet sich wieder der Gruppenraum an, in dem Material vorbereitet ist, mit dem sich der Schüler dann beschäftigen kann, oder das stundenweise *Versetzen in eine andere Klasse* mit entsprechendem Arbeitsmaterial. Ist diese andere Klasse im Alter sehr entfernt, wirkt das fast wie eine Strafandrohung. Junge Kinder möchten keinesfalls in einer Klasse mit »Großen« sitzen und umgekehrt. Es geht bei diesem Timeout nicht um eine Strafe, sondern um eine Methode, den störenden Schüler zu beruhigen, um den Unterricht fortsetzen zu können.

- **Strafe**

Die Liste der Reaktionsmöglichkeiten auf Unterrichtsstörungen wäre nicht vollständig, wenn wir uns nicht auch mit der Strafe beschäftigen. Strafen sind umstritten. Sie können zwar einerseits wirksam sein, indem sie Fehlverhalten blockieren, andererseits jedoch unsere gute Lehrer-Schüler-Beziehung beschädigen. Damit das Letztere nicht passiert, sollten unsere Maßnahmen nur natürliche Konsequenzen aus dem vorherigen Verhalten sein, wie z. B. die Wiedergut-machung eines verursachten Schadens. Die natürlichen Unannehmlichkeiten dabei wirken als Strafreiz. Die Maßnahmen sollten zeitnah erfolgen. In keinem Fall soll der Schüler gedemütigt werden, denn selbst dann, wenn auch solche Strafen zu wirken scheinen, so richten sie doch Schaden an. Entweder bekommt der Schüler Rachebedürfnisse oder er zieht sich selbstunsi-cher zurück. Angst vor Strafe behindert Einsicht und Reue, weil die Angst das vorherrschende

Gefühl ist. Wenn Kinder vor einem Lehrer Angst haben, sind sie auch viel weniger interessiert an dem, was er vermittelt. Wenn Extra-Aufgaben (keine »Strafaufgaben« wie x-mal einen Satz schreiben), quasi als Nachholen versäumter Unterrichtszeit, gegeben werden, so muss das wie eine zwangsläufige Konsequenz wirken, sonst hat es wieder die gleichen Negativwirkungen.

> *Kurt war ein fröhlicher Englischlehrer. Es gab die Regel: Wer im Unterricht redet (natürlich abgesehen von Unterrichtsgespräch und Gruppenarbeit), schreibt 50 unregelmäßige Verben ab, beim zweiten Verstoß in derselben Stunde 100 Verben und beim dritten Mal 150. Bis 150 ließ es kaum ein Schüler kommen. Dennoch konnten seine Klassen die unregelmäßigen Verben besonders gut.*

Strafen sind nur so lange wirksam, wie wir das Verhalten kontrollieren können da sie blockieren, aber nichts am ursprünglichen Motiv ändern. Manche Schüler spielen z. B. sehr gerne im Unterricht mit ihrem Handy. Werden sie dabei erwischt, heißt die Regel: Der Lehrer nimmt das Handy bis zum Ende des Unterrichtstages an sich. Das ist hart, denn man kann dann auch in der Pause nicht damit spielen. Der Wunsch, mal eben seine Nachrichten zu checken, wird blockiert. Da er aber trotzdem vorhanden bleibt, wirkt die Regel nur bei Kontrolle und Konsequenz. Unerwünschte Nebenbeschäftigungen lassen sich leichter verhindern, indem die Schüler mit Unterrichtsaufgaben intensiv beschäftigt sind (► Abschn. 10.1.2).

- **»Schulstrafe« oder »Ordnungsmaßnahme«**

»Schulstrafen« oder »Ordnungsmaßnahmen« regeln die Schulordnungen der einzelnen Bundesländer. Darüber wird in Klassenkonferenzen entschieden. Sind wir daran beteiligt, so haben wir beides im Auge, den Schutz der Allgemeinheit und die pädagogische Wirkung auf den Täter – im besten Fall seine Einsicht.

- **Gespräch**

Als letzte, äußerst wichtige Interventionsmaßnahme ist das Gespräch mit einzelnen Schülern zu nennen. Im Idealfall ist die Klasse doppelt besetzt, sodass ein Lehrer mit dem massiv störenden Schüler hinausgehen und an einem ruhigen Platz mit ihm sprechen kann. Aber auch, wenn wir ein solches Gespräch in der Pause oder nach dem Unterricht führen, ist der Ablauf ähnlich. Dazu ist zuerst nötig, dass der Schüler sich beruhigen kann. Wir sind dabei achtsam mit uns selbst und entspannen uns, um professionell agieren zu können, denn wir sind unter Umständen auch aufgeregt. Es hilft, in Form einer Spiegelung Verständnis zu äußern für den Gefühlzustand des Schülers (»Du bist im Augenblick noch sehr wütend«). Sodann kann der Schüler die Situation erzählen, wie er sie erlebt hat, ohne dass wir ihn unterbrechen. Gemeinsam wird dann herausgefunden, welches Bedürfnis oder Gefühl dem Verhalten zugrunde liegt, und daraus eine Lösung erarbeitet, wie das Bedürfnis mit einem anderen Verhalten befriedigt werden könnte. Soll der Schüler danach wieder in die Klasse zurück, sollte er auf womöglich auftretende Provokationen vorbereitet sein.

Dennis (11 Jahre) ist ein verhältnismäßig großer, kräftiger Schüler, der immer wieder kleinere und schwächere Kinder schlägt. Dana, die Lehrerin, kennt zwar die Klasse, hat sie aber nicht im Unterricht. Auf die Bitte des Klassenlehrers hin nimmt sie in einer Freistunde Dennis mit in ihren leeren Klassenraum. Sie setzen sich. Dana bietet Tee an. (Entspannte Atmosphäre)

L:

»Dennis, ich wollte mit dir sprechen, weil es ja immer wieder passiert, dass du kleine und schwache Kinder schlägst«.

D:

»Aber die ärgern mich.«

L:

»… und dann wirst du wütend.«

D:

»Ja, dann schlage ich sie.«

L:

Macht es dir nichts aus, dass sie so viel kleiner sind?«

D:

»Doch, schon … ein bisschen.«

L:

»Ich glaube, da gibt es zwei Dennis' in dir« (s. Teilemodell der Persönlichkeit). *»Der eine will zuschlagen und dem anderen tun die Kleinen leid.«*

D:

»Das stimmt.«

L:

»Weißt du, warum der eine Dennis schlagen will?«

D:

(richtet sich auf) »Ich will Respekt.«

L:

»Hast du denn vor mir Respekt?«

D:

»Ja, klar.«

L:

»Aber warum denn? Du weißt doch, dass ich dich nicht schlage?«

D:

(überlegt)

L:

»Soll ich dir etwas sagen? Die haben gar keinen Respekt vor dir. Die haben nur Angst vor dir, und dann denken sie, dass du ein Schwein bist.«

D:

(ist etwas geschockt)

L:

»Ich glaube, wenn du Respekt willst, musst du dir etwas Besseres überlegen, damit Kleine und Schwache vor dir Respekt haben. Fällt dir da was ein?«

> **D:**
> *(Pause) »Vielleicht denen helfen? Wenn andere sie schlagen..? Weil ich bin ja stark ...«*
> **L:**
> *»Ich glaube, das ist eine gute Idee. Willst du das probieren?«*
> **D:**
> *»Das mach ich. Die werden sehen. Ich bin der Größte.«*
> *In der folgenden Zeit wurden die Misshandlungen deutlich seltener. Dana erinnerte Dennis auch immer wieder an ihr Gespräch und daran, wie Dennis zu Respekt kommen wollte.*

11.2   Aggressionen als besonderer Belastungsfaktor

Aggressionen der Schüler untereinander sowie auch zuweilen gegen uns selbst, tragen in hohem Maße zum Stresserleben in unserem Beruf bei.

Die Ursachen der Angriffe (u. a. schlechte Erziehung, soziale Benachteiligung, keine Perspektive, Gewaltvideos, Jähzorn, fehlende Selbstkontrolle) sind uns hinlänglich bekannt und sollen daher hier nicht weiter erörtert werden. Es geht uns hier mehr um Maßnahmen. Wir wissen, dass ein Kind, das Schwierigkeiten macht, auch Schwierigkeiten hat. Daher bedeuten Aggressionen für das Kind oder den Jugendlichen eine Form der Problemlösung. Die Frustrationen, die man erlebt, sei es durch Probleme im Elternhaus, durch Vernachlässigung, durch Unterdrückung in der Familie, durch Gewaltvideospiele usw. werden mit Aggressionen kompensiert. Natürlich kann auf Frustrationen auch mit Rückzug reagiert werden. Da diese Kinder weniger auffallen, ist hier unsere besondere Aufmerksamkeit gefragt.

11.2.1   Beobachtung und Prävention

Für uns selbst und unsere Schüler tun wir gut daran, viel in die Prävention von Aggressionen zu investieren. Die Klassenlehrer- und Tutorenstunden eignen sich besonders zur Arbeit an Gruppendynamik und Kommunikation. Dazu gehören auch die schon besprochenen Klassenregeln und -rituale. An deren Erstellung sind die Schüler aktiv mit ihren Ideen beteiligt, was sie motiviert, diese einzuhalten. Gut angeleitete Gruppenarbeit fördert ebenfalls die Integration. Auch gemeinsame Unternehmungen wie Ausflüge, Klassenreisen usw. stärken die Gemeinschaft. Es gibt dabei mehr Gelegenheiten als im Unterricht, Außenseiter einzubinden. Wir können Spiele, bei denen es auf Kooperation ankommt, in wechselnden Gruppenzusammensetzungen, oder Vertrauensspiele durchführen. Sozialkompetenz umfasst nicht nur das Verhalten der Schüler untereinander, uns gegenüber und besonders gegenüber Mitschülern, die man nicht so mag, sondern auch das Selbstbewusstsein des Schülers und sein Benehmen gegenüber Fremden. Sogar der Umgang mit Sachen gehört im weitesten Sinn dazu. Eine höhere Sozialkompetenz, die Fähigkeit, das eigene Verhalten frei wählen zu können, steigert das Selbstwertgefühl. Diese Unterrichtsinhalte fallen uns umso leichter und machen uns umso mehr Freude, je mehr wir an unserem Umgang mit uns selbst, unserer Selbstliebe und unserem Selbstmitgefühl gearbeitet haben.

Aggression

Das Wort Aggression kommt von (lat.) herangehen, angreifen. Aggression kann sowohl zur Verteidigung als auch zum Angriff von Lebewesen oder Sachen gezeigt werden. Aggressivität ist daher die Bereitschaft zu aggressivem Verhalten. Es gibt verschiedene Erklärungsansätze für die Entstehung von Aggression. Das **tiefenpsychologische Konzept** von S. Freud betrachtet Aggression als angeboren. Zunächst sah Freud Aggression als Teil des Sexualtriebes. Später teilt er die Urtriebe in zwei Gruppen: die Ich- und Selbsterhaltungstriebe und den Sexualtrieb. »Aggressives Verhalten tritt dann auf, wenn die Selbstbehauptung des Ich beeinträchtigt oder das Streben nach Lust verhindert wird« (Freud 1915, S. 214). In der 3. Phase vermutet Freud, dass Aggression ein Teil des Todestriebes ist, der sich als Aggressivität nach außen richtet, damit sich das Individuum nicht selbst vernichtet. In der Folge nimmt Freud an, dass ausgelebte Aggressivität ihr weiteres Auftreten vermindert. Das **ethologische Konzept**, dessen Hauptvertreter der Verhaltensbiologe Konrad Lorenz ist, geht auch von einem angeborenen Aggressionstrieb aus. Dieser diene der Evolution im darwinistischen Sinn, der optimalen Ausnutzung des Raumes durch Revierkämpfe, dem Schutz der eigenen Brut sowie dem Entstehen von Rangordnungen, die ein friedlicheres Miteinander gewährleisten. Für die Kanalisierung der Aggression macht Lorenz (1992) ähnliche Vorschläge wie das tiefenpsychologische Konzept. Die Vertreter der **Frustrations-Aggressions-Hypothese** (Dollard et al. 1939) beurteilen Aggression als reaktives Verhalten auf Frustration, worunter die Behinderung einer zielgerichteten Verhaltensweise zu verstehen ist. Je näher das angestrebte und dann vereitelte Ziel ist, desto größer die Frustration, respektive Aggression. Dem widersprachen andere Autoren mit der Frustrations-Regressions-Hypothese, der Frustrations-Fixations-Hypothese und der Frustrations-Antriebs-Hypothese. Die **verhaltenstherapeutischen Schulen** sind überzeugt, dass Aggressionen nicht angeboren, sondern umweltbedingt, d. h. also **erlernte Verhaltensweisen** sind. Erlernt wird Verhalten durch Beobachtungslernen, also **Lernen am** (aggressiven) **Modell** oder durch **Verstärkungslernen**. Führt ein aggressives Verhalten zum Erfolg, erfährt es dadurch eine positive Bekräftigung, d. h., die Wahrscheinlichkeit des künftigen Auftretens steigt. Gewaltvideos und entsprechende PC-Spiele erhöhen demnach das Aggressionspotential. Auch **neurologische Ursachen** können eine Rolle spielen. Hormone wie Testosteron oder Androgene verstärken Aggressionen, was sich besonders durch das Verhalten von Jungen in der Pubertät zeigt. Neurotransmitter wie Serotonin hemmen dagegen Aggressivität und Risikofreudigkeit.

Zur Prävention gehört auch, durch verschiedene Unterrichtsinhalte die Empathiefähigkeit der Schüler zu steigern. So können sie Zusammenhänge zwischen Gefühlen und Verhalten erkennen. (»Der hat so blöd geguckt. Ich musste dem eine Faust geben.«) Verhaltensalternativen lassen sich leichter erarbeiten, wenn gerade kein konkreter Fall, in dem sich jemand unbedingt verteidigen will, vorliegt.

Es gibt präventive Anti-Gewalt- oder Coolness-Trainings mit ganzen Klassen, die von externen Trainern durchgeführt werden. Lehrer können sich ebenfalls zu Anti-Gewalt-Trainern ausbilden lassen. Schüler lernen: Cool sein bedeutet Fairness, nicht das Recht des Stärkeren. Das kräftigt nicht nur das Selbstwertgefühl, sondern auch die Selbstkontrolle. Nicht nur wir, auch unsere sogenannten »schwierigen« Klassen leiden unter der aggressiven Stimmung. Schüler können daher für ein solches Training motiviert werden. Es gibt dazu entsprechende »Verträge«, die auch die Eltern unterschreiben. Schüler lernen, dass sie die Wahl haben, wie sie auf bestimmte Ereignisse reagieren wollen. Die Zwangsläufigkeit der Aggression ist nicht mehr notwendig gegeben.

Eine Möglichkeit sind auch begleitende Elterntrainings, die die Kompetenzen der Erziehungsberechtigten steigern. Wir müssen hier natürlich abwägen, ob wir zu einer solchen Extra-

Investition Lust, Kraft und Zeit haben. Manche Eltern sind auch dankbar, wenn sie mehr Verhaltensalternativen kennenlernen und so ihre erzieherischen Möglichkeiten steigern. Für Schüler, Eltern und uns selbst gilt: Eine Wahl zu haben ist immer besser, als keine Wahl zu haben.

Um präventiv gegen Aggressionen zu wirken, ist es unerlässlich, zu beobachten, was in der Klasse vorgeht. Wenn Lehrer nur auf ihren Stoff konzentriert bleiben, entgehen ihnen mindestens die Anfänge von Erpressungen, Mobbing usw. Je früher aber solche Missstände erkannt werden, desto schneller können wir eingreifen. Unsere stete Aufmerksamkeit, mit der wir das Sozialverhalten unserer Schüler begleiten, kann verhindern, dass aggressive Vorfälle eskalieren.

Last, not least gehört auch das Lehrermodell zur Prävention. Verhalten wir uns wertschätzend, besonders auch bei Fehlverhalten der Schüler, geben wir eigene Fehler zu, können wir uns entschuldigen, wenn wir im Unrecht sind, und vor allem vermeiden wir Ironie! Jüngere Kinder verstehen sie sowieso nicht, und ältere werden nur gekränkt. Durch innere Differenzierung vermeiden wir Überforderung und damit Frust, der bei manchen Kindern wieder zu »Ausrasten« führen kann. Unsere Freundlichkeit, Hilfsbereitschaft und Höflichkeit, die unsere Schüler ständig an uns beobachten, wirkt tausendmal mehr als unsere verbalen Erklärungen. Damit wir der Versuchung, uns von Aggressionen anstecken zu lassen, nicht erliegen, ist wieder Achtsamkeit für uns selbst vonnöten und bei Aggressionen gegen uns selbst professionelle Distanz.

11.2.2 Formen der Aggression

Die Betrachtung der Aggressionsformen hilft uns, aufmerksam zu sein und die Augen offen zu halten, damit wir möglichst früh erkennen, wo sich Aggressionen der Schüler untereinander zeigen. Nur so können wir den Anfängen wehren und schnell eingreifen.

Die unterste Stufe ist noch vergleichsweise harmlos. Die Schüler sprechen sich mit Ausdrücken wie »alter Wichser« an, wobei keine weiteren aggressiven Äußerungen folgen. Bereits hier kann eine Klassenregel wie »Wir sprechen freundlich miteinander« (anstatt negativ formuliert: »Wir gebrauchen keine Schimpfwörter«) greifen. Tun wir nichts gegen den Gebrauch vulgärer Ausdrücke, wirkt das verstärkend, und später werden wir dem nicht mehr Herr.

Weniger harmlos gestalten sich verbale Aggressionen, wie Beschimpfungen. Gerade, wenn wir eine Klasse neu übernehmen, lohnt es sich, auch ggf. zu Lasten anderer Unterrichtsinhalte, das soziale Lernen vorzuziehen. Die Schüler sollen lernen, wie man Konflikte friedlich löst (▶ Abschn. 5.4), oder – um mit Ruth Cohn (Begründerin der themenzentrierten Interaktion) zu sprechen: »Störungen haben Vorrang.«

Verbale Aggressionen können sich steigern, die Stimmen werden lauter. Es kommen Drohgebärden hinzu, die leicht in körperliche Angriffe übergehen. Es ist zwar richtig, dass gerade Jungen gerne ihre Körperkräfte messen. Dazu können wir im Sport Gelegenheit geben bzw. mit dem Sportlehrer darüber sprechen. Rangeleien passieren auch auf dem Schulhof. Wenn wir bei der Pausenaufsicht dazu kommen, überprüfen wir, ob es auch für den gerade Unterlegenen noch »Spaß« ist.

Bevor sie andere körperlich angreifen, neigen manche Schüler zur Affektabfuhr zu Sachbeschädigungen. Nur sehr Jähzornigen ist es dabei egal, ob es eigene oder fremde Sachen sind. Beschädigt ein Schüler fremde Sachen, auch Schuleigentum, so muss als Konsequenz geregelt sein, dass der Schaden wieder gut gemacht wird.

Körperliche Angriffe können sich steigern bis hin zu Angriffen mit Waffen, wobei jeder Gegenstand, mit dem man andere verletzen kann, als Waffe zählt. Eine Steigerung stellt natürlich auch dar, wenn mehrere Schüler einen Einzelnen attackieren. Passiert das öfter mit dem gleichen Opfer, sprechen wir von *Mobbing* oder *Bullying*.

11.2.3 Besonderheit: Mobbing und Cybermobbing

Für uns als Lehrer ist es sehr bedeutsam, dass wir Mobbing in unseren Klassen erkennen. Auch wenn wir viel Mühe in die soziale Erziehung unserer Schüler investieren, kann es passieren, dass bestimmte Schüler gemobbt werden. Entgeht das unserer Aufmerksamkeit, können wir nicht eingreifen. Manchmal ist plötzlich auftretender Schulabsentismus ein Zeichen. Lehrer, die wissen, wie die Gruppendynamik in ihrer Klasse aussieht, merken schneller, wenn jemand in die Randständigkeit gedrückt wird. Bei allen akuten Fällen sollten wir die Kolleginnen und Kollegen informieren, zumindest die, die auch in der Klasse unterrichten.

Gewiss wurden Schüler zu allen Zeiten von Mitschülern gehänselt. Heutzutage nennen sie es »*Dissen*«, wenn dem Opfer unangenehme Streiche gespielt werden. Dem Opfer werden Sachen weggenommen und versteckt. Beispiele: Die Luft wird aus den Fahrradreifen gelassen. Der Inhalt der Schultasche landet im Papierkorb. Auf dem Schulhof oder Heimweg wird das Opfer verhöhnt, geschubst und geschlagen. Das »Dissen« kann sich zu »*Mobbing*« steigern, indem Häufigkeit und Intensität der Vorfälle zunehmen.

Besonders belastend ist es für das Opfer, wenn Lehrer dem Mobbing Vorschub leisten, indem sie das Opfer im Unterricht öfter bloßstellen oder tadeln.

> Christina kam mit 7 Jahren in die Schule und war da schon ein kleines Wunderkind am Klavier. Ihre Mutter wachte sehr ehrgeizig über alles, was die Tochter tat. Damit diese ihre Hände schonte, wurden Hausaufgaben wie Ausmalen von der Mutter erledigt. Außerdem kam sie dauernd in die Schule, um der Lehrerin Vorschriften zu machen. Diese fühlte sich davon außerordentlich genervt und ließ ihren Unmut an Christina aus. Das war das Startzeichen für die Mitschüler, das Mädchen zu mobben. Sie selbst bemühte sich sehr um die Freundlichkeit der Mitschüler, erzählte auch nichts ihrer Mutter von den Belastungen, aber sie versuchte durch »Kranksein« möglichst oft der Schule zu entgehen. Annemarie, einer erfahrenen Lehrerin aus der Parallelklasse, entging das Mobben von Christinas Mitschülern nicht. Als sie nach einem weiteren Eklat zwischen Mutter und Lehrerin gebeten wurde, Christina in ihre Klasse zu nehmen, war sie dazu bereit, und achtete sehr darauf, dass die Kleine sich gut in die Klasse integrierte.

Nur konsequent wertschätzendes Verhalten rettet uns davor, versehentlich eine geringschätzige Bemerkung zu machen, die dann Mitschüler aufgreifen, in dem Gefühl, das Recht zu haben, auch zu tadeln. (Beispielsweise sagt der Lehrer: »Du bist immer zu langsam, Ibo. Alle müssen auf dich warten.«) Ob eine Aussage von uns in Ordnung ist, können wir daran überprüfen, ob der Schüler das Gleiche auch zu uns sagen dürfte. Da Mobbing in der Kindheit oft lang anhaltende Störungen im Selbstwertgefühl hervorruft, sind wir aufgerufen, dem Problem so viel Aufmerksamkeit wie möglich zu schenken. Auch dabei hilft uns die Achtsamkeit, mit der wir uns selbst begegnen. Wir fordern die Schüler immer wieder auf, von Mobbingfällen zu berichten und machen ihnen ihrem Alter entsprechend klar, dass das kein »Petzen« ist, sondern eine Form der Zivilcourage.

Besonders für ganz junge Gewalttäter ist der Ansatz ein »No Blame Approach«, d. h., es geht zunächst nicht um Schuldzuweisung, sondern um Verstehen. Die Gespräche sind lösungsorientiert mit dem Ziel, das Mobbing zu stoppen. Sie finden mit allen Beteiligten statt. Der oder die Täter werden dafür verantwortlich gemacht, die Situation des Opfers zu verbessern.

Während in den unteren Klassen durch direkte Angriffe gemobbt wird, ist durch die weite Verbreitung der neuen Medien in den oberen Klassen noch eine perfide Steigerung des Mobbing möglich geworden: das *Cybermobbing*. Dabei werden in Videoportalen oder über das Handy Verleumdungen, Beleidigungen, Drohungen und kompromittierende Fotos des Opfers ins Netz gestellt oder auf »Hass- oder Rache-Seiten« dargestellt, was das Opfer Schlimmes getan haben soll, und dazu aufgefordert, das Opfer zu beschimpfen und zu bedrohen. Für den Täter ist diese Art der quasi anonymen Aggression einfacher. Für das Opfer kommen die Angriffe aus dem Dunkel, es fühlt sich hilflos und leidet. Durch die weite Verbreitung durch das Netz, die kaum aufzuhalten ist, kann das Gefühl der Bedrohung so unerträglich werden, dass das Opfer bis zum Selbstmord getrieben wird. Gerade beim Umgang mit Mobbing ist es entscheidend für unser souveränes, professionelles Verhalten, wie wir mit der eigenen Betroffenheit und unseren Gefühlen umgehen.

Als Lehrer können wir hauptsächlich präventiv an der Bewusstseinsbildung über die schlimmen Auswirkungen von Cybermobbing arbeiten. Nicht nur durch den Stellenwert, den wir dem sozialen Lernen in der Schule geben, sondern auch durch Aufklärung über den Umgang mit dem Internet, versuchen wir im Voraus, Schlimmes zu verhindern. Schüler gehen oft sehr sorglos mit ihren Daten um. Sie müssen begreifen, dass kein Wort oder kein Foto von der Reue zurückgeholt werden können und dass Verleumdung, Beleidigung und Weitergabe von privaten Fotos ohne Erlaubnis Straftaten sind.

11.2.4 Opfer und Täter

Kinder oder Jugendliche werden aus verschiedenen Gründen zu Opfern. Das Äußere kann eine Rolle spielen, wobei Kleine, Schwache, Übergewichtige, Ängstliche, Passive oder auffallend Gekleidete oft in den Fokus der Täter geraten. In manchen Schulen ist das Tragen von Markenkleidung so wichtig geworden, dass der Status in der Klasse davon stark beeinflusst wird. Hier können wir durch entsprechende Unterrichtsthemen, z. B. im Ethikunterricht, Einfluss nehmen. Auch selbst aggressive oder überangepasste Schüler werden leicht zu Opfern – ebenso wie solche aus einem überbehütenden Elternhaus. Vom Beginn der Schulzeit an wird die Anerkennung durch die Peergroup zunehmend wichtiger. Auffallen darf man nur durch von der Gruppe hoch angesehenen Eigenschaften wie besondere Stärke, Sportlichkeit oder Reichtum. Hervorragende Schulleistungen können bereits provozierend wirken und schützen nur bei großer Hilfsbereitschaft. Wird ein Schüler zum Opfer, ist oft Schulangst die Folge. Sein Selbstwertgefühl leidet. Da er dazugehören möchte, akzeptiert er, dass er selbst »schuld« oder »nicht okay« ist. Opfer schämen sich und schweigen. Daraus ergeben sich weitere Gefahren. Opfer richten ihre Aggressionen oft gegen sich selbst (z. B. durch Ritzen), um sich Entlastung zu verschaffen. In extremen Fällen kann es zu Suizid oder Amoklauf kommen. Sobald wir erkannt haben, dass jemand ein Opfer ist, braucht er unser Mitgefühl und Verständnis. Würde sich unser Aktionsdrang gleich auf den Täter richten, käme das Opfer wieder zu kurz!

Wenn wir beobachten, dass Schüler immer stiller werden, sich absondern, häufig wegen psychosomatischer Beschwerden wie Kopf- oder Bauchschmerzen fehlen, sollten wir untersuchen, was dahintersteckt – ebenso wie bei plötzlich abfallenden Schulleistungen. Gründe dafür können natürlich auch im Elternhaus liegen.

Zu Tätern werden oft Schüler mit schwachem Selbstwertgefühl durch das Bedürfnis nach Anerkennung, Macht und »Coolsein«. Sie empfinden ihre Aktionen anfangs meist nur als kleinen Streich. Manche versuchen eigene Unzulänglichkeiten, wie z. B. schwache Schulleistungen oder ein zerrüttetes Elternhaus, dadurch zu verbergen und zu kompensieren. Neid, Hass und Eifersucht, besonders im Rahmen von Verliebtheiten in der Pubertät, liefern gute Gründe, zum Täter zu werden. Einige waren schon selbst Opfer und möchten sich nun der »starken« Seite zuordnen. Als Lehrer sollten wir uns bewusst sein, dass auch die Täter Hilfe brauchen. Böse Taten bleiben böse Taten, aber wenn wir den Täter verstehen, kann er sich verändern. Dabei ist es unerlässlich, dass wir ihn nicht mit unserem Verständnis überschütten. Das kann vor allem bei männlichen Tätern das Gegenteil bewirken, da sie sich dann in ihrer Täterschaft nicht mehr ernst genommen fühlen. Gerade wenn er anderen die Schuld für seinen Übergriff zuschiebt und sich weigert, Verantwortung zu übernehmen, braucht er eine klare Konsequenz und dann die Hilfe zur Veränderung seines Verhaltens. Dieses und nicht Strafe ist unser Ziel. Hier etwas bewirkt zu haben, macht uns wieder ein Stück glücklicher, in dem Bewusstsein, den richtigen Beruf zu haben.

Ein besonderes Problem auf der Täterseite sind noch die Mitläufer. Bei einer eher alltäglichen Schulhofkeilerei stehen sie um die Raufbolde herum und feuern an – in der Regel den mutmaßlichen Gewinner. Darin steckt einerseits eine gewisse Sensationslust, andererseits das Bedürfnis, sich dem Stärkeren zuzuordnen, um dadurch das Gefühl eigener Stärke zu gewinnen. Beim Cybermobbing werden sie dann schnell zu Mittätern, die beispielsweise eigene Beiträge einstellen, um ein Opfer »fertig zu machen«. Wir können Mitläufern begreiflich machen, dass eine Einmischung auf Seiten der Opfer ein Akt der Stärke, nämlich Zivilcourage ist.

11.3   Interventionsmöglichkeiten

Wir haben schon mehrfach die Vorteile der Prävention von Störungen aller Art betrachtet. Soziales Kompetenztraining sollte fest in unserem Unterricht verankert sein, um Aggressionen von vornherein einzudämmen. Treten sie jedoch auf, ist Deeskalation immer das erste Ziel. Dabei müssen wir achtsam unsere eigenen Emotionen kontrollieren. Durch ruhiges Atmen können wir die Souveränität bewahren. Über Konsequenzen wird erst nachgedacht, wenn sich die Situation in ruhigerem Fahrwasser befindet.

11.3.1   Akuter Eingriff

Sobald Aggressionen auftreten, sollten wir nicht warten, bis sie sich weiter aufschaukeln. Das kann schon durch ein einfaches, scharf ausgesprochenes STOPP geschehen. Sodann sollten die Gegner getrennt werden. Dabei sprechen wir mit ruhiger Stimme, um den Streit herunterzukühlen. Das schaffen wir, indem wir tief atmen und auch auf uns selbst achten. Dann setzen wir klare *Grenzen*, indem wir die Regel betonen, z. B.: »Niemand darf hier einen anderen angreifen«. Das betont, nicht nur der gegenwärtige Angreifer darf das nicht, sondern niemand. Das *Gespräch* über den Vorfall kann dann durch Spiegeln eingeleitet werden (»Du warst wohl sehr wütend auf …«). Dabei können dann auch Hintergründe, wie vermeintliche Notwehr, geklärt werden.

Am Ende der Pause gilt es auch oft, Zusammenstöße zu klären. Ein Kollege steht mit einem weinenden Kind in unserer Klasse, weil einer unserer Schüler es geschlagen hat. Wir befragen zunächst unseren Schüler über den Vorfall. Dabei ist wichtig, dass er zu Ende sprechen kann. Währenddessen hilft oft ein kleiner Körperkontakt mit dem anderen Kind und der Hinweis: »Du darfst gleich auch alles erzählen.« Für Täter und Opfer ist es wesentlich, sich verstanden zu fühlen. Das bewirken wir, indem wir spiegeln. Danach kommen die Täter manchmal selbst darauf, wie sie sich anders und besser hätten verhalten können. Viele entschuldigen sich auch.

> *Nach einer hässlichen Schlägerei zwischen Ali und Mehmet mit einer blutigen Nase kam bei der Aussprache heraus, dass Ali von einem Dritten gehört hatte, dass Mehmet seine Mutter beleidigt hätte. Peter, der Lehrer, fragte daraufhin sehr ruhig: »Und das hast du geglaubt?« – »Ja klar!« Daraufhin fragte Peter Mehmet: »Hast du das nicht gesagt?« Mehmet schüttelte den Kopf: »Ich schwör, ich hab nie über deine Mutter geredet.« Peter: »Glaubst du ihm das?« Ali (zögernd): »Ja, schon.« Und nach einer Pause: »Okay, dann entschuldige ich mich.«*

Zu den akuten Eingriffen gehört nach der entspannenden Beruhigung der ablenkende *Themenwechsel*, mit einem für die Kinder interessanten Beginn. In manchen Fällen ist ein *Appell* sinnvoll, z. B.: »Lass das doch. Du bist so viel größer und stärker als er.« Häufig müssen wir über die Folgen aufklären: »Wenn du das nicht lässt, muss ich…« Manchmal muss auch der *Angreifer isoliert* werden, in den Gruppenraum geschickt oder den Trainingsraum, wo er mit dem Sozialpädagogen sprechen kann. Über Gewaltvorfälle in der eigenen Klasse sollten Kollegen unterrichtet werden, um dem Problem gemeinsam zu begegnen.

Das Wichtigste bei allen akuten Eingriffen bleibt die *Deeskalation*. Die Kontrahenten müssen sich erst beruhigen können. Dabei kann auch ein Glas Wasser helfen. Wir können zur Entspannung auffordern, indem wir für die Aufregung Verständnis zeigen. Je entspannter und ruhiger wir selbst sind, was wir durch Achtsamkeit für uns selbst erreichen, desto mehr überträgt sich das, und wir haben das gute Gefühl, uns professionell zu verhalten. Es steht außer Frage, dass in der Folge das Fehlverhalten der Täter und Mitläufer Konsequenzen haben muss. Günstig ist, wenn am Ende eine Art »Vertrag« mit Selbstverpflichtungen steht.

Ein akuter Eingriff ist auch erforderlich, wenn wir selbst das Ziel des Angriffs sind (und das nicht glaubwürdig ignorieren können). Je schneller wir unsere Betroffenheit im Griff haben und uns entspannen, desto souveräner können wir reagieren, z. B. durch Spiegeln: »Du bist ja sehr wütend.« Bei Provokationen hilft oft eine Frage. Auf »Sie haben ja überhaupt keine Ahnung« z. B. erwidern: »Was findest du falsch an meiner Erklärung?« Dabei fühlt der Schüler sich ernst genommen und sein Bedürfnis, uns zu provozieren, kann einer Diskussion über Inhalte weichen. Bei Bedrohungen klären wir über die Konsequenzen auf. (»Du darfst zwar so sauer auf mich sein, dass du mein Auto kaputt machen *willst*, aber du darfst es nicht *tun*. Die Kosten für die Reparatur müssten sonst deine Eltern bezahlen.«) Bei drohendem, körperlichem Angriff machen wir, wenn es noch möglich ist, einen Schritt auf den Aggressor zu, strecken beide Hände nach vorn und rufen laut STOPP. In so ernsten Fällen ist unbedingt ein folgendes Einzelgespräch mit dem Schüler notwendig.

Oft sind Aggressionen gegen uns mit befürchteter Überforderung und Arbeitsverweigerung gekoppelt. Manchmal läst sich der Angriff überhören, und wir bringen den Schüler durch Ermutigung oder Erklärung zur Arbeit. Falls das nicht möglich ist, lassen wir uns keinesfalls auf einen Machtkampf mit einem aufgeregten Schüler ein. Der arbeitet sowieso erst, wenn er entspannter ist.

Unsere Möglichkeiten, unsere Emotionen zu kontrollieren und professionell zu reagieren, stehen und fallen in aufregenden Situationen mit unserer inneren Ruhe und der professionellen Distanz, die unsere persönliche Betroffenheit mindert und die wir mit Achtsamkeit für uns erreichen können.

11.3.2 Antiaggressionsprogramme

- **Streitschlichtung**

Zu den wichtigsten Antiaggressionsprogrammen gehört die Streitschlichtung. In vielen Schulen werden Kinder und Jugendliche zu Streitschlichtern ausgebildet, deren Arbeit eine hohe Akzeptanz von den Mitschülern erfährt. Es stärkt die Selbstwirksamkeitsüberzeugung von Kindern und Jugendlichen, wenn sie lernen, Konflikte ohne Eingriffe von Pädagogen selbst zu lösen. Die Streitschlichter lassen sich den Konflikt von beiden Parteien erzählen und achten auf Ruhe und Sachlichkeit. Im besten Fall erkennen die Kontrahenten, was ihr eigener Anteil am Streit war. Das Ziel ist, dass sich beide entweder wieder vertragen oder sich bereiterklären, einander aus dem Weg zu gehen.

Führen wir als Lehrer die Streitschlichtung durch, könnten wir veranlassen, dass vor allem ältere Schüler auch über die Ursachen nachdenken und darüber, welches andere Verhalten besser gewesen wäre. Dabei geht es darum, für die Zukunft Verhaltensalternativen zu entwickeln, um die eigenen Ziele friedlich zu erreichen.

- **Kommunikationstraining**

Wir könnten, auch im Rahmen des Deutschunterrichts, ein Kommunikationstraining durchführen, z. B. das Programm von R. Miller (2002) »Halt's Maul, du dumme Sau«, was die Schüler befähigt, statt Beschimpfungen ihre wirklichen Anliegen zu vermitteln. Die Schüler sollen unbedingt lernen, sich für Mobbing an der Schule mitverantwortlich zu fühlen.

- **Patenschaften**

In manchen Schulen gibt es Patenschaften älterer Schüler für Grundschüler. So haben die Kleinen immer einen vertrauten Ansprechpartner, der ihnen auch Schutz bieten kann.

- **Anti-Gewalt-Trainer**

Es gibt die Möglichkeit, wenn der Bedarf in der eigenen Schule groß ist und wir Kraft und Lust dazu haben, uns zum Anti-Gewalt-Trainer ausbilden zu lassen. Das Training umfasst theoretische, praktische und körperliche Übungen. Es lässt sich für die eigene Klasse auch mit externen Trainern durchführen. Den Schülern wird nahegebracht, dass Gewaltanwendung von Schwäche zeugt und dass wirklich Starke bessere Konfliktlösungen finden. In Rollenspielen üben die Schüler solche alternativen Möglichkeiten. Die Trainings müssen wiederholt werden, um den Transfer in den Alltag zu sichern.

11.3.3 Hilfe von außen

Sind die Aggressionen solcherart, dass die Schule sie mit ihren pädagogischen Möglichkeiten nicht mehr bewältigen kann, ist es sinnvoll, die besondere Zusammenarbeit mit den Eltern, den Kontakt zum Jugendamt, ggf. dem Sozialbetreuer und der Polizei aufzunehmen.

- **Zusammenarbeit mit den Eltern**

Am Anfang sollte immer die Zusammenarbeit mit den Eltern stehen. Sie sollen wissen, wie sich ihre Kinder in der Schule verhalten, um in unserem Sinne mitzuwirken. Dabei gilt es, zwei extreme Reaktionen zu verhindern. Einmal die ebenfalls aggressive Abwehr der Berichte. (»Zu Hause ist er nie so«, »Er muss sich doch wohl wehren dürfen«, »Immer haben Sie meinen Sohn auf dem Kieker. Dabei sind doch die anderen Kinder selbst schuld« usw.) Auch wenn es mühsam ist, wir signalisieren den Eltern Verständnis für ihre Aussagen und besprechen dann, was wir gemeinsam tun können, damit das Kind sein Sozialverhalten verbessern kann. Es gibt auch Kinder, die mit Aggressionen nur versuchen wollen, Kontakt herzustellen, weil sie kein anderes Repertoire haben. Diesen hilft es, wenn ihre Tat in einen neuen Zusammenhang gestellt und die Situation dadurch umgedeutet wird. Auf dieser Grundlage finden wir dann gemeinsam neue Lösungen. Auf klicksafe.de finden wir Materialien für den Unterricht und die Elternarbeit.

Das andere Extrem sind die Eltern, die zwar gleichfalls aufbrausen, aber in dem Sinn, dass sie den Sprössling entsprechend bestrafen wollen – wobei da oft auch noch Körperstrafen eine Rolle spielen. Es wird nicht immer gelingen, aber wir sollten den Eltern den Zusammenhang zwischen erlittenen Schlägen und dem Bedürfnis, andere Kinder zu quälen, aufzeigen. Danach wäre ein Gespräch mit diesen Eltern und ihrem Kind nützlich, damit das Kind keine Angst haben muss, nach Hause zu kommen. Wir sollten die Eltern so früh wie möglich einbeziehen, wieder nach dem Motto »Wehret den Anfängen«. Solange die Probleme noch nicht so groß sind, kann die Zusammenarbeit mit den Eltern einiges bewirken.

- **Zusammenarbeit mit der Polizei**

Ist die Tat des Schülers eindeutig kriminell, so sollte auch eine Anzeige erfolgen. Andernfalls kann die fehlende Konsequenz verstärkende Wirkung auf das Fehlverhalten haben. In vielen Schulen gibt es bereits einen Cop4you, der die Schule kennt und zeitnah zur Stelle ist. Nicht nur als Polizeiverkehrslehrer arbeitet die Polizei uns sehr gut zu. Sie geht auch in die Klassen, um altersgemäß aufzuklären, welches Verhalten eine Straftat darstellt, und andererseits wie Schüler sich davor schützen können. Opfer werden ermutigt, selbst Strafanzeigen zu stellen und nicht aus Scham alles zu verschweigen. Auch Jugendliche sind oft erstaunt, wie Beleidigung oder Körperverletzungen Erwachsener gerichtlich bestraft werden.

Carsten besuchte mit seiner 9. Klasse eine Gerichtsverhandlung, in der es um Beleidigung ging. Ein Autofahrer hatte einem anderen den Parkplatz vor der Nase weggeschnappt, auf den dieser gewartet hatte. Voller Wut beschimpfte dieser den Parkplatznehmer als »Arschloch«. Der zeigte ihn wegen Beleidigung an. Im Urteil wurde eine Geldstrafe von 500 € ausgesprochen. Die Klasse war sehr beeindruckt.

Für die Beratung von Jugendlichen bei Mobbing und Cybermobbing gibt es 14- bis 18-jährige »Scouts«, denen sich Jugendliche unter Umständen leichter öffnen. Die Scouts ihrerseits werden fachlich beraten (juuuport.de).

Eine gute regionale Vernetzung innerhalb des Stadtteils, besonders in sozialen Brennpunkten, mit der Polizei, dem Jugendamt, sozialen Diensten und einschlägigen Beratungsstellen kann uns unsere Arbeit sehr erleichtern.

- **Zusammenarbeit mit externen Trainern**

Das Jugendamt kann Anti-Gewalt-Trainings für Jugendliche vermitteln. Sie können auch als Auflage Bestandteil eines Gerichtsurteils sein. In Rollenspielen, in denen jeder einmal Täter und einmal Opfer spielt, wird die Opferperspektive eingenommen, und es werden Alternativen zu Gewalt erprobt. Die Täter lernen, wie sie sich in den fraglichen Situationen so weit entspannen können, dass sie nicht mehr zuschlagen »müssen«, und auch, ihre Rechtfertigungsargumente zu entlarven.

In manchen Trainings wird ebenfalls geübt (an den Fällen der Jugendlichen), wie ein freiwilliger Täter-Opfer-Ausgleich aussieht. Beide sollen die Perspektive des anderen verstehen. Es ist eine Form der Wiedergutmachung für das Opfer und eine Form der Wiedereingliederung für den Täter. Wenn der Täter das Ausmaß des von ihm verursachten Schadens eigentlich nicht gewollt hat, so ist hier Raum für Reue, die dem Opfer hilft. Solche Täter haben dann ein Bedürfnis nach Wiedergutmachung. Der Täter-Opfer-Ausgleich kann anschließend wieder eine gewisse Harmonie erzeugen.

Literatur

Bergsson M, Luckfield H (2012) Umgang mit »schwierigen« Kindern«. Cornelsen, Berlin

Bueb B (2006) Lob der Disziplin. Fischer, Berlin

Dollard J, Doob L, Miller NE, Mowrer OH, Sears RR (1939) Frustration-aggression hypothesis. Yale University Press, New Haven

Freud S (1915) Triebe und Triebschicksale, Ges. Werke Bd IX. S. Fischer, Frankfurt a. M.

Lorenz K (1992) Das sogenannte Böse. Zur Naturgeschichte der Aggression. dtv, München

Miller R (2002) Halt's Maul, du dumme Sau. Schritte zum fairen Gespräch. AOL, Lichtenau

Weiterführende Literatur

Bandura A (1979) Aggression. Eine sozial-lerntheoretische Analyse. Klett-Cotta, Stuttgart

Becker GE (2009) Disziplin im Unterricht, Auf dem Weg zu einer zeitgemäßen Autorität. Beltz, Weinheim

Brose K, Pfaffe W (2009) Survival für Lehrer. Vandenhoeck & Ruprecht, Göttingen

Frank H (2010) Lehrer am Limit, Gegensteuern und durchstarten. Beltz, Weinheim

Freud S (1905) Drei Abhandlungen zur Sexualtheorie, Ges. Werke Bd V. S. Fischer, Frankfurt a. M.

Freud S (1920) Jenseits des Lustprinzips, Ges. Werke Bd XIII. S. Fischer, Frankfurt a. M.

Jannon M (2010) Das Anti-Mobbing-Buch, Gewalt an der Schule – vorbeugen, erkennen, handeln. Beltz, Weinheim

Jürgens B, Krause G (Hrsg) (2009) Pädagogische Kompetenz trainieren. Shaker, Aachen

Krowatschek D, Krowatschek G, Wingert G (2008) Disziplin im Klassenzimmer Klasse 1–8, Bewährtes und Neues. Ein Erziehungsprogramm aus der Praxis. AOL, Hamburg

Miller R (2011) Als Lehrer souverän sein. Von der Hilflosigkeit zur Autonomie. Beltz, Weinheim

Roggendorf G (2003) »Kann Bildung schaden?« Ein Plädoyer für bessere Schulen und mehr Chancengleichheit für Kinder. Junfermann, Paderborn

Der Weg vom Wissen zur Anwendung

Meine Wünsche, meine Ziele

D. Linde, *Burnout vermeiden - Berufsfreude gewinnen*,
DOI 10.1007/978-3-662-47006-0_12, © Springer-Verlag Berlin Heidelberg 2015

Um wieder Berufsfreude zu entwickeln, soll sich etwas ändern. Dafür lesen Sie dieses Buch. Die gewünschten Änderungen sind nicht für jeden von uns die gleichen. Daher muss sich jeder über seine persönlichen Wünsche und Ziele zunächst klar werden.

Als Erstes erstellen wir einen Wunschzettel, auf dem wir alle Änderungen notieren, die wir uns erhoffen. Wir genießen es, so viel aufzuschreiben wie möglich. Wir lassen unserer Phantasie freien Lauf, entspannen uns und sammeln, ohne dabei zu bewerten, ob ein Wunsch realistisch ist oder nicht. Diese Liste sollte nicht in einem Zug erstellt werden, sondern über Tage wachsen und für Ergänzungen offen bleiben.

? *Was wünsche ich mir für meinen Berufsalltag?*

Nach der (vorläufigen) Fertigstellung unseres Wunschzettels stellen wir fest, dass wir auf die Erfüllung einiger Wünsche keinerlei Einfluss haben, wie z. B. auf alle Reformen und Neuerungen, die »von oben« angeordnet werden. Natürlich könnten wir uns in Lehrerverbänden und politischen Parteien für Änderungen im eigenen Sinne engagieren, wobei erschöpfte Lehrkräfte dazu seltener motiviert sind.

Als Nächstes folgen diejenigen Wünsche, auf die wir Einfluss haben, indem wir Entscheidungen treffen können.

> *Uwe versteht sich schlecht mit seinem Schulleiter. Er wünscht ihn sich kooperativer und weniger autoritär. Der Schulleiter wird sich nicht ändern, nur weil Uwe sich das wünscht. Aber Uwe kann sich wünschen, sich an seinem Arbeitsplatz wohler zu fühlen.*

In solchen Fällen haben wir grundsätzlich zwei Möglichkeiten, nämlich die Situation zu ändern (*in Uwes Fall, sich an eine andere Schule versetzen zu lassen*) oder die Situation als unabänderlich zu akzeptieren. Das bedeutet, wir hören ab sofort auf, uns darüber aufzuregen. Bei schlechtem Wetter nehmen wir eben einen Schirm. Natürlich geben wir erst dann auf, wenn es keine Alternativen mehr gibt und sagen uns: »Es ist, wie es ist.«

> *Uwe könnte an der Schule bleiben wollen, weil er mit vielen Kollegen gut zusammenarbeitet, weil der Schulweg kurz ist usw. Sich selbst zuliebe müsste er dann aufhören, sich dauernd über seinen Schulleiter aufzuregen.*

◗ Tab. 12.1 Meine Wünsche nach Wichtigkeit geordnet

Sehr wichtig für mich	Wichtig für mich	Das wäre auch schön

Bei den »erfüllbaren« Wünschen ist es hilfreich, wenn wir uns den Zustand, wenn unsere Wünsche erfüllt und unsere Ziele erreicht sind, vorstellen können. Also nicht: »Ich will morgens nicht mehr so unendlich müde in die Schule kommen«, sondern: »Ich komme ausgeschlafen und voller Energie in die Schule.« Die Richtung unserer Wünsche sollte immer »hin zu« einem angenehmen Zustand imaginiert werden und nicht »weg von« einem unangenehmen. Die Bilder, die unser Gehirn produziert, sind um ein Vielfaches intensiver und emotional aufgeladener als Worte. Daher ist es besonders wirkungsvoll, sich mit allen Sinnen in den gewünschten Endzustand einzufühlen (▶ Kap. 6).

Im Anschluss an diese Imaginationsphase gewichten wir unsere Wünsche. Sehr wichtige bekommen drei Kreise, wichtige zwei und weniger wichtige nur einen. Dann ordnen wir sie für einen besseren Überblick hier in ◗ Tab. 12.1 ein.

Im nächsten Schritt überlegen wir, welche unserer Wünsche nicht nur »gute Vorsätze« erzeugen, sondern als Ziele aktiv angestrebt werden sollen. In ▶ Abschn. 4.2 haben wir schon erörtert, welche Überlegungen wir bei Zieldefinitionen anstellen.

Es ist nur menschlich, wenn wir alles auf einmal wollen. Aber wir wissen genau, dass das unrealistisch ist. Daher bringen wir unsere »sehr wichtigen« Wünsche in eine Rangreihe, wobei wir natürlich mit dem wichtigsten anfangen. So verfahren wir auch mit den »wichtigen« und den »Es wäre schön«-Wünschen. Wenn wir uns diese Liste in dieser Weise aufschreiben, hilft das, sie in unserem tieferen Bewusstsein zu verankern. Manchmal erfüllt sich dann einiges ganz langsam und so nebenbei. Unsere wichtigsten Hauptwünsche sollten wir zum Ziel erheben und entsprechend an ihnen arbeiten.

Weiterführende Literatur

Werner B, Christoph, B (2008) Ziele erreichen – Zukunft gestalten. 37 Erfolgsbausteine für das Selbst-, Ziel- und Zeitmanagement. Finanzbuch, München

Schritte der Veränderung

D. Linde, *Burnout vermeiden - Berufsfreude gewinnen*,
DOI 10.1007/978-3-662-47006-0_13, © Springer-Verlag Berlin Heidelberg 2015

13.1   Die Kraft der Entscheidung

Jedem angestrebten Ziel geht eine Entscheidung voraus. Wir beschließen eine Veränderung, wie eine Art »Vertrag« mit uns selbst. Das hat eine ganz andere Qualität als ein guter Vorsatz z. B. für das neue Jahr.

> *Lehrer A nimmt sich vor, im neuen Jahr sein Zeitmanagement am Schreibtisch zu verbessern. Er fände das sinnvoll und nützlich, nur leider gibt es auch sonst so viel zu erledigen, und es kommt immer etwas dazwischen. Lehrer B will inhaltlich das Gleiche, nur ist es ihm so wichtig, dass er es zu seinem nächsten Ziel erhebt, sich Teilziele dorthin überlegt und für diese Zeitgrenzen festsetzt.*

Wenn wir Erfolg haben wollen, müssen wir für ihn sorgen. Erfolg ist das, was auf Vorangegangenes »erfolgt«. Auf diesem Weg kann es Stolpersteine geben, aber wenn wir unbeirrt ein realistisches Ziel anstreben, werden wir es auch erreichen, also Erfolg haben.

Zur Zielentscheidung gehört als Erstes eine genaue Zieldefinition.

> *Lehrer B plant im Voraus für jeden Tag die Stunden ein, die er (ungestört!) der Schreibtischarbeit widmet, setzt zu Beginn fest, was er in der Zeit erledigen wird, damit sie effektiv genutzt wird, und macht sich am Ende eine kurze Erfolgsnotiz zur Kontrolle.*

❓ *Mein erstes Ziel ist:*

_____

13.2   Vorteile meines Zielzustandes

Nicht ohne Grund erheben wir unseren dringendsten Wunsch zum Ziel. Vor unserem inneren Auge sehen wir den Zustand, wenn wir es erreicht haben. Die intensive Vorstellung mit allen unseren Sinnen kann uns schon ein kleines, freudiges Lächeln entlocken.

> *Auch Lehrer B fallen einige Vorteile auf Anhieb ein: durch zeitbewusstes Arbeiten schafft er mehr in weniger Zeit. Dadurch hat er mehr Zeit für die Familie, seine Freunde und sein Hobby. Es befriedigt ihn, souveräner über seine Zeit zu verfügen, statt »vom Schulalltag aufgefressen« zu werden. Schließlich zieht dieses Ziel fast zwangsläufig andere nach sich, wie mehr Ordnung und Organisation. Er weiß, dass gut organisierte Lehrer glücklichere Lehrer sind.*

Auch uns soll die Erreichung unseres Ziels bzw. unserer Ziele als Lehrer wieder glücklicher machen. So arbeiten wir dafür, damit es uns als unserem besten Freund wieder besser geht.

❓ *Mein erstes Ziel/meine ersten Ziele:*

_____
_____
_____
_____

13.3   Verzichten für mein Ziel?!

Neue Ziele anzustreben bedeutet, Gewohnheiten zu verändern und die alte ‚Komfortzone' zu verlassen. Sie ist der »Feind, den man kennt« und ist daher nicht so bedrohlich wie etwas Unbekanntes, Neues. Diesen Verzicht müssen wir immer leisten, wenn wir Neues unternehmen. Es gibt meist noch mehr Opfer, die wir für unser jeweiliges Ziel bringen müssen. Wenn wir uns darüber nicht klar sind, kann uns dieser Stolperstein auf unserem Weg zu Fall bringen. Beim Abnehmen ist das für uns selbstverständlich. Wir verzichten auf kulinarische Genüsse für einen schlankeren Körper. Steht hier am Anfang keine klare, feste Entscheidung und kann sich der Betreffende nicht mit Freude in den schlanken Zustand hineindenken, so wird die erste Einladung zum Essen die Vorsätze ins Wanken bringen.

> *Auch unser Lehrer B muss auf einiges verzichten. Er muss sich disziplinieren, effizient zu arbeiten, während er vorher am Schreibtisch manchmal ein bisschen geträumt, Privates erledigt und etwas ziellos in verschiedenen Unterlagen geblättert hat. Er muss den Anrufbeantworter einschalten, auch wenn eine kleine Ablenkung gerade höchst willkommen gewesen wäre. Er muss seiner Familie die neuen Regeln (Ungestörtheit) nahebringen etc.*

❓ *Für mein Ziel bringe ich bewusst folgende Opfer:*

_____

_____

_____

_____

Je bewusster uns unsere Opfer sind, die wir bereit sind, für unsere Zielerreichung zu bringen, desto weniger störanfällig ist unser Weg zum Erfolg.

13.4   Meine Ressourcen

Alles, was uns hilft, unser Ziel zu erreichen, ist eine Ressource. Ressourcen können sein: Eigenschaften, Kräfte, Fähigkeiten, Fertigkeiten, Erfahrungen, Vorbilder, Ratgeber, Partner, Freunde, Kollegen und vieles mehr.

> *Lehrer B erinnert sich, dass er schon als Student unter Zeitdruck viel effektiver arbeiten konnte. Er weiß, dass er einen starken Willen hat, eine getroffene Entscheidung auch umzusetzen. Er hat einen Kollegenfreund, der ihm ein Vorbild im Zeitmanagement ist. Mit dem will er seine Pläne besprechen. Er freut sich, dass ihn seine Frau tatkräftig unterstützen wird.*

❓ *Was habe ich für Ressourcen, die mir helfen, mein Ziel zu erreichen?*

_____

_____

_____

_____

■ Tab. 13.1 Festlegen von Teilzielen auf dem Weg zum Ziel

Teilziele	Operational definiert	Sicher beherrscht bis zum

Durch eine Übung aus dem NLP lässt sich der Zugang zu dem Gefühl, alle Ressourcen zu haben, die man braucht, enorm verstärken. Ich begebe mich zu einer ausgewählten Stelle und entspanne mich so tief, wie möglich. Sodann stelle ich mir mit allen Sinnen eine (oder mehrere) Situation(en) in meiner Vergangenheit vor, wo ich voller Freude und Glück war, weil mir »etwas Großes« gelungen ist. Verbunden damit war das Gefühl, dass mir *alles*, was ich wirklich will, gelingen kann. Dies ist der *Moment of Excellence. (Beispiele können sein: eine unerwartete Spitzenzensur in einer Prüfung, ein großes, schließlich gelungenes Projekt oder, oder ... Wesentlich ist dabei nur, dass es mir selbst außergewöhnlich wichtig war.)* Dieser *Moment of Excellence* wird nun mit der ausgewählten Stelle »verankert«, sodass ich mich immer wieder dorthin begeben kann, wenn mir eine »Ressourcenspritze« gut täte.

13.5   Einprogrammieren neuer Gewohnheiten

Eine neue Gewohnheit zu installieren braucht Zeit und Übung. Es genügt nicht, verstanden zu haben, wie wir uns genau verhalten wollen. Wir machen die frustrierende Erfahrung, dass wir es manchmal nicht hinbekommen. Dazu müssen wir wissen, dass es mindestens sechs Wochen dauert, bis die neue Gewohnheit »sitzt«, d. h. dass sie zur Selbstverständlichkeit wird und wir nicht mehr so viel Energie darauf verwenden müssen. An der fehlenden Geduld mit uns selbst an dieser Stelle sind schon manche Projekte gescheitert, die leicht erreichbar gewesen wären, wenn wir uns nur mit mehr Liebe begegnet wären und uns kleine Fehler verziehen hätten. Weniger umfangreiche Ziele, z. B. das achtsame Innehalten während des Tages, können wir sofort umsetzen. Dennoch geben wir uns auch in diesen sechs Wochen Zeit, bis sie als neue Gewohnheit einprogrammiert sind.

Ein großes Ziel ist nicht auf einmal zu erreichen. Wir müssen einen Plan erstellen und es in kleinere, sicher erreichbare Teilziele gliedern. Für jedes Teilziel legen wir dann (großzügig!) den Zeitpunkt fest, zu dem wir es sicher beherrschen wollen. So wie wir bei unseren Schülern für Erfolgserlebnisse sorgen, um sie zu motivieren und sie ihre Selbstwirksamkeit erleben zu lassen, tun wir das spätestens ab jetzt auch bewusst für uns selbst. Die Teilziele für unser Ziel legen wir in ■ Tab. 13.1 fest.

Weiterführende Literatur

Demann S (2011) Selbstcoaching. Gabal, Offenbach

Mohl A (2010) Der Zauberlehrling. Das NLP Lern- und Übungsbuch. Jungfermannsche Verlagsbuchhandlung, Paderborn

Sprenger RK (2015) Die Entscheidung liegt bei Dir. Wege aus der alltäglichen Unzufriedenheit. Campus, Frankfurt a. M.

Wege zur Harmonie mit mir selbst

D. Linde, *Burnout vermeiden - Berufsfreude gewinnen*,
DOI 10.1007/978-3-662-47006-0_14, © Springer-Verlag Berlin Heidelberg 2015

Wir haben erkannt, dass niemand für unsere Rechte und Bedürfnisse sorgen wird, wenn wir es selbst nicht tun. Wir können an dem Bewusstsein arbeiten, dass wir unser eigener bester Freund sein, mit Selbstfürsorge unsere Stressoren eingrenzen und uns von den schädigenden Einschärfungen aus unserer Kindheit lösen wollen.

14.1   Stressoren vermindern – falsche Glaubenssätze löschen

Dazu gehört als Erstes, stressverstärkende Fallen (▶ Abschn. 1.2.2), wie z. B. die Perfektionsfalle, schnell zu erkennen und nach und nach zu löschen.

Die Löschung von schädigenden Einschärfungen, die zu Glaubenssätzen geworden sind, und wie diese durch neutralisierende Entgegnungen unschädlich gemacht werden können, wurde in ▶ Abschn. 2.1 bereits erläutert. Es ist hilfreich, wenn Sie sich die neuen Erlaubnissätze, die Sie in der Übung für sich gefunden haben, aufschreiben und immer wieder einmal ansehen. So verlieren diese die stresserzeugende Macht als innere Forderungen.

❓ *Welche stressverstärkenden Fallen habe ich bereits erkannt?*

In ❏ Tab. 14.1 können Sie eintragen, welche körperlichen Stressreaktionen (z. B. Schlafstörungen) Sie zeigen, und was Sie zur Heilung unternehmen wollen.

Da wir wissen, dass wir durch unsere Gedanken Gefühle auslösen, richten wir unsere Aufmerksamkeit mehr auf angenehme, aufbauende Gedanken.

Mit welchen ungünstigen Gedanken verstärken Sie Ihren Stress (z. B. »Ich habe keinen Spaß mehr an der Schule/am Leben«) und was wollen Sie sich stattdessen öfter sagen (z. B. »Ich bin ein Profi und mag meine Arbeit«)? Ihre neuen Ideen können Sie in ❏ Tab. 14.2 eintragen.

Welche stressbedingten, schädigenden Verhaltensweisen (z. B. zu viel Alkohol oder Essen) wollen Sie durch gesunde, entspannende ersetzen? Dies können Sie in ❏ Tab. 14.3 festhalten. Wir wissen, dass es nicht funktioniert, sich etwas abzugewöhnen, ohne einen besseren Ersatz bzw. eine Belohnung im Blick zu haben. Wenn es gelingen soll, muss unsere »Glücksbilanz« ausgeglichen bleiben. Daher ist es gut, sich zu überlegen: »Was bekomme ich alles dafür, wenn ich auf jenes verzichte?«

14.2   Harmonische Leitung des Inneren Teams

Um mit unseren echten Bedürfnissen in Kontakt zu kommen, haben wir uns mit dem Inneren Team beschäftigt und dabei erwünschte und unerwünschte Mitglieder kennengelernt. An den Beispielen der erschöpften Lehrer *Ernst Fertig* (▶ Abschn. 2.2.1) und *Eva Erschöpft* (▶ Abschn. 2.2.2) haben wir Teamaufstellungen betrachtet und sind mit unserem eigenen gestressten Team in Kontakt getreten – wer dies noch nicht getan hat, kann das nun auf einem großen Bogen Papier nachholen. Als harmonische Leitung und wohlwollendes Oberhaupt respektieren wir ab jetzt auch die Teammitglieder in ihren Bedürfnissen, die wir bis jetzt ignoriert oder versteckt haben. Alle wollen etwas Positives für uns, auch dann, wenn wir ihre

□ Tab. 14.1 Meine Stresssymptome und wie ich sie heilen will

Körperliche Stressreaktionen	Maßnahmen zur Heilung

□ Tab. 14.2 Verwandlung kontraproduktiver Gedanken in produktive

Kontraproduktiver Gedanke	Neuer aufbauener Gedanke

□ Tab. 14.3 Wie ersetze ich selbstschädigendes durch gesundes Verhalten?

Stressbedingtes, schädigendes Verhalten	Stressverminderndes, gesundes Verhalten

□ Tab. 14.4 Methoden für abgelehnte Teammitglieder, ihre gute Absicht zu verwirklichen

Ungeliebte Teammitglieder, denen ich folgende neue Methoden vorschlage, um ihre gute Absicht zu verwirklichen:	
Abgelehntes Teammitglied	**Neue Wege zur Verwirklichung des positiven Ziels**

Methoden in keiner Weise schätzen. In dem Fall könnten wir mit ihnen verhandeln, auf welchem für uns akzeptablen Weg sie ihre Absicht verwirklichen können. Zum Beispiel möchte der verschmähte Persönlichkeitsteil von Eva Erschöpft »Ulla Unzulänglich« vielleicht, dass Eva keine Misserfolgserlebnisse ertragen muss und deshalb bestimmten Forderungen aus dem Weg geht. Eva könnte nun anbieten, dass sie, um diese Misserfolgserlebnisse tatsächlich nicht zu erleben, genau untersucht, wobei sie sich unzulänglich fühlt, und dann diese fehlenden Fähigkeiten erwerben bzw. Fertigkeiten trainieren. In □ Tab. 14.4 können Sie Ihre ungeliebten, abgelehnten Teammitglieder eintragen und formulieren, wie diese ihre gute Absicht verwirklichen könnten.

14.3   Positive Programmierung im Alltag

Wir wissen, dass die Energie der Aufmerksamkeit folgt. Je mehr Aufmerksamkeit wir bestimmten Bereichen schenken, desto mehr Energie fließt dahin, desto leichter fallen uns die gewünschten Veränderungen. Wir erkennen kontraproduktives Verhalten besser und entwickeln effektive Bewältigungsstrategien

14.3.1 Achtsamkeit

Um die Achtsamkeit im Alltag nicht zu vergessen, hilft es, wenn wir sie an sogenannte Anker knüpfen, z. B.: Immer wenn wir eine Klasse betreten, achten wir einen Moment auf unsere entspannte Atmung. Immer, wenn wir uns zum Essen setzen (oder vor dem Aufstehen etc.), achten wir auf unser Körpergefühl. Unsere Präsenz, wenn wir das Haus verlassen (Fenster zu? Geräte aus? Anrufbeantworter eingeschaltet?), können wir auf andere Situationen übertragen. So fühlen wir uns ganz entspannt als Herr der Lage.

Wir können uns daran gewöhnen, bei auftauchenden Angst-, Ärger- und Stressgefühlen aller Art mit bewusster, tiefer Atmung zu reagieren. Wir können uns sofort für dieses Verhalten entscheiden. Es wird dann nach und nach zur hilfreichen Gewohnheit, ebenso das Achten auf den Körper und das gegenwärtige Tun. Wir müssen uns dann nicht mehr fragen: »Hab ich das Bügeleisen ausgemacht?« Die Achtsamkeit, verbunden mit tieferer Atmung, wirkt immer wie eine Selbstberuhigung. So können wir nicht mehr so leicht von Stressgefühlen überwältigt werden, sondern bleiben souverän.

❓ Meine Anker Achtsamkeit im Alltag:
   Anker für Atmung _____
   Anker für Körpergefühl _____
   Anker für Präsenz _____

14.3.2 Selbstsicherheit

Wir haben in ▶ Abschn. 4.2 bereits überlegt, in welchen Bereichen wir ggf. selbstsicherer werden wollen. Wir können uns hier ein paar (aber nicht zu viele) Ziele setzen. Selbst, wenn wir nicht konkret an jedem einzelnen arbeiten, hilft das Bewusstmachen und Aufschreiben dieser Ziele, beinahe ohne unser Zutun nach und nach Änderungen zu initiieren.

❓ *Meine Selbstsicherheitsziele*
   _____
   _____
   _____

Es fördert obendrein unsere Selbstsicherheit und unser positives Lebensgefühl, wenn wir unsere Erfolge als solche auch bewusst registrieren und lernen, stolz auf unsere Leistung zu sein. Tun wir das nicht, so behandeln wir uns wie ein Chef, der zu seinen Angestellten sagt: »Kein Tadel ist Lob genug!« Die selbstsichere Körpersprache ist die natürliche Folge der bewussten Registrierung dessen, was uns gelingt. Sie wird auch von unserem Bewegungsprogramm (Sport, Tanz usw.) unterstützt. Wenn wir Schülern oder anderen Menschen Grenzen setzen, verleiht selbstsicheres Auftreten den nötigen Nachdruck.

14.3.3 Positive, einfühlsame Kommunikation

Der Lehrerberuf gehört zu den Sprechberufen. Dabei ist kommunikative Kompetenz unerlässlich. Diese könnten wir noch verstärken, damit sie uns im Schulalltag optimal unterstützt, d. h., wir achten darauf, uns positiv und kraftvoll auszudrücken (▶ Abschn. 5.1).

Wir »müssen« nicht, sondern tun es »gern«.

Wir können, was wir wollen, bzw. können es lernen.

Bei unseren Vorsätzen »sollten« wir nicht, sondern wir »werden« oder »könnten« etwas tun.

Wir ersetzen schwache Ausdrücke wie »vielleicht«, »versuchen« o. Ä. durch aktive, kraftvolle wie »Ich werde«, »Ich erledige«. Auch Schülern gegenüber kommunizieren wir in dieser aktiven, sicheren Weise.

Wir sind keine Opfer der Verhältnisse, sondern übernehmen Verantwortung, finden also unsere eigene Antwort auf die Lage und ziehen unsere Konsequenzen.

? *Änderungsziele für meine Sprachgewohnheiten*

Um einfühlsam kommunizieren zu können, achten wir aufmerksam auf unsere Gefühle und verstärkt auf die Gefühle unserer Gesprächspartner, die hinter ihren Aussagen stehen können. Der andere fühlt sich besser verstanden, und wir bleiben uns in dieser Metaposition leichter unserer Gesprächsziele bewusst. Das ist auch die Voraussetzung für jedes Überzeugen. Gelingt es uns, die Lage mit den Augen des anderen zu sehen, finden wir auch die Worte, die bei ihm ankommen. So können wir »Straßensperren« vermeiden und unser Gesprächsziel verfolgen. Auch unsere Schlagfertigkeit, die nicht jedes Mal der ganz große Wurf sein kann, wird spontaner, wenn wir wissen, wie es dem anderen geht. So können wir auch Alltagshürden gekonnt nehmen, ohne zu kränken. In ◘ Tab. 14.5 können wir Ideen dazu sammeln.

◘ Tab. 14.5 Übung zur Schlagfertigkeit

Schüler sagt:	Schüler fühlt (Vermutungen):	Ich antworte:
»Ich hab dazu keinen Bock.«	*Er hat Angst vor Misserfolg*	*»Ich wette mit dir um eine Cola, dass du das spätestens in 10 Minuten raushast.«*

14.3.4 **Souveränität bei Konflikten**

Konfliktfähigkeit ist eine wichtige Kompetenz im Zusammenleben. Wir haben in ▶ Abschn. 5.2 schon das wichtigste Handwerkszeug dazu kennengelernt. Konfliktscheue hat biographische Gründe. Momentan scheint es angenehmer zu sein, einem Konflikt aus dem Weg zu gehen. Jedoch ist der Preis dafür oft zu hoch.

Da Konflikte nicht notwendig zu Streit führen müssen, könnten wir den Mut aufbringen, die gegensätzlichen Bedürfnisse zu artikulieren, um dann eine Lösung zu erarbeiten, mit der beide Parteien leben können. Je achtsamer wir dabei auch für uns selbst sorgen, desto ruhiger und souveräner können wir die Gefühle anderer erfassen. Sind wir aber voller Ärger über den anderen, ist es hilfreicher, die Konfliktlösung aufzuschieben und dies dem anderen auch zu sagen. (»Ich bin im Augenblick so sauer, dass ich dieses Gespräch aufschieben möchte, damit wir später eine gute Lösung für uns beide finden.«) Ist der andere sehr wütend, muss das klärende Gespräch ebenfalls vertagt werden.

❓ *Ziele für mein Konfliktverhalten:*

14.4   **Meine Ziele für ein neues Zeitmanagement**

Eine ausgewogene Lebensbalance ist die Voraussetzung für die Erhaltung von Gesundheit und Arbeits- und Lebensfreude. Daher überlegen wir hier, wie wir die einzelnen Bereiche künftig stärken wollen. Mit der entsprechenden Mindmap haben wir uns schon in ▶ Abschn. 7.2.1 beschäftigt.

14.4.1 **Zeitgewinn durch gute Organisation der Arbeit**

Ein effektiver Umgang mit der eigenen Zeit kann uns vom Gefühl des Zeitdrucks und dem daraus resultierenden Unwohlsein befreien. Wenn wir unsere Arbeit günstiger organisieren, kommt die ersparte Zeit unseren anderen Lebensbereichen zugute. Da wir glücklicherweise in der Lage sind, unsere Arbeit abseits vom Unterricht frei einzuteilen, können wir so planen, dass andere Lebensbereiche nicht mehr zu kurz kommen.

> *Elli arbeitet mit voller Unterrichtsverpflichtung an der Grundschule und hat selbst zwei Kinder im Vorschulalter. Sie erledigt den größten Teil ihrer Vorbereitung für die Woche am Wochenende, wenn ihr Mann sich um die Kinder kümmern kann. So schafft sie das Übrige leicht an den Abenden und hat genug Zeit für ihre Kinder.*

❓ *Meine Ziele für mein Arbeitszeitmanagement*

Welches sind meine Zeitdiebe?

Den häuslichen Arbeitsplatz sinnvoller zu organisieren, ist für manchen ein sehr umfangreiches Unterfangen. Deshalb ist es hier besonders wichtig, die verschiedenen Arbeiten in Teilziele aufzugliedern und ihnen die angemessene Zeit zu geben! Alles auf einmal zu schaffen, ist meist nicht möglich und führt dann zu Frustration und zur Aufgabe dieses wichtigen Projekts. Wir gestalten unseren Arbeitsbereich so, dass wir an diesem Ort gerne arbeiten und uns wohlfühlen!

? *Meine Pläne für eine effektivere Organisation meines Arbeitsplatzes:*

So wie wir in unserem Schulplanbuch den Unterrichtsablauf auch zeitlich festlegen, so ist es sinnvoll, Tagespläne (▶ Abschn. 7.1) mit der Anmerkung der Wichtigkeit (A-, B- und C-Aufgaben) der einzelnen Handlungen zu erstellen und die Pufferzonen mit zu planen. So sind wir entspannt, weil wir den Überblick behalten und nicht das unangenehme Gefühl, etwas Wesentliches vergessen zu haben, mit uns herumtragen. Kommt uns etwas Wichtiges dazwischen, so haben wir immer die Möglichkeit, C-Aufgaben zu verschieben.

? Was nehme ich mir vor, um effektiv zu arbeiten (Perfektionismus vermeiden, 80: 20-Regel)?

14.4.2 Zeit für meine Gesundheit

? Ziele für ausreichend Schlaf und Entspannung:

Unterstützend wirkt dabei auch, sich kleine Notizen in den Kalender bezüglich der Schlafdauer zu machen und die Entspannung im Tagesablauf fest einzuplanen.

? Bewegungsarten, die mir Spaß machen, baue ich in meinen Alltag ein:

Es ist außerordentlich wichtig, dass wir die geplante Bewegungsart wirklich gerne ausführen. Daher lohnt es sich, so lange Verschiedenes auszuprobieren, bis wir das für uns richtige gefunden haben, das uns wirklich Spaß macht. Ansonsten sind alle guten Absichten früher oder später zum Scheitern verurteilt. Je leichter und angenehmer wir es uns hier machen, desto sicherer gelingt es uns auch, dabeizubleiben. Gemeinsam mit anderen fällt es auch leichter.

Nicht nur unser Sport soll uns Spaß machen. Auch das, was wir essen, soll uns schmecken. Wenn die Opfer zu groß werden, ist jedes Projekt zum Scheitern verurteilt. Deshalb überlegen wir genau, wie wir beliebte, ungesunde Lebensmittel durch beliebte, gesunde ersetzen.

? *Meine Ziele für eine gesündere Ernährung:*

_____
_____
_____

14.4.3 Zeit für meine Beziehungen

Es passiert sehr leicht, dass wir unser soziales Netz vor lauter Arbeit und Erschöpfung vernachlässigen, wobei unsere Kinder noch am leichtesten zu ihrem Recht kommen. Viele Partnerschaften leiden oder gehen kaputt, weil sie nicht gepflegt werden, wenn nur noch über den Alltagsablauf geredet wird. Gemeinsame Unternehmungen und Gespräche helfen auch, Stress zu vermindern, ebenso wie die mit guten Freunden verbrachte Zeit, selbst am Telefon. So können wir über belastende Probleme sprechen und gemeinsam Lösungen oder Trost finden.

? Meine Ziele für gemeinsame Zeit mit meinem Partner und meiner Familie:

_____
_____

Meine Ziele für gemeinsame Zeit mit Freunden und Bekannten:

_____
_____
_____

14.4.4 Zeit für meine Lebensfreude

Wenn wir vor lauter Arbeit, Stress und Erschöpfung zu viele der Dinge vernachlässigen, an denen wir Freude haben, stimmt die Lebensbalance nicht mehr. Wir sollten uns selbst zuliebe hier sehr achtsam sein und gut für uns sorgen. Das gibt uns viel Kraft – auch für die Menschen in unserer Umgebung.

Die Zeit, die wir diesem Bereich widmen, dient auch der Regeneration. Wir sollten sie ohne schlechtes Gewissen genießen!

? Meine Ziele für den Bereich Hobbys, Lebenssinn und Lebensfreude:

_____
_____
_____
_____

Wir denken immer daran: Zeit ist Leben, und Zeitmanagement ist Selbstmanagement. Um ein glücklicheres Leben zu führen, müssen wir uns selbst im Umgang mit unserer Zeit coachen.

Weiterführende Literatur

Seiwert L (2011) Work-life-balance. Gabal, Offenbach

Wege zur Berufszufriedenheit als Lehrer

D. Linde, *Burnout vermeiden - Berufsfreude gewinnen*,
DOI 10.1007/978-3-662-47006-0_15, © Springer-Verlag Berlin Heidelberg 2015

Um als Lehrer wieder mehr Berufsfreude zu entwickeln und um uns vor einem Burnout zu bewahren, ist es wesentlich, dass wir uns bei unserer Arbeit wohlfühlen. Wir wählen unsere Ziele in den verschiedenen Bereichen so, dass sie diesem Gesamtziel dienen. Das ist in keiner Weise egoistisch, denn ein zufriedener, entspannter Lehrer ist ein deutlich besserer Pädagoge als jemand, der sich so unter Stress setzt, dass ihm jede Arbeitsfreude vergällt wird. Je besser wir für uns sorgen, desto besser ist auch für die Menschen in unserer (Arbeits-)Umgebung gesorgt.

15.1   Verbesserungen in der Arbeit ohne die Schüler

Den Bereich *häuslicher Arbeitsplatz* haben wir schon in ▶ Abschn. 8.1 erörtert. Alle unsere Ziele, die einer Verbesserung der Arbeitsorganisation dienen, sind sehr wertvoll. Wir erledigen unsere Arbeit somit effektiver. Wenn wir unsere Planung erfüllt haben, können wir uns ohne schlechtes Gewissen anderen Dingen zuwenden.

❓ *Meine Ziele für den Bereich Vorbereitung:*

Meine Ziele für den Bereich Korrekturen:
Welche neuen Tipps von Kollegen oder aus diesem Buch werde ich übernehmen?

Meine Ziele für den Bereich Fortbildung:
Soweit es in unserer Macht steht, werden wir genau die Fortbildungen besuchen, von denen wir einen Gewinn für unsere Arbeit erwarten. Welche sind das bei mir?

Meine Ziele für den Bereich Konferenzen und Teamarbeit:
Die Vorteile der guten Zusammenarbeit im Kollegium haben wir in ▶ Abschn. 8.3 betrachtet.

Meine Ziele für den Bereich Elternarbeit:
Welche Ziele habe ich in Bezug auf Sprechstunden und Telefongespräche?

Welche Ziele habe ich in Bezug auf die Gestaltung von Elternabenden?

15

Die Eltern und wir sitzen insofern im selben Boot, als wir gleichermaßen den Schulerfolg der Schüler wünschen. Alle Elternarbeit muss von der Prämisse des gleichen Ziels ausgehen. Weder lassen wir uns die »Schuld« an schlechten Schulleistungen zuschieben, weil wir angeblich zu viel fordern und zu wenig fördern, noch klagen wir die Eltern an, die ihren Kindern nicht helfen (können). Es gilt immer nur, gemeinsame Wege zur Verbesserung zu finden. Wie in ► Abschn. 8.4 beschrieben, sind wir in der Kommunikation mit Eltern die Profis. Daher bleiben wir entspannt und souverän.

15.2 Verbesserungen in der Arbeit mit den Schülern

15.2.1 Motivationsziele

Um ein glücklicher Lehrer zu sein, ist es gut, zunächst für die eigene Motivation zu sorgen. Wir suchen nach allem, was uns an unserem Beruf wirklich Spaß macht. Wir erinnern uns an möglichst viele »Highlights«, über die wir uns besonders gefreut haben (z. B.: Sie haben einem 14-jährigen, lernschwachen Kind doch noch das Lesen beigebracht! Ihre Klasse hat einen angesehenen Wettbewerb gewonnen! Niemand in Ihrer Klasse ist durch die Abschlussprüfung gefallen. Sie erinnern sich an alle, meist unfreiwillig witzigen Sprüche Ihrer Schüler, die Sie in einem kleinen Oktavheft gesammelt haben).

❓ *Ich führe mir möglichst viele vergangene, gegenwärtige und andauernde, Freude bereitende Ereignisse aus meinem Berufsleben vor Augen:*

Ich suche ebensolche Ereignisse, über die sich meine Schüler freuen. Bei den Großen müssen wir schlussfolgern. Die Kleinen erzählen es von selbst. Auch im Bereich der Motivation gibt es eine Wechselwirkung:

Welche Maßnahmen plane ich, um meinen Unterricht noch motivierender zu gestalten (► Kap. 9)?

Dabei können wir sicher sein, dass die eigene Begeisterungsfähigkeit für ein Thema ansteckend wirkt, zumindest, wenn wir dabei immer auch die Grundbedürfnisse der Schüler und ihre Ziele im Auge behalten.

? *Was will ich tun, um eine gute Lehrer-Schüler-Beziehung zu pflegen?*

Ideal wäre es, wenn Anerkennung viel häufiger zum Ausdruck gebracht würde als Kritik und Letztere als willkommene Rückmeldung, also als Hilfe beim Empfänger ankäme. Dafür ist das Spiegeln die adäquate Maßnahme. Hilfreich ist unsere Selbstbeobachtung. Wir geben uns Anerkennung für alles, was in unserem Sinne gelingt, und begegnen unseren Fehlern mit Großzügigkeit und Selbstliebe. Es überträgt sich auf unsere Schüler, wie wir uns selbst behandeln.

Über Belohnungsmöglichkeiten und Verstärker haben wir bereits in ▶ Abschn. 9.1.4 nachgedacht.

? *Meine nächsten drei Schritte zur Umsetzung neuer Verstärkungsmöglichkeiten*

Die Sichtweise der Entwicklungspädagogik (▶ Abschn. 9.2.3) wird uns unterstützen, den Schülern beim Aufbau eines positiven Selbstkonzepts zu helfen.

15.2.2 Klassenführung

Die Arbeitserleichterung, die uns feste *Regeln und Rituale* schaffen, haben wir in ▶ Abschn. 10.1.1 untersucht. Natürlich verwenden wir viele davon bereits. Vielleicht gibt es neue Regeln oder Rituale, die Sie ausprobieren wollen oder deren Einführung sich sicher lohnt?

? *Meine neuen Regeln und Rituale*

Auch wiederholte Überlegungen zu den Techniken der Klassenführung (▶ Abschn. 10.1.2) können ggf. zu neuen, die Arbeit erleichternden Zielen motivieren.

? *Welche Techniken möchte ich künftig verstärkt beachten?*

Was nehme ich mir vor in Bezug auf den selbst verantworteten Unterricht (▶ Abschn. 10.2)?

Welche (Kurz-)Entspannungsmöglichkeiten führe ich in meinem Unterricht ein?

☐ Tab. 15.1 Welche Interventionsmöglichkeiten bei Verhaltensschwierigkeiten will ich verstärken?

Interventionsmöglichkeit	Mache ich oft	Will ich verstärken
Ignorieren (Löschen)		
Ablenken, Aufmerksamkeit zentrieren		
Spiegeln, positive Rückmeldung		
Unterrichtsthema flexibel anpassen		
Ermutigen, extra Hilfen geben		
Physischer Kontakt (bei jüngeren Kindern)		
Kurzentspannung, kleine Pause einschieben		
Ich-Botschaften		
Gelbe, rote Karte mit bekannten Konsequenzen		
Grenzsetzung »wenn – dann« als ruhige, klare Ansage		
Timeout (Auszeitraum, Gruppenraum, andere Klasse)		
Empathisches Einzelgespräch (Spiegeln!) mit dem Ziel, dass der Schüler sich selbst besser versteht und Verhaltensalternativen entwickeln lernt		
Strafe als »natürliche« Konsequenz		
STOPP als akute Intervention (Abwehrhaltung ohne Zurückweichen)		
Folgende, weitere Möglichkeiten:		

15.2.3 Unterrichtsstörungen und Verhaltensproblemen begegnen

Wir alle wissen aus langer Erfahrung, dass Vorbeugen besser ist als Heilen und dass die Art und Weise unserer Klassenführung in hohem Maße der Prävention von Störungen dienen kann (wie z. B. das Vermeiden von Leerlauf und Langeweile). Ebenso haben wir Möglichkeiten, durch unser Verhalten als *Lehrermodell* zu dienen. Vielen Kindern und Jugendlichen fehlen Vorbilder z. B. in Bezug auf deeskalierendes Verhalten. Wir wissen jedoch, dass uns das alles nur gelingt, wenn wir selbst möglichst *entspannt* sind und eine Haltung der *professionellen Distanz* einnehmen.

❓ *Was will ich tun, um diese Haltung bei mir zu verstärken?*

- -

- -

- -

Habe ich Ziele in Bezug auf (Körper-)Sprache und Haltung (wie z. B. eingefrorene Gesten, um Arbeitsruhe herzustellen)?

- -

- -

- -

Anhand von ◑ Tab. 15.1 können Sie überlegen, welche der Möglichkeiten, Verhaltensproblemen zu begegnen, Sie bereits praktizieren und welche Sie verstärken wollen.

Für meine Zukunft als wieder glücklicher Lehrer will ich achtsamer und liebevoller mit mir selbst umgehen. Dann lassen sich mit der Zeit sehr viele meiner Ziele erreichen, und meine Arbeit wird mir dadurch wieder mehr Freude machen.

15

Printed by Printforce, the Netherlands